내가 뽑은 원픽!

최신 출제경향 ...

2025 귀화시험

사회통합 프로그램

중간평가

모의고사

대한민국귀화시험자격연구소 편저

가이드 INFORMATION

■ 사회통합프로그램(KIIP ; Korea Immigration & Integration Program)

이민자가 우리말과 우리문화를 빠르게 익히고, 지역사회에 쉽게 융화될 수 있도록 지원하는 프로그램이다. 사회통합정보망(www.socinet.go.kr)에서 온라인으로만 신청 가능하다.

■ 단계별 진행

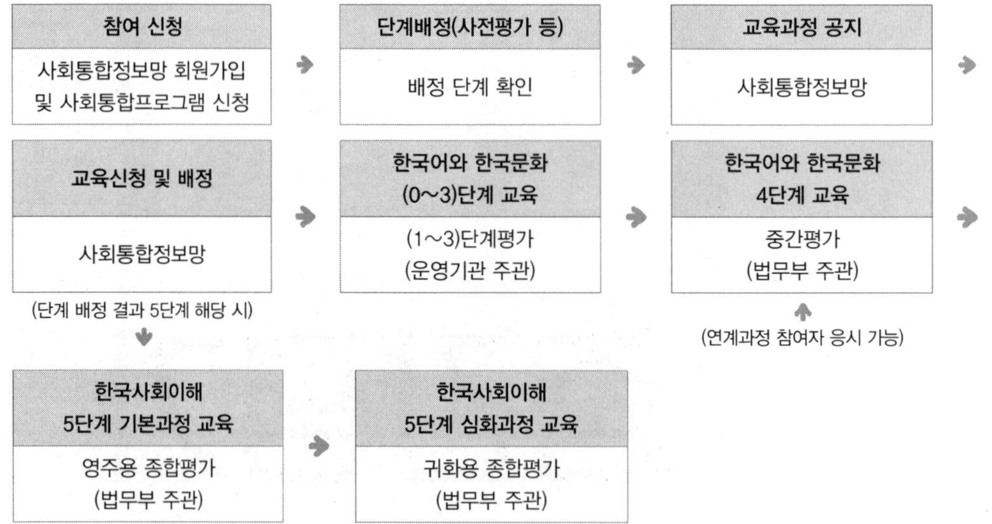

■ 과정 및 이수시간

	한국어와 한국문화					한국사회이해	
단계	0단계	1단계	2단계	3단계	4단계	5단계	
과정	기초	초급1	초급2	중급1	중급2	기본	심화
교육시간	15	100	100	100	100	70	30
평가	없음	1단계평가	2단계평가	3단계평가	중간평가	영주용 종합평가	귀화용 종합평가

■ 중간평가

• 평가 대상

– 4단계 교육을 수료한 사람

– 사회통합프로그램 한국어교육 중급 연계 과정 승인을 받은 사람

• 평가 내용 : 한국어과정 전반에 대한 내용

• 평가 방법

필기시험	구술시험
30문항(50분)	5문항(10분)
객관식(28) + 작문형(2)	이해하기, 대화하기, 듣고 말하기 등
합격기준 : 100점 만점에 60점 이상 득점	

• 2024년 사회통합프로그램 중간평가 일정

차수	신청 기간	시험일	결과 발표일
1차	24.05.07.~24.05.11.	24.05.25.	24.05.31.
2차	24.06.25.~24.06.29.	24.07.13.	24.07.19.
3차	24.08.20.~24.08.24.	24.09.07.	24.09.13.
4차	24.12.10.~24.12.14.	24.12.28.	25.01.06.

※ 평가 일정은 응시 수요 등에 따라 변경되거나 추가될 수 있습니다.

도서의 활용 FEATURE

01 STEP

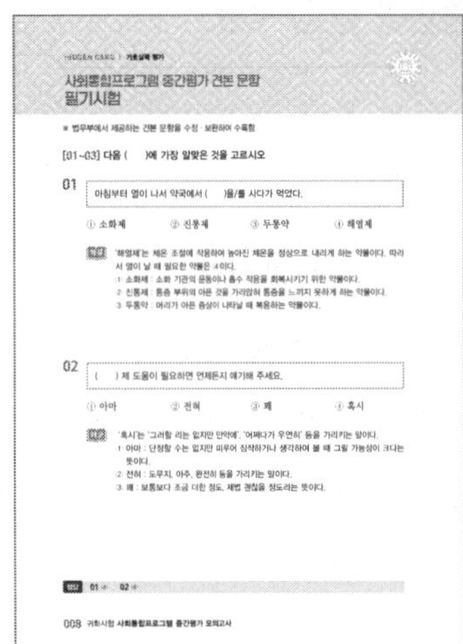

학습 전 HIDDEN CARD로 출제 흐름 파악&기초실력 평가

- 학습 시작 전 출제 흐름을 파악하고 기초실력을 평가할 수 있도록 법무부에서 공개한 견본 문항을 수정 · 보완하여 수록하였습니다.
- 빠르고 효율적인 학습이 가능하도록 문제 바로 아래 해설이 오도록 구성하였습니다.

02 STEP

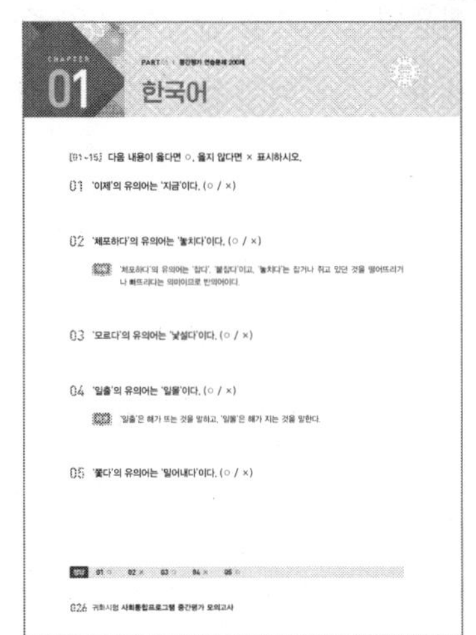

과목별 OX 문제와 빈칸 채우기 문제 200제

- OX 문제를 수록하여 과목별로 자주 나오는 어휘에 대한 의미를 학습할 수 있도록 하였습니다.
- 빈칸 채우기 문제를 수록하여 중요한 주제 및 혼동하기 쉬운 활용어 등에 대비할 수 있도록 하였습니다.

03 STEP

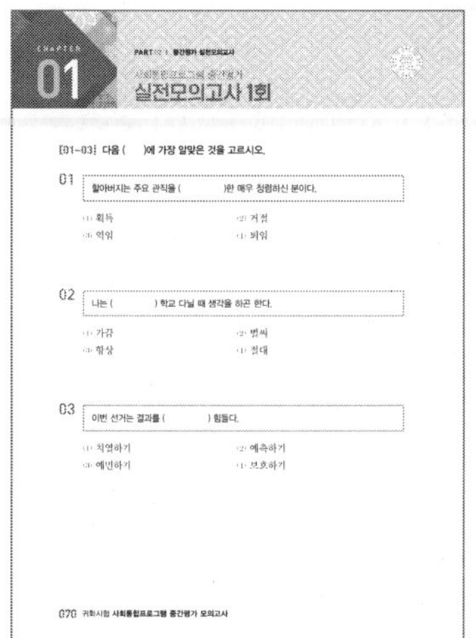

CHAPTER 01

PART 02 | 중간평가 실전모의고사

사회통합프로그램 중간평가

실전모의고사 1회

[01~03] 다음 (　　)에 가장 알맞은 것을 고르시오.

01 할아버지는 주요 관직을 (　　　)한 매우 청렴하신 분이다.

① 획득　② 거절
③ 역임　④ 퇴임

02 나는 (　　　) 학교 다닐 때 생각을 하곤 한다.

① 가끔　② 벌써
③ 항상　④ 절대

03 이번 선거는 결과를 (　　　) 힘들다.

① 치열하기　② 예측하기
③ 예민하기　④ 보호하기

070 귀화시험 사회통합프로그램 중간평가 모의고사

최신 출제 경향에 맞춘 실전모의고사 6회분

- 공개된 샘플 문항의 유형과 난이도를 완벽하게 반영한 실전모의고사 6회분을 수록하였습니다.
- 자신의 실력을 다시 한 번 점검하고 마지막까지 확실하게 학습하여 실전에 완벽 대비할 수 있도록 하였습니다.

04 STEP

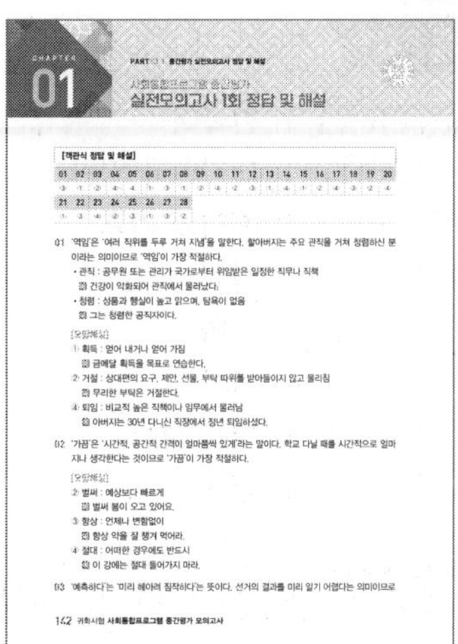

CHAPTER 01

PART 02 | 중간평가 실전모의고사 정답 및 해설

사회통합프로그램 중간평가

실전모의고사 1회 정답 및 해설

[객관식 정답 및 해설]

01	02	03	04	05	06	07	08	09	10	11	12	13	14	15	16	17	18	19	20
③	①	②	④	④	①	③	①	②	④	②	③	①	④	①	②	④	③	②	④

21	22	23	24	25	26	27	28
①	③	④	②	③	①	③	②

01 '역임'은 '여러 직위를 두루 거쳐 지냄'을 말한다. 할아버지는 주요 관직을 거쳐 청렴하신 분이라는 의미이므로 '역임'이 가장 적절하다.
- 관직 : 공무원 또는 관리가 국가로부터 위임받은 일정한 직무나 직책
  예 건강이 악화되어 관직에서 물러났다.
- 청렴 : 성품과 행실이 높고 맑으며, 탐욕이 없음
  예 그는 청렴한 공직자이다.

[오답해설]
① 획득 : 얻어 내거나 얻어 가짐
  예 금메달 획득을 목표로 연습한다.
② 거절 : 상대편의 요구, 제안, 선물, 부탁 따위를 받아들이지 않고 물리침
  예 무리한 부탁은 거절한다.
④ 퇴임 : 비교적 높은 직책이나 임무에서 물러남
  예 아버지는 30년 다니신 직장에서 정년 퇴임하셨다.

02 '가끔'은 '시간적, 공간적 간격이 얼마쯤씩 있게'라는 말이다. 학교 다닐 때를 시간적으로 얼마 지나 생각한다는 것이므로 '가끔'이 가장 적절하다.

[오답해설]
② 벌써 : 예상보다 빠르게
  예 벌써 봄이 오고 있어요.
③ 항상 : 언제나 변함없이
  예 항상 약을 잘 챙겨 먹어라.
④ 절대 : 어떠한 경우에도 반드시
  예 이 강에는 절대 들어가지 마라.

03 '예측하다'는 '미리 헤아려 짐작하다'는 뜻이다. 선거의 결과를 미리 알기 어렵다는 의미이므로

142 귀화시험 사회통합프로그램 중간평가 모의고사

사전이 필요 없는 완벽한 해설

- 정답뿐 아니라 오답에 대한 상세한 해설과 문제에 나온 단어에 대한 뜻풀이 및 예시를 수록하여 학습 효과를 높일 수 있도록 구성하였습니다.
- 실전모의고사 6회분에 대한 OMR 카드와 원고지를 수록하여 실제 시험처럼 최종 점검을 할 수 있도록 하였습니다.

차례 CONTENTS

HIDDEN CARD
기초실력 평가

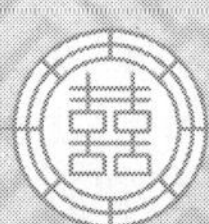

사회통합프로그램 중간평가 견본 문항 필기시험

※ 법무부에서 제공하는 견본 문항을 수정 · 보완하여 수록함

[01~03] 다음 ( )에 가장 알맞은 것을 고르시오

01

아침부터 열이 나서 약국에서 ( )을/를 사다가 먹었다.

① 소화제 ② 진통제 ③ 두통약 ④ 해열제

'해열제'는 체온 조절에 작용하여 높아진 체온을 정상으로 내리게 하는 약물이다. 따라서 열이 날 때 필요한 약물은 ④이다.

① 소화제 : 소화 기관의 운동이나 흡수 작용을 회복시키기 위한 약물이다.
② 진통제 : 통증 부위의 아픈 것을 가라앉혀 통증을 느끼지 못하게 하는 약물이다.
③ 두통약 : 머리가 아픈 증상이 나타날 때 복용하는 약물이다.

02

( ) 제 도움이 필요하면 언제든지 얘기해 주세요.

① 아마 ② 전혀 ③ 꽤 ④ 혹시

'혹시'는 '그러할 리는 없지만 만약에', '어쩌다가 우연히' 등을 가리키는 말이다.

① 아마 : 단정할 수는 없지만 미루어 짐작하거나 생각하여 볼 때 그럴 가능성이 크다는 뜻이다.
② 전혀 : 도무지, 아주, 완전히 등을 가리키는 말이다.
③ 꽤 : 보통보다 조금 더한 정도, 제법 괜찮을 정도라는 뜻이다.

정답 01 ④ 02 ④

03

흐엉 씨는 아주 (   ) 일할 때 별로 실수가 없다.

① 자상해서 ② 꼼꼼해서 ③ 솔직해서 ④ 내성적이어서

'꼼꼼해서'는 빈틈없이 차분하고 조심스러움을 나타낸다.
① 자상하다 : 인정이 넘치고 정성이 지극하다.
③ 솔직하다 : 거짓이나 숨김이 없이 바르고 곧다.
④ 내성적이다 : 겉으로 드러내지 아니하고 마음속으로만 생각하다.

04 다음 중 (   )에 들어갈 알맞은 말은?

(   )가 나지 않도록 항상 작업장의 전기 콘센트는 작업 전에 확인해야 한다.

① 감전 사고 ② 가스 사고 ③ 교통 사고 ④ 택배 사고

'감전 사고'는 전기가 통하고 있는 물체에 몸이 닿아 충격을 받아서 일어나는 사고이다. 따라서 주어진 문장의 '전기 콘센트'와도 문맥상 가장 잘 어울린다.
② 가스 사고 : 연료로 사용되는 기체가 팽창하거나 그 기체에 불꽃이 닿아 폭발하는 사고이다.
③ 교통 사고 : 운행 중이던 자동차나 기차 따위가 사람을 치거나 다른 교통 기관과 충돌하는 따위 교통상의 사고이다.
④ 택배 사고 : 여러 가지 물건이나 재료 따위를 요구하는 장소까지 직접 배달해 주는 과정에서 뜻밖에 일어난 불행한 일로 시간 지연, 물품 파손, 물품 분실 등이 있다.

정답 03 ② 04 ①

05 다음 밑줄 친 부분과 의미가 비슷한 것은?

> 오늘 집에 큰일이 생겨서 어쩔 수 없이 회사에 나가지 못했다.

① 결근했다　② 지각했다　③ 조퇴했다　④ 야근했다

'결근'은 근무해야 할 날에 출근하지 않고 빠지는 것을 말한다.
② 지각 : 정해진 시간보다 늦게 출근하는 것을 말한다.
③ 조퇴 : 정하여진 시간 이전에 퇴근하는 것을 말한다.
④ 야근 : 퇴근 시간이 지나 밤늦게까지 하는 근무를 말한다.

06 다음 밑줄 친 부분과 의미가 비슷한 것을 고르시오.

> 매년 새해 첫날이 되면 사람들은 해가 뜨는 것을 보기 위해 동해로 떠난다.

① 환경　② 호황　③ 일출　④ 유물

'일출'은 해가 떠오르는 것을 일컫는 말이다.
① 환경 : 생활하는 주위의 상태를 말한다.
② 호황 : 시장의 경제 활동이 활발해진 상태를 말한다.
④ 유물 : 선대의 인류가 후대에 남긴 물건을 말한다.

정답 05 ① 06 ③

[07~11] 다음 (   )에 가장 알맞은 것을 고르시오.

07

> 가 : 친구들과 모이려 하는데 언제 시간이 있어요?
> 나 : 저는 평일에 늦게까지 일을 하니까 가능하면 토요일(   ) 일요일이 좋아요.

① 마다　　② 밖에　　③ 보다　　④ 이나

'이나'는 둘 이상의 나열된 단어 가운데 어느 하나가 선택됨을 나타내는 말이다.
① 마다 : '앞말이 가리키는 시기에 한 번씩'의 뜻을 나타내는 말이다.
② 밖에 : '그것 말고는', '그것 이외에는'의 뜻을 나타낸다. 주로 뒤에 부정을 나타내는 말이 따른다.
③ 보다 : '~에 비해서'의 뜻을 나타낸다. 주로 서로 차이가 있는 것을 비교하는 경우 사용된다.

08

> 가 : 다이어트를 시작하고 살이 좀 빠졌어요?
> 나 : 네. (   ) 한 달도 안 됐는데 벌써 5킬로그램이나 빠졌어요.

① 시작할 때　　② 시작한 지
③ 시작하기 전에　　④ 시작하는 동안

'지'는 어떤 일이 있었던 때로부터 지금까지를 나타내는 말이다.
① 때 : 시간의 어떤 순간이나 부분을 나타내는 말이다.
③ 전에 : 막연한 과거의 어느 때를 가리키는 말이다.
④ 동안 : 어느 한 때에서 다른 한 때까지 시간의 길이를 가르키는 말이다.

정답 07 ④　08 ②

09

가 : 역사적인 장소를 관광하고 싶은데 어디가 좋을까요?
나 : 옛날 백제의 수도였던 부여가 (   ). 역사적인 장소가 많거든요.

① 간다고 해요
② 가 볼 만해요
③ 가 버렸어요
④ 갈 리가 있어요

해설 '만하다'는 어떤 대상이 앞말이 뜻하는 행동을 할 타당한 이유를 가질 정도로 가치가 있음을 나타내는 말이다.

10

가 : 어제는 업무를 끝내고 뭘 했어요?
나 : 너무 피곤해서 집에 (   ) 잠을 잤어요.

① 갈까 봐
② 가자마자
③ 가느라고
④ 갈 정도로

해설 '–자마자'는 앞 절의 동작이 이루어지자 잇따라 곧 다음 절의 사건이나 동작이 일어남을 나타내는 연결 어미이다.

11

가 : 민수 씨, 어제 교실에서 저를 보고도 왜 못 (   )?
나 : 네? 무슨 말이에요? 저 정말 메이 씨를 못 봤는데요.

① 본 척했어요
② 볼 수밖에 없었어요
③ 볼 거라고 했어요
④ 봤는지 알아요

해설 '–척하다'는 앞말이 뜻하는 행동이나 상태를 거짓으로 그럴듯하게 꾸밈을 나타내는 말이다.

정답 09 ② 10 ② 11 ①

[12~16] 다음 문장과 뜻이 같은 것을 고르시오.

12

> 날씨가 추운데도 코트를 안 입고 나왔다.

① 날씨가 춥지 않아서 코트를 안 입어도 된다.
② 날씨가 춥더라도 코트를 입으면 안 된다.
③ 날씨가 추웠지만 코트를 안 입고 나왔다.
④ 날씨가 추울 줄 모르고 코트를 안 입고 나왔다.

'–ㄴ데도'는 앞말의 상황에 관계없이 뒷말의 상황이 일어남을 나타내는 말로, 날씨가 추운 상황임에도 이와 관계없이 코트를 입지 않고 나왔다는 말이다. 이와 같은 의미의 문장은 어떤 사실이나 내용을 말하면서 그와 반대되는 내용을 말하거나 조건을 붙여 말할 때 쓰는 말인 '–지만'을 사용한 ③이다.

13

> 친구가 도와주지 않았더라면 이 일을 끝내기가 정말 힘들었을 것이다.

① 친구가 도와주지 않아서 이 일을 끝내기가 정말 힘들었다.
② 친구가 도와주지 않는다면 이 일을 끝내기가 정말 힘들 것 같다.
③ 친구가 도와줘서 힘들지 않게 이 일을 끝낼 수 있었다.
④ 친구가 도와줬을 뿐 아니라 이 일을 끝내 줘서 힘들지 않았다.

'–더라면'은 과거의 일을 실제와 다르게 가정해 보는 뜻을 나타내는 말이다. 즉, 친구가 도와주지 않은 상황을 가정해 보고 만약 그 상황이라면 일을 끝내기가 힘들었을 것이라고 이야기하고 있다. 이와 같은 의미의 문장은 이유나 근거를 나타내는 말인 '–어서'를 사용하여, 일을 끝낼 수 있었던 이유가 친구가 도와주었기 때문이라고 이야기하는 ③이다.
① 친구가 도와주지 않은 상황이다.
② 친구가 아직 도와주지 않은 상황에서 만약 도와주지 않는다면 힘들 것 같다고 말하고 있다.
④ 친구가 도움뿐만 아니라 일도 모두 끝낸 상황이다.

정답 12 ③ 13 ③

14

> 할머니께서 조금 이따가 집에 오시겠대요.

① 할머니께서 조금 이따가 집에 오라고 하셨어요.
② 할머니께서 조금 이따가 집에 오시겠다고 말씀하셨어요.
③ 할머니께서 조금 이따가 집에 오면 좋겠다고 하셨어요.
④ 할머니께서 조금 이따가 집에 오겠느냐고 물어보셨어요.

'-대요'는 '-다고 해요'가 줄어든 말로 다른 사람에게 들어서 알고 있는 사실을 상대방에게 전할 때 쓰는 말이다. 할머니께서 '조금 이따가 집에 가겠다'고 말씀하신 것을 상대방에게 전달하고 있는 것이다. 이와 같은 의미의 문장은 다른 사람이 말한 내용을 간접적으로 인용할 때 사용하는 말인 '-다고'를 사용하여 할머니의 말을 상대방에게 전달하고 있는 ②이다.
①, ③, ④ 조금 이따가 할머니 댁으로 방문하라는 의미이다.

15

> 민수 씨, 다음 달에 결혼한다면서요?

① 민수 씨, 다음 달에 결혼할 줄 몰랐지요?
② 민수 씨, 다음 달에 결혼할 게 뻔해요?
③ 민수 씨, 다음 달에 결혼할 줄 알고 있었어요?
④ 민수 씨, 다음 달에 결혼한다고 들었는데, 정말이에요?

'-다면서'는 들어서 아는 사실을 상대에게 다시 확인하여 물을 때 쓰는 말이다. 결혼한다는 사실을 들어 알게 되고, 그것을 다시 상대방인 민수 씨에게 물어 확인하고 있다. 이와 같은 의미의 문장은 ④이다.

정답 **14** ② **15** ④

16

> 플라스틱 쓰레기의 양을 줄이지 않으면 환경오염은 점점 더 심해질 것이다.

① 플라스틱 쓰레기를 줄일 겸 환경오염은 더욱 심해질 것이다.
② 플라스틱 쓰레기를 줄이도록 환경오염은 더욱 심해질 것이다.
③ 플라스틱 쓰레기를 줄이지 않는다면 환경오염은 더욱 심해질 것이다.
④ 플라스틱 쓰레기를 줄이지 않았더니 환경오염은 더욱 심해질 것이다.

'–으면'은 아직 이루어지지 아니한 사실을 가정하여 말할 때 쓰는 말로 플라스틱 쓰레기의 양을 줄이지 않을 때 환경오염이 심해진다는 말이다. 이와 같은 의미의 문장은 앞의 이루어지지 아니한 경우를 가정하면서 그에 따른 결과를 말하는 '–다면'을 사용한 ③이다.

[17~18] 다음을 읽고 (　　)에 알맞은 것을 고르시오.

17

> 가 : 주말에 현장 체험 학습을 간다고 들었는데 어디로 가는 거예요?
> 나 : 10월 21일에 '아침 햇살 수목원'으로 간대요.
> 가 : 저도 가고 싶은데 어떻게 신청해요? 그리고 뭘 준비해야 해요?
> 나 : 가고 싶은 사람은 이번 주 토요일까지 사무실로 신청하면 된대요. 자세한 준비 내용은 홈페이지에 공지 중이니까 (　　　　　).

① 게시판을 보시면 돼요.
② 신청서를 쓰시면 돼요.
③ 현장 체험 학습을 가시면 돼요.
④ 체험비를 준비하시면 돼요.

대화 마지막 문장을 보았을 때 자세한 준비내용은 홈페이지에 공지 중이라고 하였다. '공지'는 세상에 널리 알린다는 말로 현장 체험 학습에 대한 궁금증을 확인하기 위한 '가'의 질문에 대한 알맞은 문장은 ①이다.

정답 16 ③　17 ①

18

> 나는 영화 보는 것을 좋아한다. 그중 기억에 남는 영화는 'A'이다. 이 영화는 범죄 조직을 쫓는 경찰에 대한 이야기로 주 · 조연들의 (　　　　　) 뛰어나고 줄거리가 아주 흥미롭다. 이 영화는 유명한 배우들이 많이 출연해서 개봉 전부터 화제가 되었는데 주말마다 매진이 될 정도로 인기가 많았다.

① 영상미가　② 배경 음악이　③ 줄거리가　④ 연기력이

'연기력'은 배우의 연기 기술과 연기에 대한 역량을 의미하므로, '주 · 조연들의'의 뒤에 들어갈 말로 가장 적절하다.

① 영상미 : 영상을 통하여 드러나는 아름다움
② 배경 음악 : 영화나 연극에서 분위기를 조성하기 위하여 대사나 동작의 배경으로 연주하는 음악
③ 줄거리 : 이야기, 소설, 영화, 프로그램 시나리오 등에서 군더더기를 제외한 핵심이 되는 내용

19 다음 글의 내용과 일치하는 것은?

> 다음 주에 한국어 교실에서 한마음 잔치가 열린다. 오전에는 말하기 대회를 하는데 한국 생활이라는 주제로 누구나 자유롭게 말할 수 있다. 그리고 오후에는 여러 종류의 게임을 하고 이긴 사람에게는 선물도 준다. 행사 중 제일 인기가 있는 것은 장기자랑이다. 자신이 잘할 수 있는 노래나 춤 등을 보여 줄 수 있기 때문이다. 말하기 대회나 장기자랑에 참가하고 싶은 사람은 내일까지 사무실에 신청해야 한다.

① 말하기 주제는 정해져 있지 않다.
② 한마음 잔치는 다음 달에 진행된다.
③ 장기자랑에 나가려면 사무실에 신청해야 한다.
④ 게임에 참가하는 사람은 모두 선물을 받게 된다.

정답 18 ④　19 ③

해설 본문 마지막 줄에서 말하기 대회나 장기자랑에 참가하고 싶은 사람은 사무실에 신청하여야 한다고 언급했으므로 ③의 내용이 옳다.
① 한국 생활이라는 주제로 진행하기로 했다.
② 한마음 잔치는 다음 주에 진행된다.
④ 게임에서 이긴 사람만 선물을 받게 된다.

20 이 글의 내용과 같은 것을 고르시오.

예전에는 연말 불우 이웃 돕기를 하면 기업들은 성금만 전달하곤 했다. 그러나 요즘은 성금 전달뿐만 아니라 다양한 방법으로 봉사 활동을 하는 기업들이 늘고 있다. 어떤 기업에서는 직원들로 이루어진 봉사 단체를 만들어 직접 물품을 전달하고 주기적으로 복지 시설을 방문하기도 한다. 또 자기 회사의 물건을 구매하면 자동으로 판매 금액의 일부를 불우 이웃을 위해서 사용하도록 만든 기업도 있다. 이렇듯 불우 이웃을 돕는 방법은 다양해지고 있다.

① 요즘 기업들은 불우 이웃 돕기를 거의 하지 않는다.
② 봉사 단체는 성금을 전달하기 위해 만들어졌다.
③ 물건 판매 금액의 일부를 불우 이웃 돕기에 쓰는 회사가 있다.
④ 복지 시설을 도우려면 성금보다는 물품으로 돕는 것이 낫다.

해설 본문 네 번째 줄에서 회사의 물건을 구매하면 자동으로 판매 금액의 일부를 불우 이웃을 위해 사용하는 기업도 있다고 했으므로 ③의 내용은 옳다.
① 요즘 기업들은 성금 전달뿐만 아니라 다양한 방법으로 봉사 활동을 하고 있다.
② 봉사 단체는 직접 물품을 전달하고 주기적으로 복지 시설을 방문하기 위해 만들어졌다.
④ 해당 내용은 주어진 글만으로는 알 수 없다.

정답 20 ③

[21~22] 다음을 읽고 질문에 답하시오.

아리랑은 가장 유명한 한국의 민요 중 하나다. 아리랑은 지역과 시기에 따라 다양하게 불려 왔는데 대략 60여 종이 된다. 원래 아리랑은 일을 하면서 겪는 힘듦을 이겨내기 위해서 부른 노동요였다. 그래서 아리랑의 노랫말에는 한국인의 정서와 한이 담겨 있다. 한국인의 동질성을 확인하고 단결이 필요할 때 자주 불리어 왔다. 현대에도 아리랑은 새롭게 편곡되어 영화, 뮤지컬, 드라마, 춤, 문학 등을 비롯한 여러 예술 장르와 매체에서 활용되며 여전히 사랑받고 있다.

21 다음을 읽고 '아리랑'에 대한 설명으로 적절한 것을 고르시오.

① 한국인들은 아리랑을 통해 전통적인 한국 사회를 그리워한다.
② 아리랑은 기본적으로 단순한 노래이고 동요로서 그 가치가 있다.
③ 한국의 젊은이들은 아리랑의 슬픈 정서를 더 이상 공감하지 못한다.
④ 아리랑은 한국인을 하나로 묶고 소통을 가능하게 하는 힘을 가진다.

본문의 네 번째 줄에서 아리랑은 한국인의 동질성을 확인하고 단결이 필요할 때 부른다고 언급하였으므로 한국인을 하나로 묶고 소통하게 한다는 ④의 내용이 옳다.
① 해당 주어진 내용으로 알 수 없다.
② 아리랑은 동요가 아닌 노동요이다.
③ 현대에도 아리랑은 편곡되고 이용되는 만큼 젊은이들 또한 공감할 수 있다.

22 이 글의 제목으로 알맞은 것을 고르시오.

① 한국의 민요 아리랑
② 일할 때는 아리랑을 부르자
③ 현대에 살아남은 아리랑의 종류
④ 아리랑의 가사와 그 뜻

본문 첫 번째 줄에서 아리랑은 가장 유명한 한국의 민요임을 알려주고 있다. 추가적으로 아리랑의 종류의 다양성, 아리랑의 목적, 의미, 현대에서의 아리랑의 가치 등에 대한 내용을 포함하고 있어 제목은 ①이 가장 적절하다.

정답 21 ④ 22 ①

23 다음 글의 ㉠과 ㉡에 들어갈 단어를 순서대로 나열한 것은?

> 한국에서는 일반적으로 (㉠)에는 떡국, 추석에는 송편, 동지에는 팥죽, (㉡)에는 오곡밥과 부럼을, 그리고 생일에는 미역국을 먹습니다.

① ㉠ 설날 ㉡ 한가위
② ㉠ 단오 ㉡ 정월대보름
③ ㉠ 단오 ㉡ 한가위
④ ㉠ 설날 ㉡ 정월대보름

설날에는 맑은 장국에 가래떡을 얇게 썰어 넣고 끓인 음식인 떡국을 먹고, 정월대보름에는 약밥, 오곡밥, 부럼 등을 먹는다. 따라서 ㉠은 설날, ㉡은 정월대보름이 들어간다. 참고로 추석은 한가위라고도 한다.

24 한국에서 긴급한 상황이 생겼을 때 필요한 전화번호와 그 서비스의 내용이 맞지 않게 짝지어진 것은?

① 112 – 범죄 신고
② 114 – 일기예보 안내 서비스
③ 1366 – 여성 긴급 전화
④ 119 – 화재 발생 신고

'114'를 누르면 각 통신사의 고객센터와 연결된다. 일기예보 안내 서비스는 131이다.

정답 23 ④ 24 ②

25 한국의 전통 가옥인 한옥에 대한 설명으로 틀린 것은?

① 더운 여름을 이겨내기 위해 아궁이를 설치했다.
② 온돌을 설치하여 겨울을 따뜻하게 보냈다.
③ 지붕의 재료에 따라 초가집과 기와집으로 나뉜다.
④ 대청마루는 바닥과 사이를 띄우고 나무판을 깐 큰 마루이다.

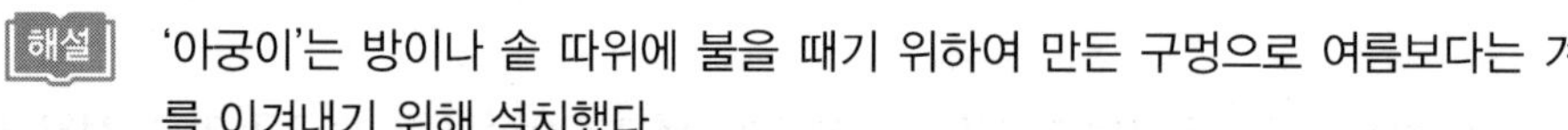

해설 '아궁이'는 방이나 솥 따위에 불을 때기 위하여 만든 구멍으로 여름보다는 겨울의 추위를 이겨내기 위해 설치했다.

26 다음 글에서 설명하고 있는 한국인들이 자주 찾는 장소는?

> 이곳에서는 물건 값을 깎을 수도 있고, 물건을 살 때 덤을 얻을 수도 있어 쇼핑하는 재미를 느낄 수 있습니다.

① 재래시장　② 편의점　③ 백화점　④ 슈퍼마켓

'재래시장'은 예전부터 있어 오던 곳으로 상품을 사고 파는 시장이다. 이곳에서 파는 물건은 가격이 싼 편이라 사람들이 많이 이용하고 있다.

② 편의점 : 편리함을 개념으로 도입된 소형 소매점포로 연중무휴, 24시간 영업 등의 특징을 갖고 있다.
③ 백화점 : 한 건물 안에 의식주에 관련된 여러 가지 상품을 부문별로 진열하고 조직 · 판매하는 근대적 대규모 소매상이다.
④ 슈퍼마켓 : 식료품을 중심으로 생활용품을 판매하는 셀프서비스 방식의 대규모 소매점이다.

정답 25 ①　26 ①

27 한국의 가족과 관련된 기념일에 대한 설명으로 틀린 것은?

① 어버이날 – 부모의 사랑에 감사하고 효를 강조하기 위해 만들어진 날
② 어린이날 – 모든 아이들이 차별 없이 건강하고 행복하게 지내도록 하기 위해 만들어진 날
③ 부부의 날 – 부부가 서로 소중함을 깨닫고 가족의 행복을 위해 노력하도록 만들어진 날
④ 입양의 날 – 바쁜 직장생활로 가족과 시간이 부족한 현대인을 위해 만들어진 날

해설 '입양의 날'은 국내에 건전한 입양문화를 정착시키고 입양을 활성화하기 위해 보건복지부에서 제정한 날로, 매년 5월 11일이다.

28 다음 ( ) 안에 공통적으로 들어갈 알맞은 말은?

> 한국 사람에게는 따뜻함과 배려, 그리고 나눔이 함께 하는 독특한 ( ) 문화가 있다고 한다. 그래서 이것과 관련된 표현이 일상생활에서 자주 쓰일 정도로 한국인에게 ( )을/를 베푼다는 것은 일상적인 생활 방식이라 할 수 있다.

① 행복 ② 충성 ③ 정 ④ 봉사

'정'은 사랑이나 친근감을 느끼는 마음으로 특히 한국인들에게는 정 문화가 있다.
① 행복 : 생활에서 충분한 만족과 기쁨을 느끼어 흐뭇함
② 충성 : 마음속에서 우러나오는 정성. 특히 임금이나 국가에 대한 것을 말함
④ 봉사 : 국가나 사회 또는 남을 위하여 자신을 돌보지 아니하고 힘을 바쳐 애씀

정답 27 ④ 28 ③

[29~30 : 작문형] 다음 내용을 포함하여 '대기오염의 원인과 해결 방법'이라는 제목으로 100자 내로 글을 쓰시오.

※ 작문 시험 시간은 10분이며, 답안지에는 제목을 쓰지 말고 본문만 쓰시오. (글자 수 및 평가 항목별로 채점되니 유의하시기 바랍니다.)

- 대기오염의 원인이 무엇이라고 생각합니까?
- 그 문제를 해결하기 위해 어떤 노력을 해야 합니까?

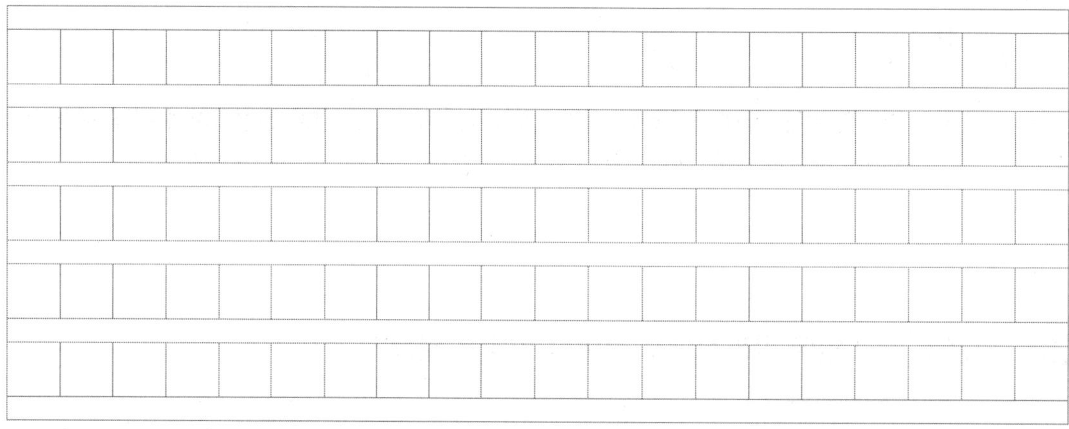

작문형 예시 답안

대기오염의 가장 주된 원인은 자동차에서 발생되는 매연이라고 할 수 있습니다. 가까운 거리는 걸어가고 멀리 이동할 때는 대중교통을 이용한다면 대기오염을 해결할 수 있을 것입니다.

사회통합프로그램 중간평가 견본 문항
구술시험

※ 질문 내용은 제외한 지문만 수험생에게 제공됨(질문 내용은 견본과 비슷한 유형으로 변경 가능하며 평가 감독관에게만 제공됨)

[01~03 : 구술형] 다음 사진을 보고 구술감독관의 질문에 답하여 주시기 바랍니다.

01 사진은 무엇을 나타내고 있는지 설명해 보세요.

02 사진과 같은 방식의 광고는 어떤 장점이 있나요?

03 ○○씨가 한국이나 ○○씨 고향 나라에서 봤던 광고 중에서 재미있었거나 특별히 기억에 남는 것은 무엇인지 말해 보세요.

04 현대인의 잘못된 생활 습관으로 인해서 걸리는 병에는 어떤 것이 있나요?

05 한국에서 경범죄에 해당하는 행동 2가지를 말해 보세요.

01 광고판 혹은 안내판으로 보입니다.

02 여기저기에 광고지가 붙어있지 않고 한쪽에 모아놓아 주변이 깨끗해진다는 장점이 있습니다.

03 광고지를 밑에 할인쿠폰이 있던 광고가 기억에 남습니다. 쇼핑할 때 광고지에 있던 할인쿠폰을 통해 저렴하게 구매했어서 그 광고지가 기억에 남습니다.

04 스트레스를 풀려고 매운 음식을 찾고, 밥을 빨리 먹는 생활 습관이 있습니다. 이 습관은 위염이나 역류성 식도염에 걸리게 합니다.

05 한국에서 경범죄에 해당하는 행위는 길거리에 쓰레기를 무단으로 투기하는 것과 길거리에서 노상방뇨를 하는 행위를 말할 수 있습니다.

PART 01

연습문제 200제

한국어

[01~15] 다음 내용이 옳다면 ○, 옳지 않다면 × 표시하시오.

01 '이제'의 유의어는 '지금'이다. (○ / ×)

02 '체포하다'의 유의어는 '놓치다'이다. (○ / ×)

해설 '체포하다'의 유의어는 '잡다', '붙잡다'이고, '놓치다'는 잡거나 쥐고 있던 것을 떨어뜨리거나 빠뜨리다는 의미이므로 반의어이다.

03 '모르다'의 유의어는 '낯설다'이다. (○ / ×)

04 '일출'의 유의어는 '일몰'이다. (○ / ×)

해설 '일출'은 해가 뜨는 것을 말하고, '일몰'은 해가 지는 것을 말한다.

05 '쫓다'의 유의어는 '밀어내다'이다. (○ / ×)

정답 01 ○ 02 × 03 ○ 04 × 05 ○

06 '적극적인'의 반의어는 '소극적인'이다. (○ / ×)

07 '절약'의 반의어는 '긴축'이다. (○ / ×)

해설 '절약'의 반의어는 '낭비', '허비'이고, '긴축'은 지출을 줄인다는 의미이므로 유의어이다.

08 '현금'의 반의어는 '현찰'이다. (○ / ×)

해설 '현찰', '돈' 등은 '현금'의 유의어이다.

09 '처리하다'의 반의어는 '수습하다'이다. (○ / ×)

해설 '수습하다'는 사건을 절차에 따라 정리하여 마무리 짓는다는 의미로 '처리하다'의 유의어이다.

10 '호황'의 반의어는 '불황'이다. (○ / ×)

11 '이따가'는 말하고 있는 시점보다 바로 조금 전에를 의미한다. (○ / ×)

해설 '이따가'는 조금 지난 뒤에를 의미한다. 주어진 뜻은 '방금'의 의미이다.

12 '동안'은 어느 한때에서 다른 한때까지 시간의 길이를 의미한다. (○ / ×)

정답 06 ○ 07 × 08 × 09 × 10 ○ 11 × 12 ○

13 '-ㄹ 뻔하다'는 앞말이 뜻하는 행동이나 상태를 거짓으로 그럴듯하게 꾸밈을 나타내는 말이다. (○ / ×)

해설 '-ㄹ 뻔하다'는 앞말이 뜻하는 상황이 실제 일어나지는 않았지만 그럴 가능성이 매우 높았음을 의미한다. 주어진 뜻은 '-척하다'의 의미이다.

14 '-ㄹ밖에'는 다른 수가 없다는 뜻을 나타낸다. (○ / ×)

15 '-마다'는 '앞말이 가리키는 시기에 한 번씩'을 나타내는 말이다. (○ / ×)

[16~25] 〈보기〉에서 알맞은 단어를 찾아 빈칸 안에 작성하시오.

〈보기〉

소화제 전세 일자리 할부 응급실 조의금 상금 축의금 수능 일출 혼인신고

16 급하게 먹은 음식을 내리려고 ( )을/를 먹었다.

17 마음에 드는 옷이 있어서 고민을 하다가 3개월 ( )(으)로 구매했다.

18 결혼식을 한 후 법적으로 부부가 되기 위해 ( )을/를 한다.

정답 13 × 14 ○ 15 ○ 16 소화제 17 할부 18 혼인신고

19 월세로 빠져나가는 돈이 너무 부담이 돼서 이번에 새로 이사한 집은 (　　　　) 로 했다.

20 기업이 신입 직원 채용을 더 많이 해서 (　　　　)을/를 늘려야 한다.

21 이 대회에 참가해 우승하면 50만 원의 (　　　　)이/가 있다.

22 대학에 진학하려면 (　　　　) 시험을 꼭 치러야 한다.

23 결혼식장에 갈 때에는 (　　　　)을/를, 장례식장에 갈 때에는 (　　　　)을/를 준비해야 한다.

24 새벽에 배가 너무 아파서 급하게 (　　　　)에 갔다.

25 매년 새해가 되면 (　　　　)을/를 보며 소원을 빈다.

정답 **19** 전세 **20** 일자리 **21** 상금 **22** 수능 **23** 축의금, 조의금 **24** 응급실 **25** 일출

[26~35] 〈보기〉에서 알맞은 서술어를 찾아 빈칸 안에 작성하시오.

〈보기〉

남다 쏠리다 사용하다 떠나다 열리다 늦다 펼치다 위반하다 발생하다 확인하다

26 한국은 출산율을 높이기 위해 다양한 출산 장려 정책을 ( ).

27 서둘러 준비했더니 기차 시간이 30분 정도 ( ).

28 지난 달 운전하다가 신호를 ( ) 벌금을 냈다.

29 어제 발생한 산불은 등산객의 부주의로 ( ).

30 갑자기 많은 눈이 내려 약속시간에 ( ) 없었다.

31 밖이 너무 더워서 에어컨이 나오는 지하철 문이 ( ) 바로 탔다.

정답 **26** 펼치고 있다 **27** 남았다 **28** 위반하여 **29** 발생했다 **30** 늦을 수밖에 **31** 열리자마자

32 일회용 컵을 줄이기 위해 개인 보온병을 (   ).

33 요즘 올림픽에 온 국민의 관심이 (   ) 있다.

34 인터넷은 궁금한 것이나 메일을 바로 (   ) 볼 수 있어서 편하다.

35 금요일 퇴근 후 친구들과 여행을 (   ) 했다.

[36~45] ㉠, ㉡ 중 빈칸 안에 들어갈 말을 고르시오.

36 내일 비가 오지 (   ) 소풍갈까?

㉠ 않으면　　　　　　　　　　㉡ 않고

'–으면'은 아직 이루어지지 아니한 사실을 가정하여 말할 때 쓰며, 내일 비가 오지 않을 때 소풍을 가자는 말이므로 ㉠이 적절하다. ㉡ '–고'는 두 가지 이상의 사실을 대등하게 놓는 표현이다.

37 흐엉 씨는 다음 달에 (   ) 했어요.

㉠ 결혼했다고　　　　　　　　　　㉡ 결혼할 거라고

해설 '다음 달'이라는 미래를 나타내는 단어가 있으므로 빈칸에는 ㉡이 적절하다. ㉠ '–었–'은 과거의 일임을 나타내는 표현이다.

정답 **32** 사용한다　**33** 쏠리고　**34** 확인해　**35** 떠나기로　**36** ㉠　**37** ㉡

38 **제가 음식을 (　　　　　　) 당신은 청소하세요.**

㉠ 준비했더라도　　　　　　　　㉡ 준비할 테니까

'-ㄹ 테니까'는 말하는 사람의 의지를 나타낼 때 사용하며 주어는 1인칭만 사용한다. 따라서 빈칸에는 ㉡이 적절하다. ㉠ '-더라도'는 앞의 일에 관계없이 뒤의 일이 생긴다는 의미이다.

39 **매년 1월 1일에 사람들은 새해 복 많이 (　　　　　　) 인사한다.**

㉠ 받기 위하여　　　　　　　　㉡ 받으라고

해설 '-라고'는 앞말이 직접 인용되는 말임을 나타내므로 빈칸에는 ㉡이 적절하다. ㉠ '-기 위하여'는 이유나 근거를 나타내는 표현이다.

40 **시험이 생각보다 어려워 (　　　　　　) 걱정이다.**

㉠ 떨어질까 봐　　　　　　　　㉡ 떨어질 정도로

'-ㄹ까 봐'는 앞말이 일어날 것 같은 우려를 나타낼 때 활용한다. 즉, 시험이 어려워 떨어질 것 같은 상황에 대한 걱정을 하고 있으므로 빈칸에는 ㉠이 적절하다. ㉡ '-ㄹ 정도로'는 앞말과 비슷한 정도나 그 한도임을 나타낸다.

41 **지난주에 주문한 물건이 (　　　　　　) 도착하지 않았지만, 기대가 크다.**

㉠ 아직　　　　　　　　㉡ 벌써

'아직'은 어떤 일이 되기까지 시간이 더 지나야 함을 나타낸다. 물건이 도착하기 전까지 시간이 더 걸릴 것이므로 빈칸에 들어갈 말은 ㉠이 적절하다. ㉡ '벌써'는 '아직'의 반의어로 예상보다 빠르다는 의미이다.

정답 38 ㉡　39 ㉡　40 ㉠　41 ㉠

42 내가 좋아하는 책을 ( ) 남편 것도 같이 샀다.

㉠ 사는 김에 ② 사자마자

'–ㄴ 김에'는 어떤 일의 기회나 계기를 나타낸 말이다. 즉 내가 좋아하는 책을 사러 간 것이 남편의 것도 같이 구매한 계기가 되었다는 의미이므로 빈칸에는 ㉠이 적절하다. ㉡ '–자마자'는 앞의 동작이 이루어지자 잇따라 곧 다음 사건이나 동작이 일어남을 나타낸다.

43 에릭은 공부도 잘하고 ( ) 성격도 좋다.

㉠ 반면에 ㉡ 게다가

'게다가'는 '거기에다가'의 줄인 말로 앞의 말에 이어 추가로 보충할 때 사용한다. 즉, 에릭이 공부도 잘하고 성격 또한 좋다는 의미이므로 빈칸에는 ㉡이 적절하다. ㉠ '반면에'는 앞의 글에서 서술한 사실과 서로 반대되는 상황이 나올 때 사용한다.

44 따뜻한 차를 계속 마시고 ( ) 목이 나아지지 않는다.

㉠ 있어서 ㉡ 있는데도

'–ㄴ데도'는 앞의 행위와 상태에 관계없이 뒤의 일이 일어날 때 사용한다. 즉, 따뜻한 차를 계속 마셔도 목이 나아지지 않는다는 말이므로 빈칸에 들어갈 말은 ㉡이 적절하다. ㉠ '있어서'는 앞말이 뜻한 행동이 지속됨을 나타내는 말이다.

45 영화 주연 배우들의 연기가 ( ) 훌륭했다.

㉠ 꽤 ㉡ 아마

'꽤'는 제법 괜찮은 정도의 의미로 사용한다. 즉, 배우들의 연기가 제법 훌륭했다는 의미이므로 빈칸에 들어갈 말로는 ㉠이 가장 적절하다. ㉡ '아마'는 단정할 수는 없지만 미루어 짐작할 때 그럴 가능성이 크다는 의미이다.

정답 42 ㉠ 43 ㉡ 44 ㉡ 45 ㉠

대한민국 일반

[01~05] 다음 내용이 옳다면 ○, 옳지 않다면 × 표시하시오.

01 1919년 임시정부를 수립하기 위한 회의에서 '대한민국'이라는 국호를 처음 사용하였다. (○ / ×)

02 어린이날은 대한민국 법정기념일이다. (○ / ×)

03 한글은 자음 10개와 모음 14개로 조합하여 한 글자를 이룬다. (○ / ×)

해설 한글은 자음 14개와 모음 10개로 조합하여 한 글자를 이룬다.

04 태극기의 흰색 바탕은 음과 양의 조화를 상징한다. (○ / ×)

해설 태극기의 흰색 바탕은 밝음과 순수를 의미하며, 전통적으로 평화를 사랑하는 우리의 민족성이다.

05 모자를 쓴 경우 국민의례는 오른손으로 모자를 벗어 왼쪽 가슴에 댄다. (○ / ×)

정답 01 ○ 02 ○ 03 × 04 × 05 ○

[06~15] 〈보기〉에서 알맞은 단어를 찾아 빈칸 안에 작성하시오.

〈보기〉

세종대왕 애국가 DMZ 1촌 무촌 법정기념일 국경일 NLL 건곤감리 무궁화

06 태극기의 네 모서리에는 (   )이/가 있다.

07 (   )은/는 비무장지대로 국제조약 또는 협약 등에 의해 남과 북의 무장이 금지된 지역이다.

08 한국에서 본인과 그의 부모님은 (   )이다.

09 부부사이는 (   )이다.

10 현충일은 (   )로 지정되어 국가를 위해 목숨을 바친 이들의 명복을 빌고, 호국정신을 되새기는 날이다.

11 (   )은/는 영원히 피고 또 피어서 지지 않는 꽃이라는 뜻이다.

12 (   )은/는 나라를 사랑하는 노래라는 뜻이다.

정답 **06** 건곤감리 **07** DMZ **08** 1촌 **09** 무촌 **10** 법정기념일 **11** 무궁화 **12** 애국가

13 한글은 (　　　　　　)님이 창제하시고 1466년에 반포하였다.

14 제헌절은 (　　　　　　)로 지정되어 대한민국의 헌법 공포를 기념하는 날이다.

15 (　　　　　　)은/는 북방한계선이라고도 하며 서해 5개 도서와 북한 황해도 지역의 중간선을 기준으로 설정한 해안 경계선이다.

[16~20] ㉠, ㉡ 중 빈칸 안에 들어갈 말을 고르시오.

16 태극기의 태극 문양에서 파랑은 (　　　　　　)을/를 의미한다.

㉠ 음　　　　　　㉡ 양

해설 태극기의 태극 문양에서 파랑은 음을, 빨강은 양을 의미한다. 즉 태극 문양은 음과 양의 조화를 상징하는 것이다.

17 국기에 대한 경례를 할 때, 국기를 향해서 (　　　　　　)을/를 펴서 가슴에 댄다.

㉠ 오른손　　　　　　㉡ 왼손

해설 국기에 대한 경례는 국기를 향해 오른손을 펴서 왼쪽 가슴에 대고 국기를 주목한다. 만약 모자를 쓴 경우 오른손으로 모자를 벗어 왼쪽 가슴에 대고 국기를 주목한다.

정답 **13** 세종대왕 **14** 국경일 **15** NLL **16** ㉠ **17** ㉠

18 **태극기는 집 밖에서 바라볼 때를 기준으로 문의 (   ) 또는 중앙에 단다.**

㉠ 오른쪽 ㉡ 왼쪽

 태극기의 올바른 위치는 집 밖에서 바라볼 때를 기준으로 대문의 중앙이나 왼쪽에 게양한다.

19 **주권이 미치는 해역을 (   )(이)라고 한다.**

㉠ 영해 ㉡ 영공

 영해는 주권이 미치는 해역을 말하며, 영공은 영토와 영해의 상공에 해당하는 범위를 말한다.

20 **단군의 개국을 기념하며 홍익인간의 개국이념을 계승하고 민족의 자긍심을 고취하는 날은 (   )이다.**

㉠ 제헌절 ㉡ 개천절

 개천절은 10월 3일이고, 제헌절은 7월 17일이다. 제헌절은 자유민주주의의 기본이념으로 한 대한민국 헌법의 제정을 축하하는 날이다.

정답 18 ㉡ 19 ㉠ 20 ㉡

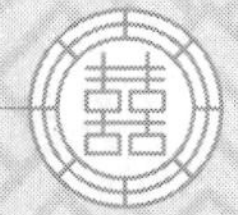

CHAPTER 03 지리와 기후

[01~05] 다음 내용이 옳다면 ○, 옳지 않다면 × 표시하시오.

01 동해는 해안선이 복잡하고 섬이 많아 간척 사업이 활발하다. (○ / ×)

해설 동해는 수심이 깊고 해안선이 단조롭다. 해안선이 복잡하고 섬이 많아 간척 사업이 활발한 곳은 서해이다.

02 영광지역의 굴비, 나주지역의 배 등은 전라도 지역의 특산품이다. (○ / ×)

03 복잡한 교통과 환경오염 등은 대표적인 도시문제이다. (○ / ×)

04 우리나라 최대의 항구도시이자 제2의 도시는 인천이다. (○ / ×)

해설 우리나라 최대의 항구도시이자 제2의 도시는 부산이다. 인천은 제2의 항구도시이자 서울을 제외한 수도권 최대의 도시이다.

05 한파와 폭설 등으로 인한 피해를 조심해야 하는 계절은 겨울이다. (○ / ×)

정답 01 × 02 ○ 03 ○ 04 × 05 ○

[06~15] 〈보기〉에서 알맞은 단어를 찾아 빈칸 안에 작성하시오.

〈보기〉

지리산 SRT 전라도 동해 삼다도 평야 KTX 독도 태백산맥 경주

06 한반도의 남서부는 대부분 (   ) 로 이루어져 농업이 발달하였다.

07 동해안을 따라 이어지는 산맥으로 한반도의 척추로 불리는 산맥은 (   ) 이다.

08 남부지방에 위치한 산으로 남한에서 두 번째로 높은 산이며 국립공원 제1호인 산은 (   ) 이다.

09 (   ) 은/는 수심이 깊고 수온이 낮으며 해안선이 단조롭다는 특징이 있다.

10 대한민국 가장 동쪽에 위치한 (   ) 은/는 천연기념물 336호로 지정된 섬이다.

11 (   ) 은/는 수서발 고속열차로 2016년에 개통했다.

12 신라의 수도였던 (   ) 에는 신라 시대의 뛰어난 유적들이 집중적으로 분포되어 있다.

정답 **06** 평야 **07** 태백산맥 **08** 지리산 **09** 동해 **10** 독도 **11** SRT **12** 경주

13 제주도는 예로부터 ( )(이)라 불렸는데, 돌과 바람, 여자가 많은 섬이라는 뜻이다.

14 순천만, 보성 녹차밭, 담양 죽녹원 등의 관광지가 있는 곳은 ( )이다.

15 ( )은/는 시속 300km/h까지 달릴 수 있는 대한민국 최초의 초고속열차이다.

[16~20] ㉠, ㉡ 중 빈칸 안에 들어갈 말을 고르시오.

16 우리나라는 동쪽이 높고 서쪽이 낮은 ( ) 지형이다.

㉠ 동저서고 ㉡ 동고서저

해설 우리나라는 70% 이상이 산지로, 높은 산들은 주로 동쪽 줄기를 따라 분포되어 있다. 즉, 한반도는 전체적으로 동쪽이 높고 서쪽이 낮은 동고서저 지형이다.

17 한 면이 육지와 이어져 있고 삼면이 바다로 둘러싸인 땅을 ( )라 한다.

㉠ 간척지 ㉡ 반도

해설 한반도에서 반도는 삼면이 바다로 둘러싸이고 한 면은 육지에 이어진 땅. 대륙에서 바다 쪽으로 나온 육지를 말한다. 간척지는 바다나 호수 등의 둘러막고 물을 빼내어 만든 땅을 말한다.

정답 **13** 삼다도 **14** 전라도 **15** KTX **16** ㉡ **17** ㉡

18 **섬유 산업이 발달한 도시인 (   )은/는 분지 지형으로 여름에 특히 날씨가 덥다.**

㉠ 대구　　　　　　　　　　㉡ 울산

 대구는 경상북도에 위치한 광역시이다. 바다로부터 멀리 떨어진 내륙 분지로 여름에는 기온이 40℃까지도 올라가는 더운 지역이다. 울산은 한국 제1의 공업도시로 경제성장을 주도하였다.

19 **(   )은/는 땅속에 굴을 파서 부설한 철도로 수도권에는 1~9호선 등이 있으며, 주로 대도시의 대중교통으로 사용된다.**

㉠ 지하철　　　　　　　　　　㉡ SRT

 지하철은 오전부터 자정 무렵까지 운행하며, 서울과 수도권, 부산, 대구, 대전, 광주에서 운행되고 있다. SRT는 2016년에 개통된 수서역에서 출발하는 고속열차로 기차, KTX처럼 미리 표를 예매하고 지정된 좌석에 앉아 가는 열차이다.

20 **황사와 꽃샘추위가 발생하는 계절은 (   )이다.**

㉠ 봄　　　　　　　　　　㉡ 가을

 봄에는 중국 사막 지역에서 불어오는 모래바람인 황사와 날씨가 꽃이 피는 것을 시샘하듯 일시적으로 갑자기 추워지는 꽃샘추위가 발생한다. 가을은 여름과 겨울의 사이 계절로 단풍이 물들고 하늘이 맑고 청명하여 '천고마비의 계절'이라고 한다.

정답 18 ㉠　19 ㉠　20 ㉠

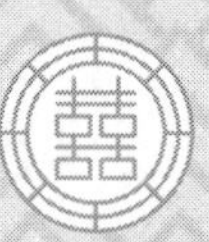

사회

[01~05] 다음 내용이 옳다면 ○, 옳지 않다면 × 표시하시오.

01 어린이집은 만 3세부터 초등학교 입학 전까지 아동을 교육하는 기관이다. (○ / ×)

해설 어린이집은 만 0세부터 만 5세까지의 아동을 보육하는 기관이다. 만 3세부터 초등학교 입학 전까지의 아동을 교육하는 기관은 유치원이다.

02 생계유지가 곤란한 저소득층에게 금전적인 비용을 지원하는 것을 기초생활보장이라고 한다. (○ / ×)

03 나라에서 국민에게 상담, 직업소개, 사회복지시설 이용과 같은 전문적이고 실질적인 도움을 제공하는 것을 사회복지 서비스라고 한다. (○ / ×)

04 여성 긴급 전화 서비스를 제공하는 번호는 120이다. (○ / ×)

해설 여성 긴급 전화번호는 1366이고, 120은 서울시 민원 서비스 전화번호이다.

05 월세는 일정 금액을 보증금으로 걸고 매달 임대료를 내는 주택 임대 방식이다. (○ / ×)

정답 01 × 02 ○ 03 ○ 04 × 05 ○

[06~15] 〈보기〉에서 알맞은 단어를 찾아 빈칸 안에 작성하시오.

〈보기〉

119 편의점 아파트 031 종량제 봉투 고용보험
맞벌이 건강보험제도 국민행복카드 야근

06 부부가 모두 직장 생활을 하는 경우를 (   )부부라고 한다.

07 (   )은/는 5층 이상의 주택을 말한다.

08 정부는 임산부에게 (   )을/를 지급하여 임신 · 출산 진료비를 지원한다.

09 (   )은/는 정해진 퇴근 시간이 지나도 직장에 남아 밤늦게까지 일하는 것이다.

10 대한민국 국민은 (   )에 가입하여 치료비 부담이 적다.

11 경기도의 지역번호는 (   )이다.

정답 06 맞벌이 07 아파트 08 국민행복카드 09 야근 10 건강보험제도 11 031

12 (　　　　　)은/는 대부분 24시간 문을 여는 상점으로 식료품이나 자주 쓰는 생필품 등을 판매한다.

13 4대 보험 중 회사에서 해고된 후 구직활동을 할 때 금전적인 지원을 받는 제도는 (　　　　　)이다.

14 일반쓰레기는 (　　　　　)에 담아 지정된 장소에 내놓는다.

15 화재 · 구조 · 구급 관련 전화번호는 (　　　　　)이다.

[16~25] ㉠, ㉡ 중 빈칸 안에 들어갈 말을 고르시오.

16 아이를 적게 낳는 현상을 (　　　　　)(이)라고 한다.

㉠ 고령화　　　　㉡ 저출산

해설 저출산은 아이를 적게 낳아 사회 전반적으로 출산율이 감소하는 사회현상을 말한다. 고령화는 전체 인구에서 고령자가 차지하는 비율이 높아지는 것을 말한다.

17 병을 미리 발견할 수 있고 생활습관을 올바르게 고치는 목적으로 (　　　　　)을/를 매 2년마다 1회씩(직종별로 다름) 받을 수 있다.

㉠ 건강검진　　　　㉡ 헌혈

해설 건강검진은 몸의 건강 상태를 검사하는 것으로 매 2년마다 1회씩, 비사무직은 매년 받을 수 있다.

정답 **12** 편의점 **13** 고용보험 **14** 종량제 봉투 **15** 119 **16** ㉡ **17** ㉠

18 ( )은/는 일터에서 근무를 마치고 집으로 돌아가는 것을 말한다.

㉠ 출근 ㉡ 퇴근

 퇴근은 일터에서 근무를 마치고 집으로 돌아가는 것을 말한다. 출근은 그와 반대로 집에서 일터로 근무하러 가는 것을 말한다.

19 생계유지가 곤란한 저소득층에게 금전적인 비용을 지원하거나 보장시설에 머물 수 있도록 돕는 제도는 ( )이다.

㉠ 국민연금 ㉡ 기초생활보장

 기초생활보장은 공공부조의 일종으로 소득이 최저생활비 이하인 가구가 최소한의 인간다운 생활을 할 수 있도록 돕고 자립과 자활을 지원하는 제도이다. 국민연금은 사회보험 중 하나로 노인이 되어 더는 일하기 어려울 때 매달 일정 금액의 생활비를 받는 제도이다.

20 정부 통합 민원 서비스의 전화번호는 ( )이다.

㉠ 110 ㉡ 120

 110은 정부 민원 안내 콜센터의 전화번호이다. 120은 서울특별시 민원 서비스인 다산콜센터 전화번호이다.

21 국가에서 운영하는 공공 보건 기관으로 일반 병원보다 진료비가 저렴한 곳은 ( )이다.

㉠ 보건소 ㉡ 의원

해설 보건소는 공공 보건 기관으로 병의 치료뿐 아니라 보건교육과 건강사업 등을 진행한다. 의원은 동네에서 쉽게 볼 수 있는 의료기관으로 내과, 이비인후과, 치과, 피부과 등 증상에 따라 선택하여 방문한다.

정답 18 ㉡ 19 ㉡ 20 ㉠ 21 ㉠

22 ( )은/는 한국에서만 볼 수 있는 독특한 임대 방식으로 집주인에게 보증금을 내고 정해진 기간 집을 빌리는 것이다.

㉠ 전세 ㉡ 월세

해설 전세는 보증금을 맡기고 남의 집에 빌려 들어간 뒤 계약기간이 끝나면 보증금을 돌려받는 주택 임대 방식이다. 월세는 집주인에게 월 단위로 집세를 내는 방식이다.

23 같은 지역에서는 누를 필요가 없지만 다른 지역으로 걸 때는 ( )을/를 누르고 전화번호를 누른다.

㉠ 긴급 전화번호 ㉡ 지역번호

해설 지역번호는 통화권이 서로 다른 지역을 구분하기 위해 부여한 번호로 휴대전화가 아닌 일반전화로 걸 때는 지역번호를 눌러야 한다. 긴급 전화번호는 112, 119 등과 같이 범죄신고, 화재 · 구조 · 구급 상황 등이 발생했을 경우 사용한다.

24 65세 이상 인구가 전체 인구에서 차지하는 비율이 14% 이상인 경우 ( )라 한다.

㉠ 고령화사회 ㉡ 고령사회

해설 국제연합(UN)은 65세 이상 인구가 전체 인구에서 차지하는 비율이 7% 이상인 경우 고령화사회, 14% 이상은 고령사회, 20% 이상은 초고령사회로 구분한다.

정답 22 ㉠ 23 ㉡ 24 ㉡

25 재활용할 수 있는 쓰레기는 반드시 (   )해야 한다.

㉠ 분리배출 ㉡ 신고

 분리배출은 쓰레기 따위를 종류별로 나누어서 버리는 것을 말한다. 또한 대형쓰레기는 구청에 신고한 뒤 처리 비용을 내고 스티커를 붙여 정해진 장소에 내놓아야 한다.

정답 25 ㉠

문화

[01~05] 다음 내용이 옳다면 ○, 옳지 않다면 × 표시하시오.

01 SNS는 카카오톡, 페이스북, 인스타그램 등을 말한다. (○ / ×)

02 천주교는 외래 종교 중 가장 오래된 종교로 관련 문화유산이 많다. (○ / ×)

해설 천주교는 중국에서 예수회를 중심으로 17세기 초 우리나라에 소개되었으며, 로마 교황을 교회의 대표자로 인정하는 종교이다. 외래 종교 중 가장 오래된 종교는 불교로 관련 문화유산이 많다.

03 어른과 함께 식사를 하는 자리에서는 어른이 먼저 식사를 시작하고 나서 먹는다. (○ / ×)

04 백일잔치는 아기가 태어나고 맞는 첫 생일로, 이를 기념하는 날이다. (○ / ×)

해설 백일잔치는 아기가 태어난 지 백일이 되는 날을 기념하는 것이다.

정답 01 ○ 02 × 03 ○ 04 ×

05 학술 및 관상적 가치가 높은 동물, 식물 등은 법률에 의해 보물로 지정한다. (○ / ×)

해설 학술 및 관상적 가치가 높은 동물, 식물 등은 천연기념물로 지정한다. 보물은 건축물, 서적 등 유형문화재 중 중요한 것을 말한다.

[06~15] 〈보기〉에서 알맞은 단어를 찾아 빈칸 안에 작성하시오.

〈보기〉

온돌 덕수궁 한류 첫돌 김치 태권도 절기 정월대보름 장승 회갑

06 한 해를 24로 나누어 계절의 표준이 되는 시점을 ( )(이)라고 한다.

07 ( )은/는 한국의 전통적인 난방장치로 한옥의 가장 큰 특징이다.

08 ( )은/는 만 60세가 되는 해의 생일을 말한다.

09 서울 5대 고궁은 경복궁, 창덕궁, 창경궁, 경희궁, ( )이다.

10 아이가 태어난 지 1년이 되는 첫 번째 생일을 ( )(이)라고 부른다.

11 BTS, 드라마 등 한국의 대중문화가 해외에 확산되는 현상을 ( )(이)라고 한다.

정답 05 × 06 절기 07 온돌 08 회갑 09 덕수궁 10 첫돌 11 한류

12 (　　　　　　)은/는 소금에 절인 배추를 갖은 양념에 버무린 뒤 발효시켜 먹는 한국의 대표적인 음식이다.

13 (　　　　　　)은/는 한국을 대표하는 무술이자 대한민국의 국기로 알려져 있다.

14 (　　　　　　)은/는 한 해를 처음 시작하는 달의 가장 큰 보름달이 뜨는 날이라는 의미이다.

15 (　　　　　　)은/는 마을로 들어오려는 귀신을 겁주어 쫓아내는 역할을 하며, 천하대장군, 지하여장군을 한 쌍으로 세운다.

[16~25] ㉠, ㉡ 중 빈칸 안에 들어갈 말을 고르시오.

16 (　　　　　　)은/는 겨울 동안 먹을 김치를 한꺼번에 많이 담그는 것을 말한다.

㉠ 김장　　　　㉡ 메주

해설 김장은 늦가을에 한꺼번에 많이 담근 김치를 말하는 것으로 겨울 내내 보관해 놓고 먹는다. 메주는 콩을 삶아서 찧은 다음, 덩이를 지어서 띄워 말린 것이다. 된장, 고추장 등을 담그는 기본 재료로 쓴다.

정답 12 김치　13 태권도　14 정월대보름　15 장승　16 ㉠

17 **한국의 전통 가옥에 있는 (   )은/는 방과 방 사이에 있는 공간으로 바닥과 땅이 떨어져 있어 바람이 잘 통한다.**

㉠ 지붕　　　　　　　　　　㉡ 마루

해설 마루는 나무 널판으로 구성된 바닥으로 사람이 앉거나 이동할 수 있도록 만든 공간이다. 지붕은 집의 맨 꼭대기를 덮는 부분으로, 기와나 볏짚 등을 이용해 만든다.

18 **음력 5월 5일로 창포물에 머리를 감는 행사를 하는 날은 (   )이다.**

㉠ 추석　　　　　　　　　　㉡ 단오

해설 단오는 일 년 중 양기가 가장 강한 날로, 창포를 삶은 물에 머리를 감으면 그 향기로 액운을 쫓는다고 여겼다. 추석은 음력 8월 15일로 수확 후 가장 풍요로운 시기이며, 송편을 빚어 먹거나 강강술래, 씨름 등의 놀이를 한다.

19 **(   )은/는 조상께 올리는 제사나 차례를 말한다.**

㉠ 제례　　　　　　　　　　㉡ 관례

해설 제례는 돌아가신 조상을 생각하며 매년 예의를 갖추어 인사를 드리는 것을 말한다. 제사는 조상이 돌아가신 날, 차례는 명절 아침에 지낸다. 관례는 오늘날 성년식을 말한다.

20 **고희는 (   )세가 되는 해의 생일을 말한다.**

㉠ 70　　　　　　　　　　㉡ 80

해설 고희는 70세가 되는 해의 생일을 축하하는 의례이다. 칠순, 또는 희수라고도 부른다. 80세 생일은 팔순이라고 한다.

정답 17 ㉡　18 ㉡　19 ㉠　20 ㉠

21 **(　　　　　)은/는 우리나라 대표 현악기로 나무로 된 공명판 위에 열두 줄이 매여 있다.**

㉠ 거문고　　　　　　　　　　㉡ 가야금

해설 가야금은 한국 고유의 전통 현악기로 가야 때 만들어졌다. 음높이 순으로 얹은 열두 줄을 맨손으로 뜯고 튕겨서 소리를 낸다. 거문고는 고구려의 왕산악이 만든 현악기로 나무통 위에 6개의 줄이 걸쳐 있다.

22 **결혼식장에 갈 때에는 (　　　　　)을/를 준비한다.**

㉠ 축의금　　　　　　　　　　㉡ 조의금

해설 축의금은 축하의 의미와 잘 살라는 뜻으로 전달하는 돈이다. 조의금은 가족, 지인 등의 죽음을 슬퍼하는 뜻으로 전달하는 돈이다.

23 **(　　　　　)은/는 미래 세대에 전달할 만한 가치가 있는 자연이나 문화를 보존하기 위해 유네스코가 지정하는 유산이다.**

㉠ 국보　　　　　　　　　　㉡ 세계유산

해설 우리나라에서 세계유산으로 지정된 곳은 해인사 장경판전, 종묘, 석굴암과 불국사 등이 있다. 국보는 우리나라 보물에 해당하는 문화재 중 역사적 · 학술적 · 예술적 가치가 크고 유례가 깊은 것을 문화재위원회의 심의를 통해 지정된 문화재이다.

정답 21 ㉡　22 ㉠　23 ㉡

24 **추석에는 멥쌀가루로 반죽을 하고 녹두, 콩 등을 넣어 반달 모양으로 빚어낸 떡인 (　　　　　)을/를 먹는다.**

㉠ 송편　　　　　　　　　　　　　　㉡ 떡국

해설 송편은 추석 때 먹는 떡이며, 떡국은 가래떡을 얇게 썰어 넣고 끓인 음식으로 설날에 먹는 음식 중 하나이다.

25 **한국의 현대 종교 중 (　　　　　)은/는 가장 오래된 외래 종교로 이와 관련된 문화유산이 많다.**

㉠ 불교　　　　　　　　　　　　　　㉡ 천도교

한국의 불교는 삼국 시대에 전래되어 외래 종교 중 가장 긴 역사를 가진 종교이다. 천도교는 최제우가 창시한 동학을 1905년 손병희가 개칭한 종교이다.

정답 24 ㉠　25 ㉠

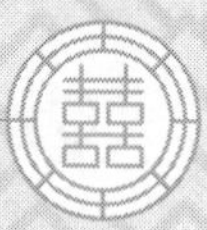

역사

[01~05] 다음 내용이 옳다면 ○, 옳지 않다면 × 표시하시오.

01 고려에는 출신 성분에 따라 신분을 나누는 골품제가 있었다. (○ / ×)

해설 고려의 신분 제도는 지배층인 귀족과 중류층, 피지배층인 양인과 천민으로 나뉘었다. 골품제는 신라의 신분 제도이다.

02 유관순은 3 · 1운동에 참가해 만세 운동을 주도하다가 일본의 모진 고문 끝에 18세의 나이로 옥중에서 순국하였다. (○ / ×)

03 발해는 궁예의 신하였던 왕건이 궁예를 몰아내고 세운 국가이다. (○ / ×)

해설 태조 왕건이 세운 국가는 고려이다. 발해는 대조영이 만주 지방에 세운 국가이다.

04 이순신 장군은 임진왜란 당시 왜군을 상대로 단 한 번도 패하지 않았다. (○ / ×)

05 흥선대원군의 서양 나라와 관계를 맺지 않는 정책인 쇄국정책을 펼쳤다. (○ / ×)

정답 01 × 02 ○ 03 × 04 ○ 05 ○

[06~15] 〈보기〉에서 알맞은 단어를 찾아 빈칸 안에 작성하시오.

〈보기〉

위화도 김대중 3·1운동 광복 홍익인간 강화도 조약
명성황후 정약용 인천상륙작전 팔만대장경

06 고조선의 건국이념은 '인간을 널리 이롭게 한다'는 뜻의 (   )이다.

07 (   )은/는 1945년 8월 15일에 국권을 회복한 것을 말한다.

08 고려는 부처의 힘으로 몽골의 침입을 막기 위해 (   )을/를 만들었다.

09 태조 이성계는 (   )에서 군대를 돌려 개경을 함락시키고 조선을 건국하였다.

10 거중기를 만들어 수원화성을 건설하는 데 큰 역할을 한 조선의 실학자는 (   )이다.

11 (   )은/는 일제에 의해 조선이 강제로 맺은 최초의 근대적 조약이자 불평등 조약이다.

정답 **06** 홍익인간 **07** 광복 **08** 팔만대장경 **09** 위화도 **10** 정약용 **11** 강화도 조약

12 일제는 러시아를 견제하기 위해 조선의 황후인 (   )을/를 잔인하게 살해하였다.

13 (   ) 대통령은 대한민국의 제15대 대통령으로 금강산 관광, 남북정상회담 개최 등으로 노벨평화상을 받았다.

14 6 · 25 전쟁 당시 맥아더 장군의 지휘 아래 (   )을/를 실시하여 서울을 되찾았다.

15 1919년 일제의 지배에 반대하여 일어났지만 폭력은 행하지 않은 만세 운동은 (   )이다.

[16~20] ㉠, ㉡ 중 빈칸 안에 들어갈 말을 고르시오.

16 (   )은/는 일제강점기 때 임시 정부에서 활동했으며, 이때 쓴 일기인 '백범일지'가 남아있다.

㉠ 김구 ㉡ 윤봉길

해설 김구는 독립운동가이자 정치가로 임시 정부에서 활동하였으며, 광복 후에는 자주적인 통일 정부를 세우기 위해 노력하였다. 윤봉길은 일제강점기의 독립운동가로 일왕의 생일날 폭탄을 던져 일본의 대장 등을 즉사시켰다.

정답 12 명성황후 13 김대중 14 인천상륙작전 15 3 · 1운동 16 ㉠

17 **통일 신라 당시 원효, 혜초, 의상 등의 활약으로 (　　　　　) 사상이 민간에까지 확대되었다.**

㉠ 불교　　　　　　　　　　㉡ 동학

해설 불교는 고구려 소수림왕 때 수용하여 신라 때 왕권과 밀착되어 발달한 종교이다. 동학은 조선 후기에 최제우가 창시한 종교이다.

18 **1876년 강화도 조약이 맺어질 때 최익현은 왜양일체론을 외치며 (　　　　　)을/를 주장하였다.**

㉠ 개항 찬성론　　　　　　　　　　㉡ 개항 반대론

해설 최익현은 개항 반대론의 대표적인 인물로 당시 강화도 조약 체결에 반대하는 상소를 올리기도 하였다.

19 **일제강점기 때 (　　　　　)은/는 한글 표기법을 연구하여 우리말 문법을 최초로 정립하였다.**

㉠ 김좌진　　　　　　　　　　㉡ 주시경

주시경은 개화기의 국어학자로 우리말과 한글의 이론 연구 등으로 한글의 대중화와 근대화에 개척자 역할을 하였다. 김좌진은 일제강점기 만주의 청산리대첩에서 일본군과 전투를 벌여 승리한 독립운동가이다.

정답　17 ㉠　18 ㉡　19 ㉡

20 **김정호의 (　　　　　　)은/는 실제 측량뿐만 아니라 조선의 천문 관측을 이용해 만든 과학적인 지도이다.**

㉠ 대동여지도　　　　　　　　㉡ 동국지도

대동여지도는 조선 후기 김정호가 제작한 한국지도로 우리나라에서 가장 큰 전국지도이다. 동국지도는 조선 후기 정상기가 제작한 지도로 백리척이라는 축척을 최초로 사용하였다.

정답 **20** ㉠

법과 정치

[01~05] 다음 내용이 옳다면 ○, 옳지 않다면 × 표시하시오.

01 대한민국 입법부는 행정부이다. (○ / ×)

해설 대한민국의 입법부는 국회이고, 행정부는 법을 바탕으로 국가를 운영하고, 국가 정책을 기획 · 실천하는 등 전반적인 국정을 담당하는 조직이다.

02 조세와 관련된 정책 기획 및 총괄은 행정안전부에서 처리한다. (○ / ×)

해설 조세와 관련된 정책 기획 및 총괄은 기획재정부에서 처리한다. 행정안전부는 법령 및 조약 공포, 정부조직 관련 사무 등을 맡는다.

03 대한민국 대통령의 임기는 5년이다. (○ / ×)

04 대한민국에서는 두 개 이상의 정당이 정치 활동을 할 수 있다. (○ / ×)

05 외국인 신분으로 다른 나라에 오래 거주할 수 있는 권리는 영주권이다. (○ / ×)

정답 01 × 02 × 03 ○ 04 ○ 05 ○

[06~15] 〈보기〉에서 알맞은 단어를 찾아 빈칸 안에 작성하시오.

〈보기〉

국무총리 간접민주주의 평등선거 가정법원 납세 3심제
민주공화국 지방자치단체 청구권 삼권분립

06 대한민국은 국민이 대표를 뽑고 그 대표가 주요 정책 등을 결정하도록 하는 (　　　　　)을/를 채택하고 있다.

07 대한민국은 입법부와 사법부, 행정부가 권력을 나누어 서로를 견제하는 (　　　　　) 제도를 채택하고 있다.

08 행정부에서 대통령 다음의 위치를 차지하고 있는 사람으로 행정부를 총괄하고 대통령을 보좌하는 것은 (　　　　　)이다.

09 대한민국 국회의원의 임기는 4년으로 대통령과는 임기가 다르고, (　　　　　)의 장 및 의원과는 임기가 같다.

10 대한민국에서는 공정한 재판을 위하여 3번까지 재판을 받을 수 있는 (　　　　　)을/를 채택하고 있다.

11 (　　　　　)은/는 누구에게나 똑같이 한 개의 투표권이 주어진다는 선거 원칙이다.

정답 **06** 간접민주주의 **07** 삼권분립 **08** 국무총리 **09** 지방자치단체 **10** 3심제 **11** 평등선거

12 대한민국 헌법 제1조제1항은 "대한민국은 (   )이다."이다.

13 대한민국 국민의 4대 의무 중 (   )의 의무는 세금을 내야 한다는 의무이다.

14 이혼을 하게 되면 (   )을/를 통해 위자료 지급, 자녀 양육자, 양육 비용 등을 결정할 수 있다.

15 대한민국 헌법에서 보장하는 국민의 기본권 중 (   )은/는 국가에 정당한 요구를 주장할 수 있는 권리이다.

[16~25] ㉠, ㉡ 중 빈칸 안에 들어갈 말을 고르시오.

16 일상생활에서 흔하게 일어나서 처벌이 가벼운 범죄를 (   )(이)라 한다.

㉠ 경범죄　　　　㉡ 중범죄

해설 경범죄는 담새꽁초 버리기, 침 뱉기, 공공장소에 낙서하기 등에 해당하는 가벼운 범죄들을 말한다. 중범죄는 경범죄와 반대되는 개념으로 처벌이 무거운 범죄를 말한다.

정답 12 민주공화국　13 납세　14 가정법원　15 청구권　16 ㉠

17 ( )은/는 법 집행 기관으로 국민의 생명 · 재산 등을 보호뿐만 아니라 범죄 예방 · 수사, 교통 단속 등 다양한 활동을 한다.

㉠ 검찰 ㉡ 경찰

해설 법 집행 기관으로는 검찰과 경찰이 있으나 범죄 예방 · 진압 · 수사, 교통 단속 등은 경찰의 업무이다.

18 ( )은/는 공무원의 부패를 방지하고 국민들이 관청의 부당한 처분을 받았을 때 도움을 주는 행정기관이다.

㉠ 한국소비자원 ㉡ 국민권익위원회

해설 국민권익위원회는 부패 방지 및 국민 권리 보호와 구제를 위한 행정기관이다. 한국소비자원은 소비자의 권익을 증진하고 소비생활 향상을 도모하며 국민경제의 발전에 이바지하기 위하여 국가에서 설립한 전문기관이다. 주로 소비자 상담 및 피해 구제, 관련 제도와 정책의 연구 · 건의 등을 하고 있다.

19 한국은 일반적인 대통령제와는 달리 ( )의 요소를 포함하고 있다.

㉠ 분립형 대통령제 ㉡ 의원 내각제

해설 대한민국은 대통령제를 따르고 있으나 국무총리제, 행정부의 법률안 제출권 등 의원 내각제적인 요소를 포함하고 있다.

정답 17 ㉡ 18 ㉡ 19 ㉡

20 (　　　　　　)은/는 모든 국민이 국가에게 인간다운 생활 보장을 요구할 수 있는 권리이다.

㉠ 사회권　　　　　　　　　㉡ 자유권

 사회권은 국민의 최저 생활을 보장하는 권리이며, 자유권은 국가 권력에 의한 침해를 받지 않을 권리이다.

21 정당 득표율에 따라 정당별로 국회 의원을 당선, 배분하는 (　　　　　　)은/는 투표의 가치의 평등이 실현된다는 장점이 있다.

㉠ 비례 대표제　　　　　　　　　㉡ 다수 대표제

 비례 대표제는 정당 득표율에 비례해서 당선자를 선출하는 제도이다. 다수 대표제는 표를 가장 많이 받은 당선자 한 명을 대표로 선출하는 제도이다.

22 시민 단체는 공공이익 실현을 목표로 하지만 (　　　　　　)은/는 정치권력 획득을 통해 정치적 목적을 달성하는 조직이다.

㉠ 언론　　　　　　　　　㉡ 정당

 정당은 정치적 의견이나 생각을 같이하는 사람들이 모여 만든 단체이다. 언론은 신문이나 TV, 인터넷 등을 통해 어떤 사실을 밝혀 알리거나 어떤 문제에 대하여 여론을 만들어 나가는 활동을 말한다.

정답 20 ㉠　21 ㉠　22 ㉡

23 (   )은/는 대통령 직속 헌법 기관으로 회계 감사, 직무감찰 등의 업무를 수행한다.

㉠ 감사원　　　　㉡ 국무회의

해설 감사원은 대통령 직속의 독립적 헌법 기관으로 세금의 검사 · 감독, 공무원 직무감찰 등의 업무를 수행한다. 국무회의는 정부의 주요 정책과 대통령 권한을 심의하는 기관이다.

24 (   )은/는 9인의 재판관으로 구성되며 법률의 헌법 위배 여부를 판단한다.

㉠ 대법원　　　　㉡ 헌법 재판소

해설 헌법 재판소는 법률의 헌법 위배 여부와 국민의 기본권 침해 구제 등을 담당한다. 대법원은 우리나라 최고 법원으로 대법원장과 대법관으로 구성되어 있다.

25 (   )은/는 행정 서류 발급, 행정 제도 불만 등 국민이 행정 기관에 원하는 바를 요구하는 것이다.

㉠ 소송　　　　㉡ 민원

해설 민원은 국민이 행정 기관에게 특별한 행위를 요청하는 것이다. 소송은 재판에 의하여 법률 관계를 확정해 줄 것을 법원에 요구하는 것이다.

정답 23 ㉠　24 ㉡　25 ㉡

경제

[01~05] 다음 내용이 옳다면 ○, 옳지 않다면 × 표시하시오.

01 GNP는 한 국가 내에서 생산한 재화 및 서비스의 총 시작가격을 말한다. (○ / ×)

해설 GNP는 국민 경제가 일정기간 생산한 생산물의 총 시장가격을 말한다. 한 국가 내에서 생산한 재화 및 서비스의 총 시작가격은 GDP를 말한다.

02 대한민국의 주요 수출품은 반도체, 석유화학, 자동차, 철강 등이 있다. (○ / ×)

03 경제협력개발기구는 국가 간 상품의 자유로운 이동을 위해 모든 무역장벽을 완화하거나 제거하는 협정이다. (○ / ×)

해설 경제협력기구는 회원국 간 상호 정책조정 및 협력을 통해 세계경제의 공동 발전 및 성장과 인류의 복지 증진을 도모하는 정부 간 정책연구 협력기구이다. 국가 간 상품의 자유로운 이동을 위해 모든 무역장벽을 완화하거나 제거하는 협정은 자유무역협정이다.

04 은행에 돈을 맡기는 것을 대출이라고 한다. (○ / ×)

해설 은행에 돈을 맡기는 것을 예금이라고 한다. 대출은 은행으로부터 필요한 돈을 빌리는 것이다.

05 지폐 천 원권에는 퇴계 이황, 매화 등이 그려져 있다. (○ / ×)

정답 01 × 02 ○ 03 × 04 × 05 ○

[06~15] 〈보기〉에서 알맞은 단어를 찾아 빈칸 안에 작성하시오.

〈보기〉

소비자기본법　자유무역협정　정기예금　지속가능한 성장　국민총소득
국제통화기금　예금자보호법　한국은행　백 원　보통예금

06 한 나라의 국민이 일정 기간 생산활동에 참여한 대가로 벌어들인 소득의 합계를 (　　　　)(이)라고 한다.

07 한국은 1997년 외환 보유액 부족으로 (　　　　)에 구제 금융을 요청하였다.

08 (　　　　)에 따라 은행에 문제가 생겨 예금을 지급할 수 없는 상황이 발생하면, 예금자는 은행에서 원금과 이자를 포함해 1인당 5,000만 원까지 보장받을 수 있다.

09 (　　　　)은/는 미래 세대에게 필요한 자원을 남기고, 현재 세대의 필요를 충족하는 성장이다.

10 대한민국의 중앙은행이자 발권은행은 (　　　　)이다.

정답 **06** 국민총소득 **07** 국제통화기금 **08** 예금자보호법 **09** 지속가능한 성장 **10** 한국은행

11 주화 중 앞면에 이순신 초상이 그려져 있는 것은 (　　　　　)이다.

12 정해진 기간 동안 일정액을 매월 적립하고, 만기일에 정해진 금액을 받는 예금을 (　　　　　)(이)라고 한다.

13 소비자의 권리와 책임을 규정하고, 소비생활의 향상과 경제 발전을 목적으로 하는 법은 (　　　　　)이다.

14 (　　　　　)은/는 2004년 칠레와 최초로 발효된 협정이다.

15 입금과 출금을 자유롭게 할 수 있는 예금을 (　　　　　)(이)라고 한다.

[16~20] ㉠, ㉡ 중 빈칸 안에 들어갈 말을 고르시오.

16 (　　　　　)은/는 여러 가지 상품이나 서비스의 가치를 종합하여 계산한 평균적인 가격을 말한다.

㉠ 이자　　　　　㉡ 물가

해설 물가는 국민경제 내에 존재하는 여러 종류의 상품가격을 종합하여 평균한 가격을 말한다. 이자는 돈을 빌린 사람은 일정기간 동안 돈을 쓰고 난 다음 빌린 원금 외에 돈을 쓴 데 대한 대가를 지급하는 것을 말한다.

정답 11 백 원　12 정기예금　13 소비자기본법　14 자유무역협정　15 보통예금　16 ㉡

17 **지폐의 종류 중 (   )은/는 2009년에 발행되었으며 대한민국 통화 중 최고액권이다.**

㉠ 십만 원권　　　　㉡ 오만 원권

해설 지폐는 천 원권, 오천 원권, 만 원권, 오만 원권으로 네 종류이며 그중 오만 원권이 최고액권이다.

18 **물건을 구매할 때 현금 대신 (   )을/를 이용할 수 있는데, 결제와 동시에 카드와 연계된 계좌에서 돈이 바로 카드발행사로 지급된다.**

㉠ 직불카드　　　　㉡ 신용카드

해설 신용카드는 물건을 먼저 구매한 후 돈은 나중에 미리 정해진 결제일에 카드발행사에 지급하는 카드이다.

19 **(   )은/는 자연재해나 화재 등 외부요인으로 인해 발생한 재산상의 손실을 보상해주는 보험이다.**

㉠ 상해보험　　　　㉡ 손해보험

해설 상해보험은 고의성 없는 외부요인으로 인한 신체 피해에 대해 보장해주는 보험이다.

20 **(   )은/는 목돈이 필요할 경우 금융회사에서 자금을 빌려 쓰는 것을 말한다.**

㉠ 대출　　　　㉡ 적금

해설 적금은 금융기관에 일정 금액을 일정 기간 동안 입금한 후에 찾는 저금이다.

정답 17 ㉡　18 ㉠　19 ㉡　20 ㉠

PART 02

중간평가 실전모의고사

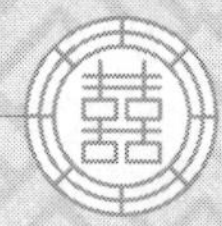

사회통합프로그램 중간평가 실전모의고사 1회

[01~03] 다음 (　　)에 가장 알맞은 것을 고르시오.

01

할아버지는 주요 관직을 (　　　　　)한 매우 청렴하신 분이다.

① 획득　　② 거절
③ 역임　　④ 퇴임

02

나는 (　　　　　) 학교 다닐 때 생각을 하곤 한다.

① 가끔　　② 벌써
③ 항상　　④ 절대

03

이번 선거는 결과를 (　　　　　) 힘들다.

① 치열하기　　② 예측하기
③ 예민하기　　④ 보호하기

[04~06] 다음 질문에 답하시오.

04 다음 중 (　　)에 들어갈 알맞은 말은?

> (　　　　　)은/는 날씨 예보를 위해 먼저 날씨를 관측하고 해양 기상 관측, 지진 및 해일 감시 등을 하여 정보를 모은다.

① 우체국　　② 시청
③ 법원　　④ 기상청

05 다음 밑줄 친 부분과 의미가 비슷한 것은?

> 과장님은 성격이 좋아 여러 사람과 쉽게 잘 사귀고, 아는 사람도 많다.

① 입을 모으다.　　② 낯을 가리다.
③ 꼬리가 길다.　　④ 발이 넓다.

06 다음 밑줄 친 부분과 의미가 비슷한 것은?

> 시민 단체는 이번에 당선된 시장에게 공약을 충실히 이행할 것을 요청하였다.

① 실행할　　② 실수할
③ 연기할　　④ 완료할

[07~11] 다음 (　　)에 가장 알맞은 것을 고르시오.

07

가 : 시험 접수 기간이 언제 끝나나요?
나 : 이번 3차 시험의 접수 기간은 8월 10일(　　　　)입니다.

① 에　　② 로
③ 까지　　④ 동안

08

가 : 지금이라도 기차표를 예매할까요?
나 : 지금 연휴 기간이라서 (　　　　) 모두 매진일 거예요.

① 보나마나　　② 보자마자
③ 볼 수밖에　　④ 보일 텐데

09

가 : 갑자기 10일의 휴가가 생기면 뭘 하고 싶어요?
나 : 음, 휴가가 (　　　　) 가족들과 함께 제주도에 가 보고 싶어요.

① 주어지도록　　② 주어진다면
③ 주어졌지만　　④ 주어질 뿐

10

가 : ○○ 식당에서 먹어 본 메뉴 중에 뭐가 맛있나요?
나 : 곱창전골을 먹어 보세요. 국물이 진하고 비린내가 나지 않아 (　　　　).

① 먹을 뻔했어요　　② 먹지마세요
③ 먹을 수 있어요　　④ 먹을 만해요

11

가 : 요가 A반은 동작들이 너무 어려워 보여요.
나 : (   ). 보기에만 그렇지 실제로 해 보시면 금방 따라 할 수 있어요.

① 어려운 셈이에요
② 어렵기는요
③ 어렵대요
④ 어렵기 마련이죠

[12~16] 다음 문장과 뜻이 같은 것을 고르시오.

12

비가 와서 우산은 챙겼지만 장화는 안 신고 나왔다.

① 비가 오지 않아 우산을 챙기고 장화는 신지 않았다.
② 비가 왔지만 우산과 장화를 챙기지 않았다.
③ 비가 와서 우산은 챙기고 장화는 신지 않았다.
④ 우산은 챙겼지만 비가 올 줄 모르고 장화는 안 신고 나왔다.

13

오늘 민호 씨는 속이 안 좋아서 밥을 안 먹겠다고 하네요.

① 오늘 민호 씨가 속이 좋지 않아 밥을 먹지 않겠다고 하셨어요.
② 오늘 민호 씨가 속이 좋지 않지만 밥을 먹겠다고 말씀하셨어요.
③ 오늘 민호 씨가 속이 좋지 않을 것 같아 밥을 먹지 않겠다고 하셨어요.
④ 오늘 민호 씨가 속이 좋지 않을 뿐 밥은 먹을 수 있다고 말씀하셨어요.

14

> 이 책으로 공부하지 않았더라면 시험에 통과하기 힘들었을 것이다.

① 이 책으로 공부하기 위해 시험에 통과하였다.
② 이 책으로 공부하지 않아서 시험에 통과하기 힘들었다.
③ 이 책으로 공부하지 않는다면 시험에 통과하기 힘들었다.
④ 이 책으로 공부하여 힘들지 않게 시험에 통과할 수 있었다.

15

> 골목에서 급하게 길을 건너다가 차에 치일 뻔했어요.

① 골목에서 급하게 길을 건너다가 차에 치일 가능성이 높았어요.
② 골목에서 급하게 길을 건너다가 차에 치이기 마련이에요.
③ 골목에서 급하게 길을 건너다가 차에 치였대요.
④ 골목에서 급하게 길을 건너다가 차에 치일 줄 몰랐어요.

16

> 세일이 시작되자마자 홈페이지에 사람들이 몰려 접속이 어려워졌다.

① 세일이 시작되는 걸 보니 홈페이지에 사람들이 몰려 접속이 어려워졌다.
② 세일이 시작됨과 동시에 홈페이지에 사람들이 몰려 접속이 어려워졌다.
③ 세일이 시작되려면 홈페이지에 사람들이 몰려 접속이 어려워졌다.
④ 세일이 시작할 테니 홈페이지에 사람들이 몰려 접속이 어려워졌다.

[17~18] 다음 글을 읽고 (　　　)에 알맞은 것을 고르시오.

17

> 대한민국의 광역시는 인천광역시, 대전광역시, 광주광역시, 대구광역시, 울산광역시, 부산광역시, 6개의 광역시가 있다. 모두 인구가 100만 명이 넘는 큰 도시들이다. 이런 광역시가 되기 위한 조건은 주민들이 다른 도시에 (　　　　　) 않고 도시 안에서 생활할 수 있어야 한다. 지역 사람들이 찬성해야 하고, 나라에서도 인정해야 한다.

① 확인하지　　② 비교하지
③ 보류하지　　④ 의존하지

PART 01 PART 02 PART 03

18

> 서울을 포함한 수도권, 부산, 대구, 광주, 대전에서 지하철이 운행되고 있다. 수도권에는 9개의 지하철과 인천 1 · 2호선, 분당선, 신분당선, 경의중앙선, 공항철도 등이 운영되고 있다. 특히 서로 다른 노선이 만나 상대 노선 열차로 갈아탈 수 있는 (　　　　　)이/가 있어 이용에 편리하다.

① 첫차　　② 막차
③ 환승역　　④ 종착역

[19~20] 다음을 읽고 질문에 답하시오.

19 이 글의 내용과 같은 것을 고르시오.

ㅇㅇ군은 임신, 출산, 육아 등으로 경력이 단절된 여성들의 취업역량 강화와 원활한 구직활동을 위해 4월까지 경력이음 바우처 지원사업 신청을 접수한다고 밝혔다. 경력이음 바우처 지원사업은 생애 1회에 한해 20만원의 바우처 카드를 지원하는 사업이다. 지원금은 취업준비를 위한 도서 구입과 취업강좌 수강료, 면접 준비 비용 등의 목적으로 사용 가능하다.

신청대상은 신청일 기준 ㅇㅇ군에 1년 이상 주소를 두고 여성새로일하기센터, 고용플러스복지센터 등 취업지원기관에 구직을 등록한 만 35세 이상 54세 이하 경력단절 여성이다. 여성농업인행복바우처 등 유사 복지서비스를 지원받고 있거나 실업급여, 국민내일배움카드, 국민취업제도 등 재정지원 일자리사업 참여자는 신청대상에서 제외된다.

① 지원금은 오프라인에서만 사용이 가능하다.
② 생애 1회에 한해 20만원의 바우처 카드를 지원한다.
③ 국민내일배움카드로 자격증 공부를 하고 있어도 신청이 가능하다.
④ ㅇㅇ군에 1년 이상 주소를 두고 취업지원기관에 구직을 등록한 만 55세 경력단절여성도 받을 수 있다.

20 이 글의 내용과 같은 것을 고르시오.

각종 식료품이나 생활용품을 온라인으로 구매하시는 사람들이 많다. 집에서 물건을 바로 받을 수 있어 편리하지만, 이로 인해 쌓이는 택배 쓰레기의 처리는 쉽지 않다.

종이로 된 택배상자는 비닐 테이프와 송장을 제거해야 한다. 또, 젖은 상자는 분리수거가 되지 않으니 이를 주의해야 한다. 냉장 · 냉동 제품을 포장할 때 자주 쓰이는 스티로폼 상자 또한 비닐 테이프와 송장을 제거하고, 이물질이 묻지 않은 상태로 분리배출해야 한다. 식료품의 신선도 유지를 위한 아이스팩이 들어 있는 경우 뜯어서 싱크대나 하수구에 흘려 버리는 경우가 있는데, 뜯지 말고 통째로 종량제 봉투에 넣어 버려야 한다.

① 종이상자는 송장을 제거하지 않아도 된다.
② 종이상자는 젖거나 오염되어도 분리수거가 가능하다.
③ 이물질이 묻은 스티로폼은 분리수거가 가능하다.
④ 아이스팩은 뜯지 말고 통째로 종량제 봉투에 넣어 버려야 한다.

[21~22] 다음을 읽고 질문에 답하시오.

> 음력 5월 5일인 단오는 본격적인 여름으로 접어드는 시기이자 일 년 중 양기가 가장 왕성한 날이라 예부터 큰 명절로 여겨온 날이다. 다른 이름으로는 수릿날, 중오절, 천중절이라고도 불린다.
>
> 단오 즈음에는 비가 많이 오기 시작해 병이 유행하기 쉬웠기 때문에 강한 향기와 약효를 지닌 창포나 쑥 등의 약초를 이용한 다양한 풍습이 생겼다. 창포는 약품으로 쓰이던 식물로 벌레의 접근을 막아주고 정신을 맑게 해주는 효능이 있어, 이 물로 머리를 감거나 목욕을 하여 1년 동안 평안과 풍년을 기원하던 우리의 소중한 세시 절기이다.

21 이 글의 내용과 같은 것을 고르시오.

① 음력 5월 5일은 본격적인 여름으로 접어드는 시기이다.
② 단오는 일 년 중 음기가 가장 왕성한 날이라 예부터 큰 명절로 여겨 왔다.
③ 창포는 음식에 많이 쓰이던 재료로 쉽게 구할 수 있어 이를 이용한 풍습이 생겼다.
④ 창포를 삶은 물을 집 주변에 뿌림으로써 1년 동안 풍년을 기원하였다.

22 이 글의 제목으로 알맞은 것을 고르시오.

① 창포의 효능
② 절기의 구분과 그 기준
③ 단오의 의미와 풍습
④ 단오의 유래와 중요성

[23~24] 다음을 읽고 질문에 답하시오.

23 다음 글의 ㉠과 ㉡에 들어갈 단어를 순서대로 나열한 것은?

(㉠)은/는 주택 구입이나 전세 자금 마련, 사업 확장 등 목돈이 필요할 때 은행에서 돈을 빌리는 것이다. (㉡)은/는 일정 기간 동안 매월 일정액을 은행에 넣어 추후에 이자가 포함된 돈을 돌려받는 제도이다.

① 예금 – 적금
② 예금 – 펀드
③ 주식 – 대출
④ 대출 – 적금

24 회사에서 해고된 후 구직활동을 할 때 금전적인 지원을 받는 제도는?

① 건강 보험
② 고용보험
③ 국민연금
④ 산업재해보상보험

[25~26] 다음을 읽고 질문에 답하시오.

25 한국의 선거에 대한 설명으로 틀린 것은?

① 선거권이 있는 사람이라면 누구나 똑같이 한 표씩만 투표를 하는 평등선거이다.
② 일정한 연령이 되면 누구나 선거에 참여할 수 있는 보통선거이다.
③ 대통령은 5년마다 뽑으며, 한 번 당선되어도 다음 선거에 출마할 수 있다.
④ 국회의원은 4년마다 뽑으며 지역구 의원과 전국구 의원으로 나뉜다.

26 다음 글에서 설명하고 있는 것은?

> 제삼자가 지켜보는 가운데 남녀가 부부관계를 맺는 서약을 하는 의식으로, 초대받은 사람들은 축하의 뜻으로 축의금을 준비한다.

① 결혼식　　② 장례식
③ 돌잔치　　④ 환갑

[27~28] 다음을 읽고 질문에 답하시오.

27 한국에서 가족을 부르는 호칭에 대한 설명으로 틀린 것은?

① 아내의 입장에서 남편의 누나를 형님이라고 한다.
② 아내의 입장에서 남편의 아버지를 아버님이라고 한다.
③ 남편의 입장에서 아내의 오빠를 처형이라고 한다.
④ 남편의 입장에서 아내의 남동생의 아내를 처남댁이라고 한다.

28 다음 중 생활 예절에 대한 설명으로 틀린 것은?

① 자신보다 윗사람에게 존댓말을 쓴다.
② 어른보다 먼저 앉아 식사 준비를 한다.
③ 버스에서 임산부에게는 자리를 양보한다.
④ 술을 마실 때 얼굴을 윗사람의 반대편으로 돌리고 마신다.

[29~30 : 작문형] 다음 내용을 포함하여 '저출산 문제의 원인과 해결 방법'이라는 제목으로 100자 이내로 글을 쓰시오.

※ 작문 시험 시간은 10분이며, 답안지에는 제목을 쓰지 말고 본문만 쓰시오.

- 저출산 문제의 원인이 무엇이라고 생각합니까?
- 그 문제를 해결하기 위해 어떤 노력을 해야 합니까?

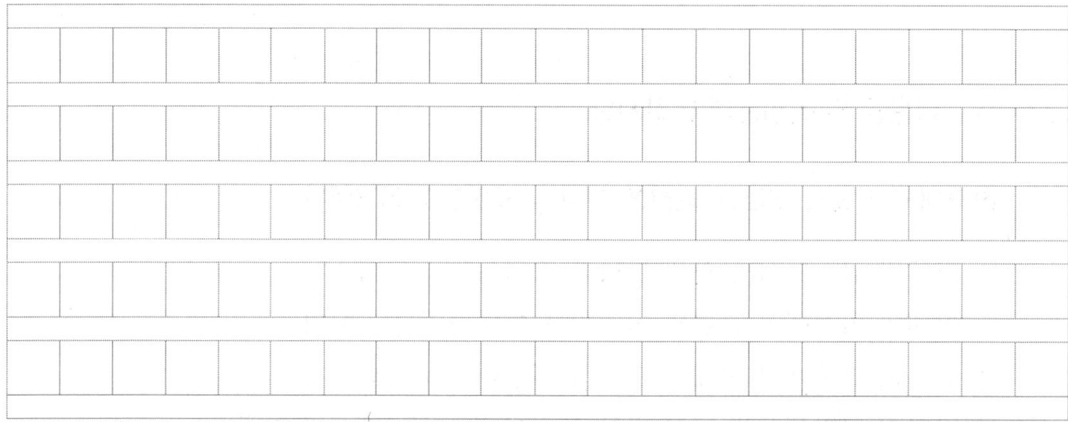

사회통합프로그램 중간평가

구술시험 실전모의고사 1회

※ 질문 내용은 제외한 지문만 수험생에게 제공됨(질문 내용은 견본과 비슷한 유형으로 변경 가능하며 평가 감독관에게만 제공됨)

[01~03 : 구술형] 다음 사진을 보고 구술감독관의 질문에 답하여 주시기 바랍니다.

01 사진에서 사람들은 무엇을 하고 있는지 설명해 보세요.

02 사진처럼 운동을 해본 적이 있나요?

03 ○○씨가 좋아하는 운동과 싫어하는 운동이 있다면 어떤 것인지 또 그 이유에 대해 말해 보세요.

04 ○○ 씨가 경험해 본 한국의 대중교통에 대해 말해 보세요

05 인터넷 쇼핑몰이 소비자들에게 미치는 좋은 영향과 나쁜 영향을 말해 보세요.

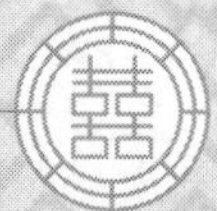

사회통합프로그램 중간평가 실전모의고사 2회

[01~03] 다음 (　　)에 가장 알맞은 것을 고르시오.

01

창업 설명회를 위해 미리 강당을 (　　　　　)하는 것이 좋다.

① 공연　　② 대관
③ 구매　　④ 반환

02

시험이 일주일(　　　　　) 안 남아서 요즘 너무 바쁘고 정신이 없네요.

① 까지　　② 동안
③ 으로　　④ 밖에

03

신호를 (　　　　　) 차주에게 과태료가 부과된다.

① 준수하면　　② 위반하면
③ 확인하면　　④ 훼손하면

[04~06] 다음 질문에 답하시오.

04 다음 중 (　　)에 들어갈 알맞은 말은?

> 일반쓰레기는 (　　　　　　)에 담아 지정된 장소에 내놓는다.

① 종량제 봉투　　② 쓰레기통

③ 종이 박스　　④ 비닐 봉투

05 다음 밑줄 친 부분과 의미가 비슷한 것은?

> 회사 근처 신축 빌라에서 <u>월 단위로 집세를 내며</u> 지내고 있다.

① 전세로　　② 매매로

③ 월세로　　④ 반전세로

06 다음 밑줄 친 부분과 의미가 비슷한 것은?

> 물방울 원피스를 입고 있던 그녀의 <u>새침한</u> 표정이 기억에 남는다.

① 쌀쌀맞은　　② 친절한

③ 깐깐한　　④ 훈훈한

[07~11] 다음 (　　)에 가장 알맞은 것을 고르시오.

07

가 : 여기 화장실이 어딘가요?
나 : 복도 끝에서 왼쪽(　　　　　) 가시면 됩니다.

① 을　　② 에게
③ 같이　　④ 으로

08

가 : 그 일은 내일 와서 마무리해요.
나 : 아니에요. 일을 (　　　　　) 마저 하려고요.

① 시작한 탓에　　② 시작한 김에
③ 시작할 겸　　④ 시작하기 위해서

09

가 : 히엔 씨, 스우 씨가 안 보이네요. 전화 좀 해 주세요.
나 : 네. 그렇지 않아도 (　　　　　).

① 하려던 참이었어요　　② 한다면서요
③ 하고 싶어요　　④ 해도 돼요

10

가 : 몸은 좀 어떠세요?
나 : 심하지 않을 때 치료해서 고비는 (　　　　　).

① 넘겨야 해요　　② 넘길 거예요
③ 넘긴 셈이에요　　④ 넘길 수 있어요

11

가 : 어제 콘서트 티켓 예매했어요?
나 : 아니요. 저는 콘서트를 (　　　　　　).

① 하는 줄도 몰랐어요
② 하는 척했어요
③ 했으면 좋겠다
④ 하기 마련이죠

[12~16] 다음 문장과 뜻이 같은 것을 고르시오.

12

심한 독감으로 인해 회사에 출근할 수 없게 되었다.

① 심한 독감 덕분에 회사에 출근할 수 없게 되었다.
② 심한 독감 때문에 회사에 출근할 수 없게 되었다.
③ 심한 독감이었지만 회사에 출근할 수 없게 되었다.
④ 심한 독감이더라도 회사에 출근할 수 없게 되었다.

13

사람이라면 누구나 실수를 하기 마련이므로 큰 죄책감에 괴로워하지 마세요.

① 사람이라면 누구나 실수를 할 수밖에 없으므로 큰 죄책감에 괴로워하지 마세요.
② 사람이라면 누구나 실수를 할 리가 없어 큰 죄책감에 괴로워하지 마세요.
③ 사람이라면 누구나 실수를 하자마자 큰 죄책감에 괴로워하지 마세요.
④ 사람이라면 누구나 실수를 하는 동안 큰 죄책감에 괴로워하지 마세요.

14

부모님이 어제는 못 오겠다고 하시더니 오늘은 다시 오신다고 하네요.

① 부모님이 어제는 못 오겠다고 하셔서 오늘은 다시 오신다고 하네요.
② 부모님이 어제는 못 오겠다고 하신 데다가 오늘은 다시 오신다고 하네요.
③ 부모님이 어제는 못 오겠다고 하셨지만 오늘은 다시 오신다고 하네요.
④ 부모님이 어제는 못 오겠다고 하시고 오늘은 다시 오신다고 하네요.

15

맛있는 식당은 문을 열기가 무섭게 손님들이 모여든다.

① 맛있는 식당은 문을 열기 싫게 손님들이 모여든다.
② 맛있는 식당은 문을 열 수 있게 손님들이 모여든다.
③ 맛있는 식당은 문을 열려면 손님들이 모여든다.
④ 맛있는 식당은 문을 열자마자 손님들이 모여든다.

16

너무 피곤하여 의자에 앉은 채로 잠이 들었다.

① 너무 피곤하여 의자에 앉고 잠이 들었다.
② 너무 피곤하여 의자에 앉아 잠이 들었다.
③ 너무 피곤하여 의자에 앉은 후 잠이 들었다.
④ 너무 피곤하여 의자에 앉은 그대로 잠이 들었다.

[17~18] 다음을 읽고 (　　)에 알맞은 것을 고르시오.

17

가 : 다음 주 월요일 오전 10시 미팅가세요?
나 : 네, 저도 참석하기로 했어요. 혹시 언제 출발하세요?
가 : 저는 전날 저녁에 미리 갈까 하는데, 일정 괜찮으시면 같이 가실래요?
나 : 아, 저는 일요일 저녁에 가족 행사가 있어서요. (　　　　　).

① 일요일 아침 일찍 갈게요　　② 일요일 저녁에 갈게요
③ 월요일 아침 일찍 갈게요　　④ 월요일 저녁에 갈게요

18

먼지의 지름이 10㎛ 이하일 때 미세먼지라고 하며 2.5㎛ 이하일 때 초미세먼지라고 하는데, 사실상 눈에 보이지 않은 매우 작은 먼지라고 할 수 있다. 초미세먼지는 그 크기가 매우 작기 때문에 사람이 호흡할 때 기도에서 걸러지지 않으며, 폐까지 깊숙이 (　　　　　)하게 된다. 이런 경우, 각종 호흡기 질환을 일으키는 직접적인 원인이 되기도 하기 때문에 각별한 주의가 요구된다.

① 침투　　② 통과　　③ 차지　　④ 제공

[19~20] 다음을 읽고 질문에 답하시오.

19 **이 글의 내용과 같은 것을 고르시오.**

저는 중국에서 온 즈한이라고 합니다. 한국에 온 지 8년 정도 되었고, 현재 한국인 남편, 딸과 함께 지내고 있습니다. 현재 한식 전문점 주방에서 주방장을 도와 일을 배우고 있습니다. 3년 뒤에 제가 직접 한식당을 운영하고 싶어 작년에 한식자격증도 취득했습니다. 특히 중국에서 온 손님들에게 제대로 된 한식을 대접해 드리고 싶습니다.

① 한식당을 직접 운영하고 있다.
② 작년에 한식자격증을 취득하였다.
③ 중국인 남편과 한국에 온 지 8년 되었다.
④ 중국에서 온 손님에게 중식을 제대로 대접하고 싶다.

20 이 글의 내용과 같은 것을 고르시오.

올 여름은 유례없는 무더위가 예상되는 가운데, 정부가 하계 기준으로 사상 최대 전력 공급 능력을 확보하는 등 안정적인 전력수급 관리에 총력을 기울이고 있다. 여름 최대 전력 수요 기록 시기는 7월 넷째 주에서 8월 둘째 주 사이로 예측되어 산업부는 이 3주간 관리에 집중할 방침이다. 또한 산업부는 저소득 취약 가구의 여름철 전기요금 부담 완화를 위해 냉방용 에너지바우처의 올해 가구당 평균 지원액을 9천 원으로, 지난해보다 2천 원 인상하기로 했다.

① 저소득 취약 가구에 대한 냉방용 에너지바우처의 지원액이 인상되었다.
② 8월부터를 여름 최대 전력 수요 기록 시기로 예측하고 있다.
③ 올 여름은 작년보다 덜 더울 것으로 예상된다.
④ 올해 저소득 취약가구에 지원되는 금액은 가구당 7천 원이다.

[21~22] 다음을 읽고 질문에 답하시오.

재생 에너지란 계속 사용해도 무한정에 가깝도록 다시 공급되는 에너지로, 기후변화와 에너지 고갈 위기 문제로 주목받고 있다. 재생 에너지 중 가장 큰 부분을 차지하는 것은 태양 에너지이고, 그 밖에도 풍력, 수력, 생물 자원, 지열, 조력, 파도 에너지 등이 있다.

재생 에너지의 종류는 여러 가지가 있지만 이것들의 대부분은 태양으로부터 온 것이다. 바람은 공기가 태양 에너지를 받아서 움직이기 때문에 생기고, 물의 흐름도 햇빛을 받아 증발한 수증기가 비가 되어서 내려오기 때문에 생긴다. 파도나 해류도 바닷물이 햇빛을 받아 온도차가 일어나기 때문에 생기는 것이고, 나무도 광합성을 통해서 만들어지는 것으로 태양 에너지가 변형된 것이다.

재생 에너지 중에서 예외적으로 태양 에너지와 관련성이 적은 것은 조력과 지열이다. 조력은 달이 지구를 잡아당기는 힘에 의해서 생기는 것이고, 지열은 지구 내부의 열로 인해서 생기는 에너지이다.

21 이 글의 중심 내용으로 알맞은 것은?

① 재생 에너지의 발전을 위한 방안
② 재생 에너지와 태양 에너지의 연관성
③ 재생 에너지와 태양 에너지의 차이점
④ 재생 에너지를 얻기 위한 정부의 노력

22 이 글의 내용과 같은 것을 고르시오.

① 재생 에너지 중 가장 큰 부분을 차지하는 것은 수력이다.
② 재생 에너지도 계속 사용하면 언젠간 고갈된다.
③ 풍력, 수력은 태양 에너지와 연관이 없다.
④ 조력은 달과 지구 사이의 힘에 의해 생긴다.

[23~24] 다음을 읽고 질문에 답하시오.

23 다음 글의 ㉠과 ㉡에 들어갈 단어를 순서대로 나열한 것은?

(㉠)은/는 부부관계의 소중함을 일깨우고 화목한 가정을 일궈 가자는 취지로 제정한 법정기념일이다. (㉡)은/는 어린이에 대한 애호 사상을 기념하기 위해 제정한 법정기념일이다.

① 어버이날 – 어린이날
② 어버이날 – 입양의 날
③ 부부의 날 – 어린이날
④ 부부의 날 – 입양의 날

24 태극기의 4괘 각각의 의미로 맞지 않는 것은?

① 건 : 하늘
② 곤 : 땅
③ 감 : 물
④ 리 : 생명

[25~26] 다음을 읽고 질문에 답하시오.

25 **부산광역시에 대한 설명으로 틀린 것은?**

① 한국 제2의 도시이자 제1의 무역항이다.
② 불국사, 첨성대 등의 명소가 있다.
③ 매년 국제영화제가 개최된다.
④ 부산을 상징하는 꽃은 동백꽃이다.

26 **다음 글에서 설명하고 있는 것은?**

> 한 명의 소리꾼과 한명의 북 치는 사람이 음악적으로 이야기를 풀어내는 우리 민족 고유의 음악이다. 춘향가, 심청가, 흥부가, 수궁가, 적벽가 등 5가지 작품이 있다.

① 민요　② K-pop
③ 판소리　④ 농악

[27~28] 다음을 읽고 질문에 답하시오.

27 **국민의 기본권에 대한 설명으로 틀린 것은?**

① 자유권 : 개인의 자유를 침해받지 않을 권리
② 사회권 : 인간다운 생활을 보장받을 권리
③ 참정권 : 국가에 정당한 요구를 주장할 수 있는 권리
④ 평등권 : 부당하게 차별받지 않을 권리

28 다음 (   ) 안에 공통적으로 들어갈 알맞은 말은?

> • 그에게 고운 (   ) 미운 (   )이 모두 들었다.
> • 옛 (   )을 생각해서 이번 한 번만 봐 줄게.
> • 그 일로 인해 남아 있던 (   )마저 떨어졌다.

① 정　　② 흥
③ 우정　　④ 사랑

[29~30 : 작문형] 다음 내용을 포함하여 '학교폭력의 원인과 해결 방법'이라는 제목으로 100자 이내로 글을 쓰시오.

※ 작문 시험 시간은 10분이며, 답안지에는 제목을 쓰지 말고 본문만 쓰시오.

> • 학교폭력의 원인이 무엇이라고 생각합니까?
> • 그 문제를 해결하기 위해 어떤 노력을 해야 합니까?

사회통합프로그램 중간평가

구술시험 실전모의고사 2회

※ 질문 내용은 제외한 지문만 수험생에게 제공됨(질문 내용은 견본과 비슷한 유형으로 변경 가능하며 평가 감독관에게만 제공됨)

[01~03 : 구술형] 다음 사진을 보고 구술감독관의 질문에 답하여 주시기 바랍니다.

01 사진은 무엇을 나타내고 있는지 설명해 보세요.

02 ○○씨는 주로 어떤 방식으로 물건을 구입하나요?

03 ○○씨 고향 나라의 마트와 한국의 마트는 비슷한지 아니면 다른 점이 있는지 말해 보세요.

04 ○○ 씨의 나라와 한국의 문화가 다르다고 느낀 경험을 말해 보세요.

05 한국의 교육열에 대해 어떻게 생각하는지 말해 보세요.

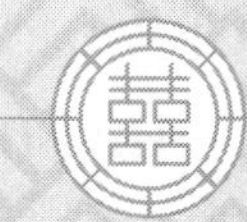

사회통합프로그램 중간평가 실전모의고사 3회

[01~03] 다음 ( )에 가장 알맞은 것을 고르시오.

01

카페에 두고 온 지갑이 없어져 ( )에 신고하였다.

① 경찰서　　② 소방서
③ 응급실　　④ 구청

02

면접이 있는 날에는 ( ) 제시간에 가야 한다.

① 과연　　② 반드시
③ 혹시　　④ 금방

03

갑자기 단체주문이 들어와 당황했지만 손이 ( ) 직원 덕분에 괜찮아졌다.

① 정직한　　② 아쉬운
③ 고운　　④ 빠른

[04~06] 다음 질문에 답하시오.

04 다음 중 (　　)에 들어갈 알맞은 말은?

> 인터넷이 발달하면서 금융 정보 등 (　　　　　)이/가 노출될 위험도 커졌다.

① 개인 정보　　② 바이러스
③ 백신프로그램　　④ 백업 파일

05 다음 밑줄 친 부분과 의미가 비슷한 것은?

> 소량만 사는 것보다 대량으로 사는 것이 더 저렴해 보이지만, 금방 썩어 다 먹지도 못하고 버리게 되므로 필요한 만큼만 사는 게 좋다.

① 절약하는　　② 사용하는
③ 낭비하는　　④ 중독되는

06 다음 밑줄 친 부분과 의미가 비슷한 것은?

> 절기는 한 해를 스물넷으로 나누어 계절의 표준이 되는 시점을 말한다. 예를 들어 여름에는 입하, 소만, 망종, 소서, 대서가 있다.

① 즉　　② 설마
③ 가령　　④ 다만

[07~11] 다음 (　　)에 가장 알맞은 것을 고르시오.

07

> 가 : 고기 구운 연기 때문에 머리가 너무 아프네요.
> 나 : 그래요? 그럼 창문을 좀 열고 환기를 (　　　　　).

① 하고 있어요　　② 한다면서요
③ 하도록 해요　　④ 할 수 있어요

PART 01 PART 02 PART 03

08

> 가 : 오늘 타오 씨도 참석하나요?
> 나 : 아까 연락이 왔는데, 학원에 가야 해서 (　　　　　).

① 못 왔대요　　② 못 왔어요
③ 못 왔을걸요　　④ 못 온다고 했어요

09

> 가 : 늦잠을 자는 (　　　　　) 지각했어.
> 나 : 알람 소리 못 들었어?

① 대로　　② 바람에
③ 김에　　④ 경우

10

> 가 : 어제 불꽃축제 구경했어요?
> 나 : 네. 친구랑 가서 불꽃이 터지는 (　　　　　) 순간을 사진으로 찍었어요.

① 찰나의　　② 위급한
③ 급박한　　④ 오랜

11

> 가 : 스란 씨 여기 있는 과자 한 (   ) 집어 가세요.
> 나 : 오, 고마워요. 잘 먹을게요.

① 잔
② 모금
③ 방울
④ 움큼

[12~16] 다음 문장과 뜻이 같은 것을 고르시오.

12

> 주말에 빨래하랴 청소하랴 정신없이 바쁘다.

① 주말에 빨래 또는 청소하느라 정신없이 바쁘다.
② 주말에 빨래와 청소 모두 하느라 정신없이 바쁘다.
③ 주말에 빨래보다 청소하느라 정신없이 바쁘다.
④ 주말에 빨래나 청소를 하느라 정신없이 바쁘다.

13

> 선생님의 말씀이 꼭 옳지만은 않다.

① 선생님의 말씀은 항상 옳다.
② 선생님의 말씀은 늘 옳지 않다.
③ 선생님의 말씀은 때때로 옳지 않다.
④ 선생님의 말씀은 옳기 마련이다.

14

먹을 수 있을 만큼 편하게 먹어요.

① 먹을 수 있는 대로 편하게 먹어요.
② 먹을 수 있기 위해 편하게 먹어요.
③ 먹을 수 있을 겸 편하게 먹어요.
④ 먹을 수 있을 테니까 편하게 먹어요.

15

쓰란 씨는 궂은 일을 할 때면 언제나 앞장에서 발 벗고 나선다.

① 쓰란 씨는 궂은 일을 할 때면 언제나 앞장에서 물러나 있는다.
② 쓰란 씨는 궂은 일을 할 때면 언제나 앞장에서 발부터 씻는다.
③ 쓰란 씨는 궂은 일을 할 때면 언제나 앞장에서 적극적으로 나선다.
④ 쓰란 씨는 궂은 일을 할 때면 언제나 앞장에서 활동범위가 넓다.

16

시험 볼 때 실수하지 않도록 조심하세요.

① 시험 볼 때 실수하지 않게끔 조심하세요.
② 시험 볼 때 실수하지 않았도록 조심하세요.
③ 시험 볼 때 실수하지 않아야 조심하세요.
④ 시험 볼 때 실수하지 않을 경우 조심하세요.

[17~18] 다음을 읽고 (   )에 알맞은 것을 고르시오.

17

가 : 리아 씨는 왜 한국에 오게 되었어요?
나 : 저는 통역사가 (   ) 한국에 유학을 왔어요. 그런데 아직 실력이 부족해서 시험에 계속 떨어지고 있어요.
가 : 너무 속상해하지 말아요. 혹시 공부하다가 모르는 부분이 생기면 저한테 물어봐요.
나 : 정말요? 감사해요.

① 된다면
② 되려고
③ 되기에
④ 되고

18

한국의 고유한 음식 중 하나인 김치는 배추, 무, 오이, 열무, 갓 등을 소금에 절인 후 여러 가지 부속 재료를 첨가하여 (   ). 배추김치라도 사용하는 양념의 종류와 양이 지역마다 각각 달라 특색 있는 김치로 취급되고 있다. 이런 김치는 유산균이 풍부해 소화가 잘 되고 장을 깨끗하게 하는 효과도 있다.

① 알맞다
② 가능하다
③ 포장한다
④ 발효시킨다

[19~20] 다음을 읽고 질문에 답하시오.

19 이 글의 내용과 같은 것을 고르시오.

여름철에는 기온 상승으로 인해 식중독 발생이 급증할 수 있으므로, 가정이나 집단 급식소 등에서 음식물을 취급, 조리 시 다음과 같이 주의해야 한다.

모든 음식물은 익혀서 먹고, 물 또한 끓여서 먹는다. 조리한 식품을 실온에 방치하지 말고 냉장 보관하도록 한다. 되도록 날음식을 피하며, 손에 상처가 났을 때는 육류, 어패류를 만지지 말아야 한다. 부엌 내 모든 곳의 청결을 유지하고 조리대, 도마, 칼, 행주의 청결에 특히 주의한다.

① 여름철에는 땀으로 인해 식중독 발생이 급증한다.

② 물을 제외한 모든 음식물은 익혀 먹어야 한다.

③ 오늘 조리한 식품은 냉장 보관 대신 실온에 보관한다.

④ 손에 상처가 났을 경우 생선을 만지지 말아야 한다.

20 이 글의 내용과 같은 것을 고르시오.

우리나라 최대의 섬인 제주도는 세계적으로도 유명한 화산섬이다. 화산 활동으로 생긴 기생 화산인 오름, 주상 절리, 용암 동굴, 현무암 지대 등은 제주도의 지형적 특징을 잘 보여 준다.

제주도에 있는 한라산은 우리나라에서 가장 높은 산이고 높이는 1,950m이다. 산 정상에는 화산의 분출구가 막혀 물이 고인 백록담이 있으며, 수심은 계절에 따라 변화가 심한 편이다. 제주도는 우리나라의 남쪽에 위치해 있고, 난류의 영향을 받기 때문에 연평균 기온이 높지만 비와 바람이 많다. 또한 현무암으로 이루어진 섬이라 빗물이 지하로 스며들기 때문에 논을 만들기 어렵고, 토지를 대부분 밭으로 이용하고 있다. 연안 어업은 해녀들이 전복, 소라, 문어 등을 채취하며 활동하고 있다.

① 제주도는 지진 활동으로 생긴 섬이다.

② 백록담의 수심은 사계절 내내 일정한 편이다.

③ 제주도는 토지를 논보다 밭으로 이용하고 있다.

④ 연평균 기온이 낮고 비와 바람이 많다.

[21~22] 다음을 읽고 질문에 답하시오.

> 서울시 ㅁㅁ구는 저축액의 두 배 이상을 돌려주는 '으뜸 청년통장' 가입자 100명을 모집한다고 밝혔다. 으뜸 청년통장은 학자금, 취업난 등으로 어려움을 겪고 있는 근로청년들의 주거 · 결혼 · 교육 등을 위한 목돈을 마련하는 데 도움을 주고자 시행된다.
>
> 으뜸 청년통장은 매월 10만 원 또는 15만 원을 2년 또는 3년간 꾸준히 저축하면 구에서 저축액만큼의 근로장려금을 적립하고, 추가 이자를 제공한다. 가입 대상은 ㅁㅁ구에 거주하는 만 18~34세 이하의 근로 중인 청년이며, 소득기준은 본인 근로소득 세전 월 237만 원 이하이면서 부양의무자 소득인정액 기준중위소득이 80% 이하를 충족해야 한다.
>
> ㅁㅁ구 홈페이지 또는 블로그에서 신청서식을 내려 받아 작성한 후 주민센터의 방문 또는 우편, 담당자 이메일로 접수하면 된다. 구청장은 청년들의 다양한 꿈을 실현하기 위한 자금을 마련할 수 있는 좋은 기회이니 많은 청년들의 관심과 참여를 바란다고 전했다.

21 이 글의 내용과 다른 것을 고르시오.

① 으뜸 청년통장은 저축액의 두 배 이상을 돌려준다.
② 소득기준은 본인 근로소득 세전 월 237만 원 이하이어야 한다.
③ 3년간 매월 20만 원을 저축하면 저축액만큼의 근로장려금을 적립해 준다.
④ 신청서를 작성한 후 주민센터 방문, 우편, 이메일로 접수가 가능하다.

22 이 글의 제목으로 알맞은 것을 고르시오.

① 으뜸 청년통장 가입자 모집
② 으뜸 청년통장의 문제점
③ 으뜸 청년통장의 장점과 단점
④ 으뜸 청년통장으로 인한 부작용 사례

[23~24] 다음을 읽고 질문에 답하시오.

23 다음 글의 ㉠과 ㉡에 들어갈 단어로 순서대로 나열한 것은?

> 대한민국 국가의 원수인 대통령의 임기는 (㉠)년이고, 입법부인 국회에서 활동하는 국회의원의 임기는 (㉡)년이다.

① 4 – 5 ② 4 – 4
③ 5 – 4 ④ 5 – 5

24 일제강점기 시절 독립활동을 했던 인물과 그 활동이 맞지 않게 짝지어진 것은?

① 김구 – 대한민국 임시정부의 주석으로, 독립운동을 위해 활발히 활동하였다.
② 안중근 – 하얼빈에서 일본의 이토히로부미를 사살하였다.
③ 안창호 – 도시락 폭탄을 던져 일본군의 주요 인물들을 사살하였다.
④ 유관순 – 3 · 1운동에 참가해 만세 운동을 주도하였다.

[25~26] 다음을 읽고 질문에 답하시오.

25 한국의 보육 지원 제도에 대한 설명으로 틀린 것은?

① 맞벌이 부모 가정인 경우 만 15세 이하의 자녀에 대한 아이돌봄 서비스를 신청할 수 있다.
② 저소득 한부모가족인 경우 만 18세 미만 자녀에 대한 양육비를 신청할 수 있다.
③ 어린이집을 다니는 아동에 대한 보육료 지원을 받을 수 있다.
④ 유치원을 다니는 아동에 대한 유아학비 지원을 받을 수 있다.

26 다음 글에서 설명하고 있는 것은?

> 한국을 대표하는 무술로 알려져 있다. 신체 단련뿐 아니라 강한 정신력 함양을 목표로 하며, 올림픽 종목으로 채택되어 국제적 스포츠로 자리 잡았다.

① 태권도　　② 택견
③ 축구　　④ 농구

[27~28] 다음을 읽고 질문에 답하시오.

27 한국의 명절에 대한 설명으로 틀린 것은?

① 설날 – 새해를 맞아 조상께 감사의 의미로 제사를 지내고, 집안 어른들께는 세배를 드린다.
② 추석 – 달이 솟을 무렵 여자들이 넓은 마당에 모여 손을 서로 잡고 둥글게 원을 그리며 뛰고 춤추는 놀이를 한다.
③ 정월 대보름 – 아침 일찍 소리 나게 부럼을 깨어 먹으며 피부병을 예방하고 이를 튼튼하게 한다.
④ 단오 – 풍년을 기원하는 뜻으로 다섯 가지 곡식으로 지은 오곡밥을 먹는다.

28 다음 (　　)에 들어갈 말은?

> (　　　　)은/는 국가 간의 경제를 국내에서 거래하는 것처럼 경제를 통합하는 것이다. 즉, 관세를 물지 않고 자유롭게 무역을 하면 비교우위에 의한 기업 간의 생산 활동이 활발히 이루어져 수출과 수입이 활발하게 된다.

① 자유무역협정　　② 다국적 기업
③ 세계무역기구　　④ 경제협력개발기구

[29~30 : 작문형] 다음 내용을 포함하여 '나의 여가 활동'이라는 제목으로 100자 이내로 글을 쓰시오.

※ 작문 시험 시간은 10분이며, 답안지에는 제목을 쓰지 말고 본문만 쓰시오. (글자 수 및 평가 항목별로 채점되니 유의하시기 바랍니다.)

- 즐겨하는 여가 활동은 무엇입니까?
- 그 활동을 하는 이유는 무엇입니까?

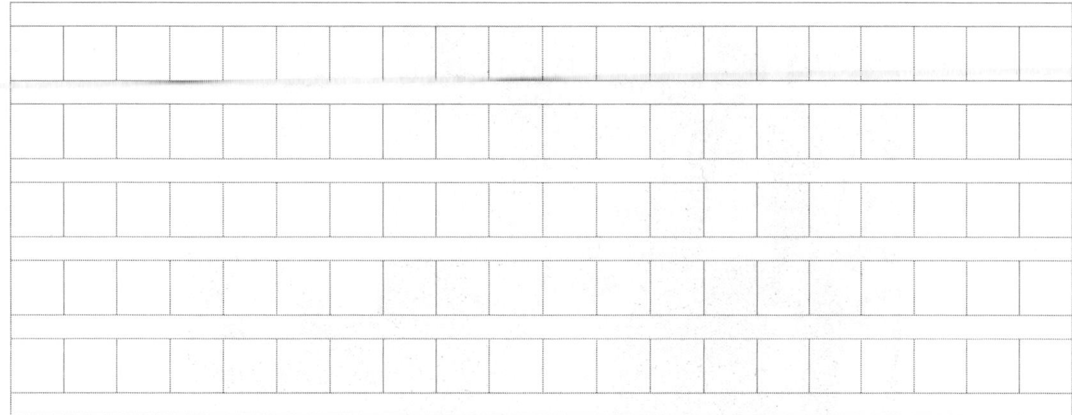

PART 01 PART 02 PART 03

사회통합프로그램 중간평가

구술시험 실전모의고사 3회

※ 질문 내용은 제외한 지문만 수험생에게 제공됨(질문 내용은 견본과 비슷한 유형으로 변경 가능하며 평가 감독관에게만 제공됨)

[01~03 : 구술형] 다음 사진을 보고 구술감독관의 질문에 답하여 주시기 바랍니다.

01 사진은 무엇을 나타내고 있는지 설명해 보세요.

02 ㅇㅇ씨가 좋아하는 동물은 무엇인지, 그 이유도 말해보세요.

03 한국의 반려동물 관련된 법 중 ㅇㅇ씨가 알고 있는 것이 무엇인지 말해 보세요.

04 ㅇㅇ 씨가 경험해본 한국의 결제 방식 중 가장 편리했던 것을 소개해 주세요.

05 한국의 회식 문화에 대해 어떻게 생각하는지 말해 보세요.

사회통합프로그램 중간평가 실전모의고사 4회

[01~03] 다음 (   )에 가장 알맞은 것을 고르시오.

01

외국을 여행하는 사람의 신분이나 국적을 증명할 수 있는 (   )이 필요하다.

① 비자 ② 여권
③ 영수증 ④ 명함

02

한 시간에 후에 출발할 예정이니 그때 돼서 허둥대지 말고 (   ) 준비하렴.

① 아직 ② 여전히
③ 미리 ④ 무척

03

에비 씨는 매우 (   ) 자신의 잘못을 인정하지 않는다.

① 뻔뻔하여 ② 호탕하여
③ 찬란하여 ④ 인색하여

[04~06] 다음 질문에 답하시오.

04 다음 중 (　　)에 들어갈 알맞은 말은?

> 올 겨울 독감이 유행할 것으로 예상되기 때문에 미리 (　　　　　)을/를 반드시 해야 한다.

① 마취　　② 응급처치
③ 격리　　④ 예방접종

05 다음 밑줄 친 부분과 의미가 비슷한 것은?

> 메이린 씨와 나는 제주도에서 우도로 가기 위해 <u>배에 올라탔다</u>.

① 합석했다　　② 승선했다
③ 하산했다　　④ 출항했다

06 다음 밑줄 친 부분과 의미가 비슷한 것은?

> 며칠째 집에서 나가지도 않고 아무도 만나지 못하여 나는 매우 <u>쓸쓸한</u> 기분을 느꼈다.

① 고독한　　② 불쾌한
③ 기묘한　　④ 생소한

[07~11] 다음 (　　)에 가장 알맞은 것을 고르시오.

07

A-303호(　　) A-307호까지 이번 강연의 강의실로 배정되었다.

① 만큼　　② 로
③ 대로　　④ 부터

08

가 : 교통사고가 났었다면서요? 많이 다치진 않았어요?
나 : 네. 다행히 앞차와 (　　　　　) 차가 멈춰서 차도 멀쩡하고 저도 멀쩡해요.

① 부딪친 덕에　　② 부딪치는 동안
③ 부딪치려던 순간에　　④ 부딪치기 위해

09

가 : 어? 리사 씨, 지각할 것 같다고 하더니 늦지 않게 왔네요?
나 : 운이 좋았어요. 1분만 더 늦게 나왔으면 열차를 (　　　　　).

① 놓칠 리가 없어요　　② 놓칠 뻔했어요
③ 놓치는 척했어요　　④ 놓치기로 했어요

10

가 : 요즘 자전거를 탄다면서요? 재미있나요?
나 : 생각보다 너무 힘들어요. 지난번에는 다리가 너무 아파서 거의 (　　　　　) 하면서 탔어요.

① 울자마자　　② 우느라고
③ 울다시피　　④ 울도록

11

> 가 : 어제 제 책상 위에 있던 서류를 가져간 사람을 정말 못 봤어요?
> 나 : 네. 저도 일을 하느라 바빠서 문이 닫히는 소리만 (　　　　　).

① 들었을지도 몰라요　　② 들을 걸 그랬어요
③ 들었을 뿐이에요　　④ 듣기는 틀렸어요

[12~16] 다음 문장과 뜻이 같은 것을 고르시오.

12

> 내일 집에 일찍 돌아오거든 재활용 쓰레기 좀 밖에 내다 놓고 오려무나.

① 내일 집에 일찍 돌아오더라도 재활용 쓰레기 좀 밖에 내다 놓고 오려무나.
② 내일 집에 일찍 돌아오게 된다면 재활용 쓰레기 좀 밖에 내다 놓고 오려무나.
③ 내일 집에 일찍 돌아올지 모르니 재활용 쓰레기 좀 밖에 내다 놓고 오려무나.
④ 내일 집에 일찍 돌아오고도 재활용 쓰레기 좀 밖에 내다 놓고 오려무나.

13

> 하마리 씨는 크게 넘어졌음에도 불구하고 다시 일어나 달리기 시작했다.

① 하마리 씨는 크게 넘어진 탓에 다시 일어나 달리기 시작했다.
② 하마리 씨는 크게 넘어지는 바람에 다시 일어나 달리기 시작했다.
③ 하마리 씨는 크게 넘어지는 듯하더니 다시 일어나 달리기 시작했다.
④ 하마리 씨는 크게 넘어졌지만 거리끼지 않고 다시 일어나 달리기 시작했다.

14

> 여기가 평일만 같아도 이렇게 막히는 길이 아닌데, 주말이라 차가 많이 막히네요.

① 여기가 평일이므로 이렇게 막히는 길이 아닌데, 주말이라 차가 많이 막히네요.
② 여기가 평일이라면 이렇게 막히는 길이 아닌데, 주말이라 차가 많이 막히네요.
③ 여기가 평일과는 달리 이렇게 막히는 길이 아닌데, 주말이라 차가 많이 막히네요.
④ 여기가 평일이니까 이렇게 막히는 길이 아닌데, 주말이라 차가 많이 막히네요.

15

> 하늘이 어둑어둑한 걸 보니 비가 올 것 같아요.

① 하늘이 어둑어둑한 걸 보니 비가 올 것이에요.
② 하늘이 어둑어둑한 걸 보니 비가 온다고 확신해요.
③ 하늘이 어둑어둑한 걸 보니 비가 오지 않았어요.
④ 하늘이 어둑어둑한 걸 보니 비가 올 리가 없어요.

16

> 장마철이 지났으니 이제 본격적으로 더워질 것이 틀림없다.

① 장마철이 지났으니 이제 본격적으로 더워지지 않을 것이다.
② 장마철이 지났으니 이제 본격적으로 더워질지도 모른다.
③ 장마철이 지났으니 이제 본격적으로 더워질 것이 확실하다.
④ 장마철이 지났으니 이제 본격적으로 더워지기는 글렀다.

[17~18] 다음을 읽고 (　　　)에 알맞은 것을 고르시오.

17

가 : 마지마 씨, 니키 씨와는 좀 친해졌나요?
나 : 아뇨. 친해지고는 싶은데 항상 표정도 굳어 있고, 잘 웃지도 않으시니 성격이 (　　　　　) 사람 같아서 좀처럼 말을 못 걸겠어요.
가 : 아, 처음에는 다들 그렇게 오해해요. 그런데 조금만 친해지면 정말 친절한 사람이에요.
나 : 그렇군요. 그럼 오늘 같이 커피라도 마시자고 말해 보아야겠어요.

① 불같은　　② 차가운
③ 시원한　　④ 따뜻한

18

문학 작품은 여러 갈래가 있다. 나는 그중에서도 (　　　　　)을/를 가장 좋아한다. 비록 현실에는 존재하지 않는 가상의 이야기이지만, 오히려 그렇기 때문에 더 다채로운 세계가 펼쳐진다. 매력적인 등장인물과 신비한 배경, 그리고 멋진 문장으로 서술하는 이야기들은 나를 현실이 아닌 환상 속의 공간으로 데려가 주는 듯하다. 원작을 영화나 애니메이션, 게임 등 다양한 형태로 다시 만나 볼 수 있다는 것도 또 다른 매력이다.

① 소설　　② 시
③ 수필　　④ 희곡

[19~20] 다음을 읽고 질문에 답하시오.

19 이 글의 내용과 같은 것을 고르시오.

저는 일본에서 온 후타바라고 합니다. 한국에서 프로그래머로 일하고 있습니다. 저는 일본에 있을 때도 한국의 문화유적이나 역사에 관심이 많았습니다. 그래서 한국에 와서는 한국의 역사에 대해서 많이 공부했습니다. 그리고 주말에는 일본인 관광객을 상대로 한국의 미술관에서 가이드 일을 하고 있습니다. 또, 평일 퇴근 후에는 한국사능력검정시험 공부를 했고, 지난주에 시험을 치러 1급에 합격했습니다. 앞으로는 한국 역사를 더 공부해 국립고궁박물관에서 가이드를 해 보고 싶습니다.

① 이 사람은 평일에 미술관에서 가이드 일을 하고 있다.
② 이 사람은 일본의 문화유적과 역사에 관심이 많았다.
③ 이 사람은 주말에 국립고궁박물관에서 가이드를 하고 있다.
④ 이 사람은 현재 한국사능력검정시험 1급에 합격했다.

20 이 글의 내용과 같은 것을 고르시오.

최근 SNS가 상품을 홍보하고 판매하는 역할까지 하기 시작하면서 다양한 부작용들이 나타나고 있다. 이 중 가장 대표적인 것이 허위 · 과장 광고 문제이다. SNS의 특성상 사실과 다른 제품의 효능 등이 빠르게 퍼져 소비자들이 쉽게 속을 수 있다. 또한 업체로부터 돈을 받아 놓고는 마치 자신이 실제로 사용한 것처럼 사람들을 속이는 후기 광고들도 범람하고 있어 문제가 되고 있다. 이를 막기 위해서는 단순히 광고나 후기들만을 보고 제품을 구입할 것이 아니라, 해당 제품에 대해 조금 더 자세히 알아보는 습관을 들여야 한다.

① SNS에서는 제품을 구입할 수 없다.
② 실제 제품을 사용하고 작성한 후기들이 많다.
③ SNS에서는 잘못된 정보가 빠르게 퍼질 수 있다.
④ 허위 · 과장 광고는 즉시 신고해야 한다.

[21~22] 다음 글을 읽고 질문에 답하시오.

다이어트를 할 때는 건강하게 살을 빼는 것이 무엇보다 중요하다. 무작정 굶어 가며 다이어트를 하면 필요한 영양소가 공급되지 않아 몸이 망가지는 데다, 요요현상이 올 가능성도 크게 높아진다. 건강한 다이어트를 위해서는 운동과 식이요법을 적절히 병행해야 한다. 하루에 사용하는 칼로리보다 적은 칼로리를 섭취하되, 다양한 영양소를 골고루 먹도록 식단을 조절한다. 그리고 유산소 운동뿐만 아니라 무산소 운동도 함께 실시하여 근육량을 높이면 기초대사량이 높아져 같은 양의 음식을 먹어도 살이 잘 찌지 않는 체질이 된다.

21 이 글의 내용과 같은 것을 고르시오.

① 다이어트를 할 때는 식사를 거르는 것이 좋다.
② 하루에 사용하는 칼로리와 음식으로 섭취하는 칼로리가 같아야 한다.
③ 근육량이 높아지면 살이 잘 찌지 않는다.
④ 유산소 운동은 다이어트에 큰 도움이 되지 않는다.

22 이 글의 제목으로 알맞은 것을 고르시오.

① 요요 현상이 가져오는 위험
② 다이어트에 필수적인 무산소운동
③ 살을 빼 주는 영양소의 종류
④ 건강하게 살을 빼기 위해 알아 둘 것들

[23~24] 다음을 읽고 질문에 답하시오.

23 다음 글의 ㉠과 ㉡에 들어갈 단어를 순서대로 나열한 것은?

> 돈을 저축하기 위해 여러 가지 방법이 있지만 그중 (㉠)은/는 처음 한번만 돈을 입금하고 이자를 받는 방식이다. 반면 (㉡)은/는 매월 일정액을 은행에 입금하고 이자를 받는 방식이다. 둘 다 은행에 돈을 맡기는 기간이 길수록 이자는 올라간다.

① 적금 – 예금
② 예금 – 적금
③ 대출 – 적금
④ 예금 – 대출

24 한국의 공공기관과 그 주요 업무가 맞지 않게 짝지어진 것은?

① 소방서 – 화재의 예방 및 진압, 인명의 구조와 구급 등의 업무
② 우체국 – 편지나 소포 등을 모아 배달하는 업무
③ 보건소 – 관할구역 내 세금의 부과 · 감면 · 징수에 관한 사무
④ 주민센터 – 민원서류 발급 및 지역 주민을 위한 복지 서비스 업무

[25~26] 다음을 읽고 질문에 답하시오.

25 한국의 교통시설에 대한 설명으로 틀린 것은?

① SRT는 시속 300km/h로 달릴 수 있는 우리나라 최초의 고속열차이다.
② 서울 등의 대도시에서는 중앙버스전용차로가 운영되고 있다.
③ 강릉시에는 지하철이 운영되지 않는다.
④ 서울과 그 주변의 도시들은 광역버스를 통해 연결된다.

26 다음 글에서 설명하고 있는 민속놀이는?

> 일정한 거리에 항아리를 놓고, 그 속에 화살을 던져 넣은 후 넣은 개수로 승부를 가리는 놀이이다. 궁중이나 양반집에서 주로 행해졌으며, 조선시대에는 왕비나 귀족 여인 등 여성들의 오락으로도 자주 행해졌다.

① 씨름　　② 투호
③ 제기차기　　④ 그네

[27~28] 다음을 읽고 질문에 답하시오.

27 한국의 국경일에 대한 설명으로 틀린 것은?

① 한글날 – 한글을 창제해 세상에 펴낸 것을 기념하기 위한 날
② 개천절 – 한국이 일제의 식민지배에서 벗어나 독립한 것을 기념하기 위한 날
③ 제헌절 – 한국의 헌법이 제정된 것을 기념하기 위한 날
④ 3 · 1절 – 한민족이 일제의 식민지배에 항거하고 독립의 의사를 세계에 밝힌 날을 기념하는 날

28 다음 (　　) 안에 공통적으로 들어갈 알맞은 말은?

> 한국의 전통시장에는 (　　　　)(이)라는 개념이 있다. 실제 지불한 물건값의 몫보다 조금 더 얹어 주는 일이나 그렇게 얹어 주는 물건을 말하는데, 이러한 (　　　　)을/를 통해 한국인의 정을 느낄 수 있다고 하는 이들도 있다.

① 자투리　　② 삯
③ 공돈　　④ 덤

[29~30 : 작문형] 다음 내용을 포함하여 '플라스틱 줄이기'이라는 제목으로 100자 이내로 글을 쓰시오.

※ 작문 시험 시간은 10분이며, 답안지에는 제목을 쓰지 말고 본문만 쓰시오.

> • 평소 플라스틱은 어디에 자주 사용됩니까?
> • 플라스틱을 줄이기 위한 노력에는 어떤 것이 있습니까?

사회통합프로그램 중간평가

구술시험 실전모의고사 4회

※ 질문 내용은 제외한 지문만 수험생에게 제공됨(질문 내용은 견본과 비슷한 유형으로 변경 가능하며 평가 감독관에게만 제공됨)

[01~03 : 구술형] 다음 사진을 보고 구술감독관의 질문에 답하여 주시기 바랍니다.

01 사진은 무엇을 나타내고 있는지 설명해 보세요.

02 사진과 같은 물건 구입 방식은 어떤 장점이 있나요?

03 ○○씨 고향 나라에서의 물건 구입 방식의 특징 및 한국과의 차이점에 대해 말해 보세요.

04 ○○ 씨가 경험해 본 한국의 대중교통과 관련하여, 좋았던 경험이나 불편했던 경험 중 한 가지를 소개해 주세요.

05 유튜브 같은 영상 SNS로 발생하는 좋은 영향과 나쁜 영향에 대해 말해 보세요.

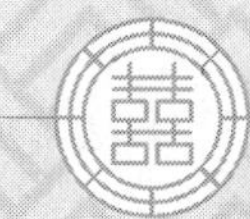

사회통합프로그램 중간평가 실전모의고사 5회

[01~03] 다음 (   )에 가장 알맞은 것을 고르시오.

01

보행자는 (   )(으)로 길을 건너다가는 큰 사고를 당할 수 있다.

① 보호 ② 무단
③ 무료 ④ 유로

02

어떤 힘든 일이 있어도 (   ) 꿈을 포기하지 않는다.

① 결코 ② 매우
③ 가끔 ④ 별로

03

백화점에는 몸이 (   ) 사람들을 위한 편의시설이 있다.

① 익숙한 ② 다양한
③ 불편한 ④ 충분한

[04-06] 다음 질문에 답하시오.

04 다음 중 (　　)에 들어갈 알맞은 말은?

> 우리 부부는 (　　　　　　)로 나는 은행에서 일하고 남편은 학교에서 일하고 있다.

① 맞벌이부부　　② 예비부부
③ 노년부부　　④ 외벌이부부

05 다음 밑줄 친 부분과 의미가 비슷한 것은?

> 물건을 훔친 학생은 이 사실을 선생님께 말하기로 마음을 먹고 교무실로 갔다.

① 고치다　　② 담당하다
③ 포기하다　　④ 결심하다

06 다음 밑줄 친 부분과 의미가 비슷한 것은?

> 겉모습만으로는 사람의 성격을 짐작하기가 쉽지 않습니다.

① 비교하기가　　② 인정하기가
③ 추측하기가　　④ 거절하기가

[07~11] 다음 (　　)에 가장 알맞은 것을 고르시오.

07

가 : 어제 산 신발은 어디 있어요?
나 : 그 신발은 여동생(　　　　　　) 빌려주었어요.

① 과　　② 한테
③ 은　　④ 처럼

08

가 : 마이클 씨, 서울에 도착했어요?
나 : 아니요. 서울에 (　　　　　　) 그때 전화할게요.

① 도착하는데　　② 도착하든지
③ 도착하던데　　④ 도착하거든

09

가 : 점심 식사 준비가 방금 끝났어요. 어서 먹어요.
나 : 아니요. 어른이 드시기 전에 우리가 먼저 (　　　　　　).

① 먹으면 안 돼요　　② 먹을 줄 몰라요
③ 먹는 중이에요　　④ 먹을 걸 그랬어요

10

가 : 우리 아들은 치과를 너무 무서워해요.
나 : 아이(　　　　　　) 치과를 좋아하는 아이는 못 봤어요.

① 커녕　　② 치고
③ 조차　　④ 까지

11

> 가 : 민아 씨 방에는 책이 많네요. 잠깐 책을 (   )?
> 나 : 그럼요. 마음껏 읽으세요.

① 읽는다면서요　　② 읽는다니
③ 읽어도 돼요　　④ 읽은 척해요

[12~16] 다음 문장과 뜻이 같은 것을 고르시오.

12

> 친구랑 한강에 갈 생각이었는데 비가 와서 취소했어요.

① 친구랑 한강에 가자마자 바로 비가 와서 취소했어요.
② 친구랑 한강에 가려고 했지만 비가 와서 취소했어요.
③ 친구랑 한강에 가고 보니 비가 와서 취소했어요.
④ 친구랑 한강에 가지 않았지만 비가 와서 취소했어요.

13

> 감기에 걸리고 두통도 심해서 주말 내내 제대로 쉬지 못했어요.

① 감기에 걸렸다면 두통이 심해서 주말 내내 제대로 쉬지 못했을 거예요.
② 감기만 아니면 두통이 심해도 주말 내내 제대로 쉬었을 거예요.
③ 감기에 걸린 데다가 두통도 심해서 주말 내내 제대로 쉴 수 없었어요.
④ 감기에 걸리기 전에 두통이 심해서 주말 내내 제대로 쉬지 않았어요.

14

제가 좋아하는 배우도 나오고 연출도 좋아서 그 드라마는 볼 만해요.

① 제가 좋아하는 배우도 나오고 연출도 좋아서 그 드라마를 한번 보는 것도 좋아요.
② 제가 좋아하는 배우도 나오고 연출도 좋아서 그 드라마를 보기가 쉽지 않아요.
③ 제가 좋아하는 배우도 나오고 연출도 좋아서 그 드라마는 보지 말 걸 그랬어요.
④ 제가 좋아하는 배우도 나오고 연출도 좋아서 그 드라마는 볼 수 없어요.

15

대형화재가 발생하자 주민들은 너 나 할 것 없이 자원봉사를 신청했다.

① 대형화재가 발생하자 주민들 중 나와 너만 자원봉사를 신청했다.
② 대형화재가 발생하자 나와 너를 제외한 주민들은 자원봉사를 신청했다.
③ 대형화재가 발생하자 주민들은 책임질 것 없이 자원봉사를 신청했다.
④ 대형화재가 발생하자 누구를 가릴 것 없이 모두 자원봉사를 신청했다.

16

일찍 도착하고자 우리는 서둘러서 기차를 탔습니다.

① 일찍 도착하는 셈 치고 우리는 천천히 기차를 탔습니다.
② 일찍 도착하기 위해서 우리는 서둘러서 기차를 탔습니다.
③ 일찍 도착하는 만큼 우리는 서둘러서 기차를 탔습니다.
④ 일찍 도착해서인지 우리는 여유롭게 기차를 탔습니다.

[17~18] 다음을 읽고 (　　)에 알맞은 것을 고르시오.

17

가 : 이번에 링 씨가 △△호텔에 취직했다고 하던데 정말이에요?
나 : 네, 저는 탈락했고 링 씨는 취직했어요. 링 씨랑 저는 함께 공부했는데 어떻게 링 씨만 합격했을까요?
가 : 필기시험은 두 사람 모두 잘했지만, 면접에서 링 씨가 (　　　　) 한국어 실력을 보여줬다고 들었어요.
나 : 저는 아직 한국어를 잘하지 못해서 불합격했군요. 한국어 공부를 열심히 해야겠어요.

① 독특한　　② 용이한
③ 유창한　　④ 복잡한

18

대한민국의 현 정부는 18부처를 이루고 있다. 이 중 (　　　　)은/는 국민의 건강과 보건, 복지, 사회보장 등 삶의 질 향상을 위한 정책 및 사무를 보는 중앙행정기관이다. 아동, 청장년, 노인, 취약계층, 보건의료 등 5개 분야를 주요 과제 대상으로 삼고 각각 보육부담 낮추기(아동), 일자리 만들기(청장년), 행복한 노후(노인), 맞춤형 복지(취약계층), 건강한 삶 보장(보건의료)을 달성하기 위해 다양한 정책을 펼치고 있다.

① 국가보훈부　　② 보건복지부
③ 기획재정부　　④ 문화체육관광부

[19~20] 다음을 읽고 질문에 답하시오.

19 이 글의 내용과 같은 것을 고르시오.

우주를 다룬 SF영화를 보면 우주복이 흰색인 것을 알 수 있다. 왜 우주복은 흰색일까? 그 이유는 바로 흰색이 빛을 반사하는 성질을 가지고 있기 때문이다. 우주에는 지구처럼 산소가 존재하지 않아 태양에서 나오는 빛이 공기에 흡수되지 않고 그대로 우주 비행사에게 전달된다. 이때 흰색이 빛을 반사하기 때문에 우주 비행사는 뜨거운 태양의 열에도 버틸 수 있는 것이다. 만약 우주복이 빛을 흡수하는 검은색이었다면 우주 비행사는 뜨거워서 견딜 수 없었을 것이다.

① 검은색 우주복은 산소를 흡수하는 성질을 가진다.
② 흰색 우주복은 태양 빛으로부터 우주 비행사를 보호해준다.
③ 우주 비행사는 산소를 공급받기 위해 우주복을 착용해야 한다.
④ 태양에서 나오는 빛은 우주 비행사에게 중요한 역할을 한다.

20 이 글의 내용과 같은 것을 고르시오.

예수의 탄생을 축하하는 날로 크리스마스가 있다면, 석가 탄신일은 석가모니가 태어난 것을 기념하는 날이다. 부처님 오신 날, 사월 초파일 또는 불탄절로 불리기도 한다. 석가모니가 태어난 날은 정확하게 알려지지 않았으나 예로부터 우리나라는 음력 4월 8일을 석가 탄신일로 정하였다. 석가 탄신일에는 석가모니 부처의 불상을 꽃으로 장식하고 다양한 행사를 진행한다. 이날 절에서는 아기 부처님 상에 물을 붓는 의식, 탑돌이 등을 하고 연등을 달기도 한다.

① 예수의 탄생을 축하하는 날과 석가 탄신일은 같은 날이다.
② 크리스마스는 사월 초파일 또는 불탄절이라고도 불린다.
③ 석가모니가 태어난 날은 음력 4월 8일이다.
④ 연등을 달거나 다양한 행사를 하여 석가모니의 탄생을 축하한다.

[21~22] 다음을 읽고 질문에 답하시오.

3 · 1운동은 1919년 일제강점기 당시 발생한 전국적인 독립운동이다. 일제의 식민 통치에 반발한 학생과 시민들이 탑골공원에서 독자적으로 만세 운동을 펼쳤고 이는 전국과 해외로 확산되었다. 하지만 일본은 군대와 경찰을 동원하여 무자비하게 진압하였고 결국 3 · 1운동은 실패하였다.

그러나 3 · 1운동은 조선뿐만 아니라 주변 국가들에도 큰 영향을 주었다. 먼저 당시 무단 정치였던 일본 식민 정책을 문화 정치로 바꾸었다. 그리고 3 · 1운동을 계기로 독립 운동에 대한 필요성을 느낀 독립 운동가들이 중국의 상하이에서 대한민국 임시 정부를 수립하였다. 또한, 3 · 1운동은 세계 약소민족의 독립 운동에도 영향을 주었다. 대표적으로 중국의 5 · 4운동은 3 · 1운동에 큰 격려와 용기를 받아 전개된 운동이다.

21 이 글의 내용과 같은 것을 고르시오.

① 3 · 1운동은 대한민국 임시 정부의 수립에 큰 영향을 주었다.
② 5 · 4운동은 조선의 독립을 위해 발생한 독립운동이다.
③ 일본은 3 · 1운동 이후 무단 정치로 정책을 변경했다.
④ 3 · 1운동은 해외에서 시작되어 탑골공원에서 마무리되었다.

22 이 글의 제목으로 알맞은 것을 고르시오.

① 1919년 독립운동가들의 활동
② 학생들의 다양한 독립운동
③ 3 · 1운동의 의미와 영향
④ 3 · 1운동과 5 · 4운동의 차이점

[23~24] 다음을 읽고 질문에 답하시오.

23 다음 글의 ㉠과 ㉡에 들어갈 단어를 순서대로 나열한 것은?

> 관혼상제는 조상들이 예로부터 중요하게 여긴 행사이다. 그중 (㉠)은/는 청소년이 머리에 관을 쓰고 성년이 되었음을 알리는 의식이다. 또, (㉡)은/는 조상을 기리는 풍습이다.

① 관례 – 제례　　② 관례 – 상례
③ 상례 – 제례　　④ 제례 – 혼례

24 조선시대 왕의 업적으로 맞지 <u>않은</u> 것은?

① 정조 – 규장각을 설치하고 수원에 화성을 건설하였다.
② 태종 – 고려의 체제에서 벗어나 국호를 '조선'으로 확정했다.
③ 영조 – 탕평책을 강력하게 실시하여 붕당 정치의 폐단을 막으려 했다.
④ 광해군 – 명과 후금 사이의 중립을 유지하는 중립 외교 정책을 펼쳤다.

[25~26] 다음을 읽고 질문에 답하시오.

25 대한민국의 교육제도에 대한 설명으로 <u>틀린</u> 것은?

① 초등학교 입학 전 어린이집 또는 유치원에 다닐 수 있다.
② 초등학교는 6년 동안 다니는 교육기관이다.
③ 중등교육기관은 중학교와 고등학교이다.
④ 대학교는 분야와 특성에 따라 2년제, 3년제, 4년제, 대학원이 있다.

26 다음 글에서 설명하고 있는 것은?

> 옛날 조상들은 계절의 변화를 알기 위하여 한 해를 스물넷으로 나누어 계절의 표준을 만들었다. 이를 통하여 날씨의 변화 등 농사에 필요한 다양한 정보를 알 수 있었으며 계절에 맞는 전통놀이를 즐겼다.

① 자격루　　② 농악
③ 세시　　④ 절기

[27~28] 다음을 읽고 질문에 답하시오.

27 한국의 생일 문화에 대한 설명으로 틀린 것은?

① 생일을 맞은 사람은 미역국을 먹는다.
② 아이가 태어난 지 백일이 되는 날 백설기를 준비한다.
③ 아이가 한 살이 되는 첫 생일에는 붉은팥을 만들어 먹는 돌잡이를 한다.
④ 만 60세가 되는 해에는 회갑 또는 환갑 잔치를 연다.

28 다음 (　　)에 공통적으로 들어갈 말은?

> (　　　　)은/는 한 나라의 국민이 일정 기간 동안 벌어들인 소득을 측정하는 지표이다. 1인당 (　　　　)은/는 국민의 평균적인 생활 수준을 알아보기 위한 소득지표로 여러 국가의 소득 수준을 비교할 때 주로 사용한다.

① 국민총소득　　② 국내총생산
③ 물가 상승률　　④ 실업률

[29~30 : 작문형] 다음 내용을 포함하여 '층간소음의 해결 방법'이라는 제목으로 100자 이내로 글을 쓰시오.

※ 작문 시험 시간은 10분이며, 답안지에는 제목을 쓰지 말고 본문만 쓰시오.

- 층간소음이 무엇입니까?
- 그 문제를 해결하기 위한 어떤 노력을 해야 합니까?

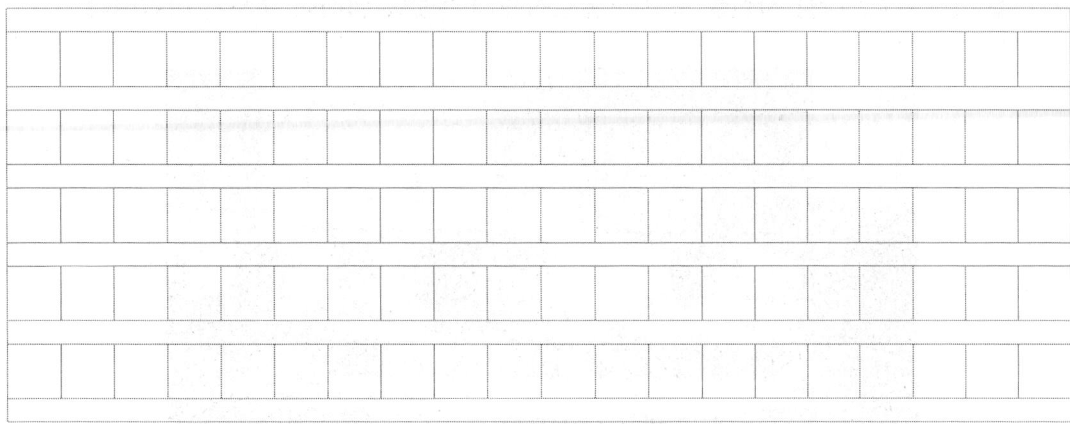

PART 01 PART 02 PART 03

사회통합프로그램 중간평가

구술시험 실전모의고사 5회

※ 질문 내용은 제외한 지문만 수험생에게 제공됨(질문 내용은 견본과 비슷한 유형으로 변경 가능하며 평가 감독관에게만 제공됨)

[01~03 : 구술형] 다음 사진을 보고 구술감독관의 질문에 답하여 주시기 바랍니다.

01 사진은 어떤 장면을 찍은 건지 설명해 보세요.

02 사진은 대한민국 국민의 4대 의무 중 어떤 의무와 관련이 있나요?

03 ㅇㅇ 씨가 한국에서 참여해 본 수업에 대해 그 경험을 말해 주세요.

04 ㅇㅇ 씨가 경험해 본 한국의 재래시장을 소개해 주세요.

05 한국의 종교에 대해서 말해 보세요.

CHAPTER 06

사회통합프로그램 중간평가

실전모의고사 6회

[01~03] 다음 (　　)에 가장 알맞은 것을 고르시오.

01

회사에서 일을 잘해서 소문이 난 직원은 동기들 중에서도 가장 먼저 (　　　　)한다.

① 야근　　② 퇴사
③ 진급　　④ 퇴근

02

요즘 운전 면허 따는 게 (　　　　) 어려운 게 아니에요.

① 너무　　② 보통
③ 전혀　　④ 조금

03

강원도 쪽에는 겨울에 눈이 많이 내려 (　　　　) 스키장이 많다.

① 조용한　　② 유명한
③ 초라한　　④ 행복한

[04~06] 다음 질문에 답하시오.

04 다음 중 (　　)에 들어갈 알맞은 것은?

> (　　　　　)은/는 국가 또는 지방자치단체가 국민생활의 복지 증진을 위하여 설치하는 시설로 공립학교, 공립 병원, 국 · 공립 도서관 등이 있다.

① 복지시설　　② 편의시설

③ 문화시설　　④ 공공시설

05 다음 밑줄 친 부분과 의미가 비슷한 것은?

> 더운 여름에 땀을 많이 흘렸더니 심하게 <u>갈증이 난다</u>.

① 목이 타다　　② 손이 빠르다

③ 발이 넓다　　④ 입을 모으다

06 다음 밑줄 친 부분과 의미가 비슷한 것은?

> 성악가인 그의 목소리는 우리나라에서 <u>손꼽히는</u> 목소리라고 생각한다.

① 낮은　　② 높은

③ 뛰어난　　④ 앙칼진

[07~11] 다음 (　　)에 가장 알맞은 것을 고르시오.

07

가 : 동아리 신청은 언제인가요?
나 : 내일(　　　　　)(으)로 알고 있어요.

① 까지　　② 마다
③ 때　　④ 쪽

08

가 : 부모님과 자주 만나나요?
나 : 아니요. 멀리 떨어져 살아서 전화로(　　　　　) 목소리를 듣고 있어요.

① 라고　　② 부터
③ 나마　　④ 할 뿐

09

가 : 그토록 원하던 귀화시험에 합격한 기분이 어때요?
나 : 너무 놀라서 아무 생각도 안 나고 그냥 감사할 (　　　　　).

① 예정이에요　　② 따름이에요
③ 줄 알았어요　　④ 텐데요

10

가 : 원싱 씨 서점에 같이 갈래요?
나 : 아니요. 서점을 (　　　　　) 너무 늦어서 운동에 못 갈 것 같아요.

① 가고 해서　　② 들르고 나면
③ 가는 대신에　　④ 가는 대로

PART 01 PART 02 PART 03

11

> 가 : 밍 씨 제가 졸업사진 (   )?
> 나 : 너무 감사해요. 카메라 여기 있어요.

① 찍을 수밖에 없었어요
② 찍는다면서요
③ 찍나 싶어요
④ 찍어 드릴까요

[12~16] 다음 문장과 뜻이 같은 것을 고르시오.

12

> 오전에 짙은 안개 때문에 배의 운항을 할 수 없다.

① 오전에 짙은 안개인 줄 모르고 배의 운항을 할 수 없다.
② 오전에 짙은 안개였다면 배의 운항을 할 수 없다.
③ 오전에 짙은 안개로 인해 배의 운항을 할 수 없다.
④ 오전에 짙은 안개만 아니면 배의 운항을 할 수 없다.

13

> 누구나 처음 하는 일은 어색하기 마련이다.

① 누구나 처음 하는 일은 어색할 수 있다.
② 누구나 처음 하는 일은 어색하지 않을 것이다.
③ 누구나 처음 하는 일은 어색할 리가 없다.
④ 누구나 처음 하는 일은 어색할 뻔하다.

14 어머니께서 이따 10시에 시작하는 다큐를 보시겠대요.

① 어머니께서 이따 10시에 시작하는 다큐를 보겠다고 하셨어요.
② 어머니께서 이따 10시에 시작하는 다큐를 보라고 하셨어요.
③ 어머니께서 이따 10시에 시작하는 다큐를 봤냐고 하셨어요.
④ 어머니께서 이따 10시에 시작하는 다큐를 봤다고 하셨어요.

15 이번에 유명한 선수들이 투입되어서 우승을 기대해 볼 만해요.

① 이번에 유명한 선수들이 투입되어서 우승을 기대할 수 없어요.
② 이번에 유명한 선수들이 투입되었으니까 우승을 기대하잖아요.
③ 이번에 유명한 선수들이 투입되어서 우승을 기대해도 괜찮아요.
④ 이번에 유명한 선수들이 투입되면 우승을 할지도 몰라요.

16 컴퓨터를 오래 하면 눈 건강에 나쁜 데다가 목과 어깨도 아프다.

① 컴퓨터를 오래 하면 눈 건강에 나쁜 탓에 목과 어깨도 아프다.
② 컴퓨터를 오래 하면 눈 건강에 나쁠 뿐만 아니라 목과 어깨도 아프다.
③ 컴퓨터를 오래 하면 눈 건강에 나쁘면 목과 어깨도 아프다.
④ 컴퓨터를 오래 하면 눈 건강에 나쁘게 목과 어깨도 아프다.

[17~18] 다음을 읽고 (   )에 알맞은 것을 고르시오.

17

가 : 레나 씨, 무슨 일 있어요?
나 : 방금 오신 손님이 (   ) 같이 물건을 고르는 데 너무 힘들었어요.
가 : 소재도 따지는 것이 많고 요청하는 것도 많은 것 같던데 고생했어요.
나 : 네. 저 잠깐 쉬고 올게요.

① 부드러워서 ② 노력하여서 ③ 적극적으로 ④ 까다로워서

18

코로나 바이러스 사태로 한동안 강의를 운영하지 않았던 백화점 문화센터가 가을 학기를 맞아 회원을 모은다. 백화점은 9월 1일부터 11월 30일까지 진행되는 가을학기 문화센터 회원을 8월 23일까지 (   ). 이번 학기는 국내에서 여가 소비가 집중되는 것을 고려해 한방 차 만들기, 한지 공예 등 다양한 주제의 수업이 준비되어 있다.

① 참가한다 ② 모집한다 ③ 투표한다 ④ 적응한다

[19~20] 다음을 읽고 질문에 답하시오.

19 이 글의 내용과 같은 것을 고르시오.

저는 지난 주말에 여수에 친구들과 다녀왔습니다. 여수에 도착해서 가장 먼저 백반을 먹었습니다. 9가지 반찬에 김치찌개까지 나와 배불리 맛있게 먹었습니다. 그리고 향일암이라는 절에 갔습니다. 산에 위치해 있어서 오르기 힘들었지만 바위틈을 통과하는 등 올라가는 길이 재미있었고, 도착하니 바다도 보여 분위기도 좋았습니다. 다음에 기회가 된다면 가족들과 함께 방문하고 싶습니다.

① 이 사람은 지난 주말 여수에 다녀왔다.
② 이 사람은 여수에 도착하여 가장 먼저 게장을 먹었다.
③ 향일암이라는 절에 오르는 것은 쉬웠다.
④ 이 사람은 가족들과 여수에 온 적이 있다.

20 이 글의 내용과 같은 것을 고르시오.

> △△기업은 사회적 기업과 함께 취약계층 여름나기에 발 벗고 나섰다. 지난주 △△기업 직원들이 모여 선풍기와 삼계탕, 홍삼젤리와 마스크 등을 담은 꾸러미를 직접 포장하였다. 이날 만들어진 꾸러미는 구내 독거 어르신과 저소득 장애인 등 복지취약계층 200가구에 전달할 예정이다. △△기업은 지역 어르신과 이웃들이 모두 함께 건강한 여름을 보내는 데 조금이나마 보탬이 되길 바란다고 말했다.

① 꾸러미는 사회적 기업 직원들이 직접 포장하였다.
② 선풍기, 삼계탕 등을 담은 꾸러미는 구내의 복지취약계층에게 전달한다.
③ 출산을 앞둔 예비 부부에게 전달할 꾸러미 물품을 준비했다.
④ △△기업은 모두 건강한 겨울을 보내는 데 보탬이 되길 바란다고 했다.

[21~22] 다음을 읽고 질문에 답하시오.

> 안구건조증은 가을, 겨울과 같이 건조한 계절에 흔하다고 생각할 수 있지만, 오히려 여름철 환자 발생률이 높은 질환이다. 에어컨과 선풍기 바람을 자주 쐬고 더위로 인해 신체 면역력이 떨어지기 때문이다. 특히 컴퓨터 앞에서 보내는 시간이 많은 현대인들은 안구건조증에 더욱 취약하다.
>
> 안구건조증을 예방하려면 에어컨 바람을 직접 쐬는 것을 피하고 실내 환기를 자주 해야 한다. 때에 따라서 방부제가 없는 인공눈물을 사용하는 것도 안구건조증을 완화하는 데 도움이 된다. 또한 컴퓨터 작업 시 눈을 자주 깜빡이고, 적절한 휴식을 취하는 것이 좋다.

21 이 글의 내용과 같은 것을 고르시오.

① 안구건조증은 여름보다는 겨울에 환자 발생률이 높은 질환이다.
② 여름철 안구건조증은 강한 자외선 때문에 발생하므로 항상 선글라스를 써야 한다.
③ 눈이 건조하면 방부제가 있는 인공눈물을 사용해야 오랫동안 사용할 수 있다.
④ 컴퓨터 작업을 할 때 눈을 자주 깜빡이고, 휴식을 취하는 것이 눈 건강에 좋다.

22 이 글의 제목으로 적절한 것을 고르시오.

① 여름철 에어컨을 사용할 때 주의할 점
② 안구건조증을 악화시키는 습관들
③ 인공눈물의 구입처와 올바른 사용 방법
④ 여름철 안구건조증이 발생하는 이유와 예방법

[23~24] 다음을 읽고 질문에 답하시오.

23 다음 글의 ㉠과 ㉡에 들어갈 단어를 순서대로 나열한 것은?

> 결혼을 했을 때는 구청이나 읍 · 면사무소 등에 방문하여 (㉠)을/를 하여야 한다. 또 부부 사이에 아이가 태어났을 경우에는 주민센터나 읍 · 면사무소 등에 방문해 (㉡)을/를 해야 한다.

① 결혼신고 – 전입신고　② 혼인신고 – 출생신고
③ 혼인신고 – 주민등록　④ 결혼신고 – 주민등록

24 한국에서 실시되는 선거에 대한 설명으로 틀린 것은?

① 국회의원의 임기는 4년이며, 한 사람이 여러 번 당선될 수 없다.
② 대통령 선거는 5년마다 한 번씩 실시된다.
③ 지방선거는 4년마다 한 번씩 실시된다.
④ 교육감은 국민이 선거를 통해 직접 선출한다.

[25~26] 다음을 읽고 질문에 답하시오.

25 한국의 전통 음식에 대한 설명으로 틀린 것은?

① 된장은 콩으로 만든 메주를 발효시켜 만드는 장이다.
② 쌀과 누룩으로 빚어 숙성시킨 전통 술은 막걸리이다.
③ 생선의 살이나 알, 내장 등을 소금에 짜게 발효시킨 음식을 젓갈이라 한다.
④ 식혜는 생강이나 계피를 달인 물에 설탕이나 꿀을 넣고 끓인 전통 음료이다.

26 다음 글에서 설명하고 있는 인물은?

> 조선 시대의 예술가로서 자리도, 산수도, 초충도, 노안도 등을 그렸다. 그러나 이보다는 조선의 학자인 율곡 이이의 어머니로 더 유명하며, 현재 대한민국의 지폐 5만 원권에 그려져 있다.

① 신사임당 ② 허난설헌 ③ 퇴계 이황 ④ 선덕여왕

[27~28] 다음을 읽고 질문에 답하시오.

27 한국의 문화유산에 대한 설명으로 틀린 것은?

① 훈민정음 : 세종대왕이 창제한 한글에 대한 해설이 적혀 있는 책
② 조선왕조실록 : 조선의 472년간의 역사가 기록된 역사서
③ 팔만대장경 : 금속 활자로 인쇄된 책 중 현전하는 세계에서 가장 오래된 책
④ 동의보감 : 허준이 조선과 중국의 의서를 집대성하여 저술한 의서

28 다음 (　　) 안에 공통적으로 들어갈 알맞은 말은?

> 대한민국 국민의 4대 의무 중 하나인 (　　　　　)은/는 헌법 제38조에 규정되어 있다. (　　　　　)이/가 헌법에 적힌 이유는 신분에 의한 특권층에 대한 대우(면세, 감세)를 폐지하며 모든 국민에게 공평하게 세금을 부과하는 것을 목적으로 한다. 또한 반드시 법률에 의해서만 부과할 수 있다는 조세법률주의를 채택함으로써 국민의 재산권을 보호함에 있다.

① 국방의 의무　　② 납세의 의무
③ 교육의 의무　　④ 근로의 의무

[29~30 : 작문형] 다음 내용을 포함하여 '한국에서 만난 고향 음식'이라는 제목으로 100자 이내로 글을 쓰시오.

※ 작문 시험 시간은 10분이며, 답안지에는 제목을 쓰지 말고 본문만 쓰시오.

> • 한국에서 먹어 본 고향의 음식은 무엇입니까?
> • 고향에서 먹던 음식과 어떤 점이 같고 어떤 점이 다릅니까?

사회통합프로그램 중간평가

구술시험 실전모의고사 6회

※ 질문 내용은 제외한 지문만 수험생에게 제공됨(질문 내용은 견본과 비슷한 유형으로 변경 가능하며 평가 감독관에게만 제공됨)

[01~03 : 구술형] 다음 사진을 보고 구술감독관의 질문에 답하여 주시기 바랍니다.

01 사진은 무엇을 나타내고 있는지 설명해 보시오.

02 사진과 같은 결제 방식은 어떤 장점이 있나요?

03 ○○씨 고향 나라에서 자주 사용했던 결제 방식은 무엇이고 그 이유에 대해 말해 보세요.

04 ○○ 씨가 경험해 본 한국의 전통시장에 대해 말해 보세요.

05 게임이 사람들에게 미치는 좋은 영향과 나쁜 영향에 대해 말해 보세요.

MEMO

PART 03

중간평가 실전모의고사 정답 및 해설

사회통합프로그램 중간평가 실전모의고사 1회 정답 및 해설

[객관식 정답 및 해설]

01	02	03	04	05	06	07	08	09	10	11	12	13	14	15	16	17	18	19	20
③	①	②	④	④	①	③	①	②	④	②	③	①	④	①	②	④	③	②	④

21	22	23	24	25	26	27	28
①	③	④	②	③	①	③	②

01 '역임'은 '여러 직위를 두루 거쳐 지냄'을 말한다. 할아버지는 주요 관직을 거쳐 청렴하신 분이라는 의미이므로 '역임'이 가장 적절하다.

- 관직 : 공무원 또는 관리가 국가로부터 위임받은 일정한 직무나 직책
  예 건강이 악화되어 관직에서 물러났다.
- 청렴 : 성품과 행실이 높고 맑으며, 탐욕이 없음
  예 그는 청렴한 공직자이다.

[오답해설]

① 획득 : 얻어 내거나 얻어 가짐
예 금메달 획득을 목표로 연습한다.

② 거절 : 상대편의 요구, 제안, 선물, 부탁 따위를 받아들이지 않고 물리침
예 무리한 부탁은 거절한다.

④ 퇴임 : 비교적 높은 직책이나 임무에서 물러남
예 아버지는 30년 다니신 직장에서 정년 퇴임하셨다.

02 '가끔'은 '시간적, 공간적 간격이 얼마쯤씩 있게'라는 말이다. 학교 다닐 때를 시간적으로 얼마 지나 생각한다는 것이므로 '가끔'이 가장 적절하다.

[오답해설]

② 벌써 : 예상보다 빠르게
예 벌써 봄이 오고 있어요.

③ 항상 : 언제나 변함없이
예 항상 약을 잘 챙겨 먹어라.

④ 절대 : 어떠한 경우에도 반드시
예 이 강에는 절대 들어가지 마라.

03 '예측하다'는 '미리 헤아려 짐작하다'는 뜻이다. 선거의 결과를 미리 알기 어렵다는 의미이므로

'예측하기'가 가장 적절하다.

• 선거 : 일정한 조직이나 집단이 대표자나 임원을 뽑는 일

예 선거는 수요일에 진행된다.

[오답해설]

① 치열하다 : 기세나 세력 따위가 불길같이 맹렬하다.

예 시청률 경쟁이 치열하다.

③ 예민하다 : 무엇인가를 느끼는 능력이나 분석하고 판단하는 능력이 빠르고 뛰어나다.

예 고로 씨는 다른 사람의 감정에 예민하게 반응해요.

④ 보호하다 : 위험이나 곤란 따위가 미치지 아니하도록 잘 보살펴 돌보다.

예 환경을 보호하기 위해 플라스틱 사용을 줄였다.

04 '기상청'은 날씨 상태를 관측하고 예보하는 일을 맡아보는 행정 기관이다.

• 예보 : 앞으로 일어날 일을 미리 알림

예 내일 비가 온다는 예보가 있다.

• 관측 : 육안이나 기계로 자연 현상 특히 천체나 기상의 상태, 추이, 변화를 관찰하여 측정하는 일

예 이번 장마는 관측 이래 최장기간을 기록하였다.

• 지진 : 지구 내부의 한 곳에서 급격한 움직임이 일어나 땅이 흔들리는 것

예 지진으로 인해 건물이 흔들렸다.

• 해일 : 해상의 기상 변화에 의하여 갑자기 바닷물이 육지로 넘쳐 들어오는 것

예 태풍이 불면 해일이 일어날 가능성이 크다.

[오답해설]

① 우체국 : 우편, 택배, 예금 등의 업무를 맡아보는 기관

예 나가는 김에 우체국에 들려 소포를 부쳤다.

② 시청 : 시의 행정 사무를 맡아보는 기관

예 나는 시청에서 공무원으로 일하고 있다.

③ 법원 : 사법권을 행사하는 국가기관

예 법원에 서류를 제출했다.

05 '발이 넓다'는 '여러 사람과 쉽게 잘 사귀어서 아는 사람이 많다.'는 뜻이다.

[오답해설]

① 입을 모으다 : 여러 사람이 같은 의견을 말하다.

예 학부모들은 입을 모아 선생님을 칭찬하였다.

② 낯을 가리다 : 낯선 사람을 대하기 싫어하다.

예 아이는 낯을 가리지 않고 밝게 인사한다.

③ 꼬리가 길다 : 못된 짓을 오래 두고 계속하다.

예 꼬리가 길면 잡힌다.

06 '이행하다'는 실제로 행하다'는 뜻이므로 '실행하다'와 의미가 비슷하다.

[오답해설]

② 실수하다 : 조심하지 아니하여 잘못하다.

예 긴장이 되더라도 실수를 하지 말아야 한다.

③ 연기하다: 정해진 기한을 뒤로 물려서 늘리다.

예 한파로 인해 이번 축제는 연기되었다.

④ 완료하다 : 완전히 끝마치다.

예 프로젝트를 완료하여 일찍 퇴근하였다.

07 '까지'는 '어떤 일이나 상태에 관련되는 범위의 끝'임을 나타낸다. 접수 기간의 끝을 말하고 있으므로 '까지'가 알맞다.

- 접수 : 신청이나 신고를 말이나 문서로 받는 것

  예 은행의 접수 시간이 다 되었다.

- 기간 : 어느 일정한 시기부터 다른 어느 일정한 시기까지의 사이

  예 전세 계약 기간이 얼마 남지 않아 고민이 많다.

[오답해설]

① 에 : 앞말이 시간의 부사어임을 나타낸다.

예 오늘 저녁에 비가 많이 온다고 한다.

② 로 : 움직임의 방향, 경로 및 어떤 일의 수단 · 도구를 나타낸다.

예 대구에서 서울로 출장을 갈 계획이다.

④ 동안 : 어느 때에서 다른 때까지의 시간의 길이

예 시험을 준비하는 동안 가족들의 도움을 많이 받았다.

08 '–나마나'는 '어떤 행동을 하여도 안 한 것과 다름이 없을 정도로 뻔하다'는 뜻이다. '나'의 대답은 사람이 많이 모이는 연휴 기간에는 기차표를 확인하지 않아도 표가 매진일 것이 뻔하다는 의미이다. 따라서 '보나마나'가 알맞다.

- 예매하다 : 정해진 때가 되기 전에 미리 사다.

  예 핸드폰으로 영화표를 미리 예매해 두었다.

- 연휴 : 휴일이 이틀 이상 계속되는 일

  예 추석 연휴 기간 동안 휴무합니다.

[오답해설]

② –자마자 : 앞의 동작이 이루어지자 잇따라 곧 다음 문장의 사건이나 동작이 일어남을 나타낸다.

예 나는 집에 도착하자마자 샤워를 한다.

③ –ㄹ 수밖에 : 앞말의 행동 이외에 다른 수가 없음을 나타내는 말이다.

예 이 제품만을 추천할 수밖에 없는 이유가 있다.

④ –ㄹ 텐데 : 그럴 것 같다는 추측이나 아쉬움 또는 실제로는 그렇지 않음을 나타낸다.

예 공부를 조금 더 열심히 했다면 합격했을 텐데.

09 '–ㄴ다면'은 어떠한 사실을 가정하여 조건으로 삼는 뜻을 나타낸다. 휴가가 주어진다는 일을 가정하여 말하고 있으므로 '주어진다면'이 알맞다.

- 휴가 : 직장, 학교 등의 단체에서 일정기간 동안 쉬는 일
  예 이번 휴가는 어디로 갈까?
- 주어지다 : 일, 환경, 조건이 갖추어지거나 제시되다.
  예 신입에게 주어진 일이 너무 과분하다.

[오답해설]

① –도록 : 앞의 내용이 뒤에서 가리키는 상황의 목적이나 결과, 방식, 정도가 됨을 나타낸다.

예 머리 손질을 쉽게 할 수 있도록 다듬었다.

③ –지만 : 어떤 사실이나 내용을 인정하면서 그에 반대되는 내용을 말하거나 조건을 붙여 말할 때 사용한다.

예 졌지만 잘 싸웠다.

④ –ㄹ 뿐 : 오직 그렇게 하거나 그러하다는 것을 나타낸다.

예 그는 웃기만 할 뿐 다른 말이 없다.

10 '–ㄹ 만하다'는 '어떤 대상이 앞선 행동을 할 타당한 이유를 가질 정도로 가치가 있음'을 나타낸다. '가'의 질문에 '나'는 곱창전골을 추천하는 이유를 설명하며 먹을 가치가 있음을 말하고 있다. 따라서 '먹을 만해요'가 알맞다.

- 진하다 : 액체의 농도가 짙다.
  예 날씨가 추워지니 진한 설렁탕이 먹고 싶다.
- 비린내 : 물고기, 고기 등에서 나는 역겹고 메스꺼운 냄새
  예 수산시장에 오니 생선 비린내가 나기 시작했다.
- 타당하다 : 일의 이치로 보아 옳다.
  예 두 분의 말을 모두 들어 보니 시미즈 씨에게 잘못이 없다고 보는 것이 타당하겠군요.

[오답해설]

① –ㄹ 뻔하다 : 앞말이 뜻하는 상황이 실제 일어나지는 않았지만 그럴 가능성이 매우 높았음을 의미한다.

예 아침에 늦잠자서 지각할 뻔했다.

② 말다 : 어떤 일이나 행동을 하지 않거나 그만두다.

예 오늘 말고 내일 만나요.

③ –ㄹ 수 있다 : 가능성이나 능력을 표시한다.

예 나는 무엇이든 잘 할 수 있다.

11 '–기는요'는 동사 끝에 붙어 '상대의 의견이나 질문에 부정하는 말'임을 나타낸다. 빈칸 다음의 문장은 '실제로 해 보면 금방 따라 할 수 있는 쉬운 동작이다'라는 의미를 담고 있다. 따라서 '가'의 동작이 어렵다는 의견에 부정하는 말인 '어렵기는요'가 알맞다.

• 동작 : 몸이나 손발 따위를 움직임

예 손의 동작을 잘 보고 따라하세요.

• 실제로 : 거짓이나 상상이 아니고 현실적으로

예 이 소설은 실제로 일어난 사건을 다루었다.

[오답해설]

① –ㄴ 셈이다 : 어떤 형편이나 결과를 나타내는 말이다.

예 이정도면 이사 준비는 다 된 셈이다.

③ –ㄴ 대요 : 다른 사람에게 들어서 알고 있는 사실을 상대에게 옮겨 전하는 뜻을 나타낸다.

예 날이 너무 더워 얼음이 모두 팔려서 없대요.

④ –기 마련이다 : 당연히 그럴 것임을 나타낸다.

예 꼬리가 길면 잡히기 마련이다.

12 '–지만'은 '–지마는'의 줄임말로 어떤 사실이나 내용을 말하면서 그에 반대되는 내용을 말하거나 조건을 붙여 말할 때 쓰는 말이다. 즉, 비가 왔기 때문에 우산을 챙긴 사실을 말하면서 그와 반대로 장화는 신지 않은 내용을 말하고 있다. 이와 같은 의미의 문장은 두 가지 이상의 사실을 대등하게 이야기할 때 쓰는 말인 '–고'를 사용한 ③이다. ③ 역시 비가 와서 우산은 챙겼고, 장화는 신지 않았다는 사실을 이야기하고 있다. ①은 비가 오지 않았다고 하였으므로 주어진 문장과 다르고, ②는 우산과 장화 모두 챙기지 않았다. ④의 경우 우산은 챙기고 장화는 신지 않았다는 사실은 주어진 문장과 같으나, 비가 올 줄 몰랐다는 점이 다르다.

• 우산 : 비가 올 때 펴서 손에 들고 머리 위를 가리는 물건

예 밥을 먹고 식당에 우산을 두고 왔다.

• 장화 : 목이 길게 올라오는 신발로 비가 올 때나 말을 탈 때 신는다.

예 장마 때 장화를 신으니 발이 젖지 않아 좋다.

13 주어진 문장은 이유나 근거를 나타내는 말인 '–아서'를 사용하여 '속이 좋지 않다'는 사실이 밥을 먹지 않는 이유가 됨을 나타내고 있다. 이와 같은 의미의 문장은 역시 까닭이나 근거를 나타내는 말인 '–아'를 사용한 ①이다. ②의 경우 밥을 먹겠다고 하였으므로 주어진 문장과 다르고, ③은 '속이 좋지 않다'는 것이 사실이 아닌 추측임을 나타내고 있으므로 주어진 문장과 다르다. ④ 역시 밥을 먹을 수 있다고 말하였으므로 주어진 문장과 다르다.

• 속 : 사람의 몸에서 배의 안 또는 위장, 물체의 안쪽 부분

예 어제 과음으로 인해 속이 쓰리다.

14 '–더라면'은 과거의 사실을 실제와 다르게 가정해 보는 뜻을 나타내는 말이다. '지구가 지금

과 반대 방향으로 돌았더라면 태양은 서쪽에서 떴을 것이다'와 같이 활용할 수 있다. 주어진 문장은 '이 책'으로 공부를 하지 않은 상황을 가정하여, 그런 상황이라면 시험에 통과하지 못했을 것임을 추측하고 있다. 이와 같은 의미의 문장은 까닭이나 근거를 나타내는 말인 '–여'를 사용해 시험에 통과할 수 있었던 까닭이 이 책으로 공부한 것임을 나타내는 ④이다. ①의 경우 시험에 통과한 목적이 '이 책'으로 공부하는 것임을 나타내는 말이므로 주어진 문장과 다르고, ②는 이 책으로 공부하지 않았다는 의미이므로 주어진 문장과 다르다. ③은 앞에서 '이 책'으로 공부하지 않는 미래의 상황을 가정하고, 뒤에서는 '–었–'을 사용하여 과거의 사실을 이야기하고 있으므로 서로 앞뒤의 말이 서로 시제가 맞지 않는다.

- 공부 : 학문이나 기술을 배우고 익힘
  예 매일 공부하는 것은 어렵다.
- 시험 : 시력을 일정한 절차에 따라 검사하고 평가하는 일
  예 시험 시간은 1시간이다.
- 통과하다 : 시험에서 해당 기준이나 조건에 맞아 인정되거나 합격하다.
  예 한 번에 통과하여 기쁘다.
- 시제 : 어떤 사건이나 사실이 일어난 시간 선상의 위치를 표시하는 문법 범주. 과거, 현재, 미래 등이 있다.
  예 영어에서 'will'은 미래를 나타내는 시제이다.

15 '–ㄹ 뻔하다'는 앞말이 뜻하는 상황이 실제 일어나지는 않았지만 그럴 가능성이 매우 높았음을 나타내는 말이다. 즉, 주어진 문장은 차에 치이지는 않았지만 그럴 가능성이 매우 높았음을 이야기하고 있다. 이와 같은 의미의 문장은 ①이다.

- 골목 : 큰 길에서 들어가 동네 안을 이리저리 통하는 좁은 길
  예 집 앞 골목은 항상 복잡하다.
- 건너다 : 한쪽에서 다른 쪽으로 옮아가다.
  예 배를 타고 강을 건넜다.
- 치다 : 물건 등에 부딪쳐 소리가 나게 하다.
  예 신호를 위반한 트럭에 치였다.

[오답해설]

② –기 마련이다 : 당연히 그럴 것임을 나타내는 말
  예 걸어다면서 스마트폰만 보고 앞을 보지 않으면 다른 사람과 부딪히기 마련이다.

③ –대 : '–다고 해'의 준말로 다른 사람에게 들은 어떤 사실을 상대방에게 옮겨 전하는 것임을 나타내는 말
  예 어제 뉴스 봤어요? 강원도에서 산불이 크게 났었대요.

④ –ㄴ 줄 : 뒤에 '알다' 혹은 '모르다'를 사용하여 어떤 사실이나 방법에 대해 알거나 모른다는 뜻을 나타내는 말
  예 정말요? 저는 그런 일이 일어난 줄 몰랐어요.

16 '-자마자'는 앞말의 동작이 이루어지자 잇따라 곧 뒷말의 사건이나 동작이 일어남을 나타내는 말이다. 즉, 세일이 시작되자 잇따라 사람들이 몰려서 접속이 어려워졌다는 의미이다. ②의 문장에서 '동시'는 '같은 때나 시기'를 의미하는 말이다. 즉, 세일이 시작되는 시기와 같은 시기에 사람들이 몰려서 접속이 어려워졌다는 의미이므로 주어진 문장과 같은 의미이다.

- 세일 : 할인하여 판매
  예 백화점 세일 기간에는 주변의 교통이 혼잡하다.
- 홈페이지 : 개인이나 단체가 인터넷에서 볼 수 있도록 만든 웹 페이지
  예 자세한 사항은 홈페이지를 참고해주세요.
- 접속 : 컴퓨터에서 전자 회로적으로 연결하는 일
  예 프린터를 두 대의 컴퓨터에 접속하여 사용한다.

17 본문에서 광역시가 되기 위해서는 인구가 100만 명이 넘는 큰 도시여야 하고, 도시 안에서 생활할 수 있어야 한다고 했다. 따라서 빈칸에 들어갈 말은 '의존하지'가 알맞다.

- 찬성 : 어떤 행동이나 견해, 제안 따위가 옳거나 좋다고 판단하여 수긍함
  예 너의 생각에 난 찬성해.

[오답해설]

① 확인하지(확인하다) : 틀림없이 그러한가를 알아보거나 인정하다.
  예 이 가격이 맞는지 확인하고 구매해라.
② 비교하지(비교하다) : 동사 둘 이상의 사물을 견주어 서로 간의 유사점, 차이점, 일반 법칙 따위를 고찰하다.
  예 형과 동생을 비교하여 혼내면 안 된다.
③ 보류하지(보류하다) : 어떤 일을 당장 처리하지 아니하고 나중으로 미루어 두다.
  예 협상을 보류하기로 했다.

18 빈칸 앞부분에 서로 다른 노선이 만나 갈아탈 수 있다고 했으므로 '환승역'이 알맞다. '환승'은 '다른 노선이나 교통수단으로 갈아탐'이라는 의미이다.

- 수도권 : 수도를 중심으로 이루어진 대도시권
  예 수도권에는 인구가 과다하게 집중되어 있다.
- 지하철 : 지하 철도 위를 달리는 전동차
  예 출근길 지하철은 사람들로 북적거린다.
- 노선 : 자동차 선로, 철도 선로 따위와 같이 일정한 두 지점을 정기적으로 오가는 교통선
  예 집 앞을 지나는 새로운 버스 노선이 생겼다.
- 갈아타다 : 타고 가던 것에서 내려 다른 것으로 바꾸어 타다.
  예 지하철에서 내려 마을 버스로 갈아탔다.

[오답해설]

① 첫차 : 그 날의 맨 처음 떠나는 차

예 첫차에는 사람이 별로 없다.

② 막차 : 그 날의 마지막으로 오거나 가는 차

예 막차가 끊기기 전까지 집으로 돌아가야 한다.

④ 종착역 : 기차나 전차 따위가 마지막으로 도착하는 역

예 이번 역은 이 열차의 종착역인 천안입니다.

19 두 번째 문장에서 경력이음 바우처 지원사업은 생애 1회에 한해 20만원의 바우처 카드를 지원하는 사업임을 알 수 있다.

- 단절 : 흐름이 연속되지 아니함

  예 최근 우리 사회는 세대 간의 단절이 심해지고 있다.
- 역량 : 어떤 일을 해낼 수 있는 힘

  예 우리 팀을 이끌고 나가기에 역량이 충분하다.
- 구직 : 일정한 직업을 찾음

  예 나는 3개월째 구직활동을 열심히 하고 있다.
- 재정 : 돈에 관한 여러 가지 일

  예 요즘 우리 회사의 재정상태가 좋지 않다.

[오답해설]

① 지원금은 취업강좌 수강료로도 사용할 수 있으므로 온라인에서도 사용이 가능하다.

③ 국민내일배움카드로 자격증 공부를 하고 있는 경우 신청대상에서 제외된다.

④ 신청대상은 ㅇㅇ군에 1년 이상 주소를 두고 취업지원기관에 구직을 등록한 만 35세 이상 54세 이하 경력단절여성이다.

20 마지막 문장에서 아이스팩은 뜯지 말고 통째로 종량제 봉투에 넣어 버려야 한다고 이야기하였다.

- 식료품 : 음식의 재료가 되는 물품
  예 그 재료는 식료품 코너에 있다.
- 생활용품 : 생활에 필요한 물품
  예 생활용품이 떨어져 재구매하였다.
- 택배 : 우편물이나 짐, 상품을 요구하는 장소까지 직접 배달해 주는 일
  예 오늘 택배를 시키면 이번 주 안에 도착한다.
- 처리 : 사무나 사건 따위를 절차에 따라 정리하여 치르거나 마무리를 지음
  예 이 쓰레기를 처리해야 한다.
- 송장 : 받을 사람에게 보내는 상품의 명세서
  예 송장을 제거하지 않으면 개인정보가 유출될 수 있다.
- 이물질 : 정상적이 아닌 다른 물질
  예 물컵 안에 이물질이 들어갔다.
- 분리배출 : 쓰레기 따위를 종류별로 나누어서 버림
  예 쓰레기는 항상 분리배출해야 한다.
- 신선도 : 신선한 정도
  예 생선은 신선도가 생명이다.
- 하수구 : 집, 건물 등에서 빗물이나 쓰고 버리는 더러운 물이 흘러내려 가도록 만든 도랑
  예 하수구에서 빗물이 내려가는 소리가 들린다.
- 통째로 : 나누지 않은 덩어리의 전체 그대로
  예 고기를 통째로 먹었다.
- 종량제 : 물품의 무게나 길이, 용량에 따라 세금이나 이용 요금을 매기는 제도
  예 음식물 쓰레기는 꼭 종량제 봉투에 넣어 버려야 한다.

[오답해설]

① 종이상자는 송장을 제거해야 한다.

② 종이상자는 젖거나 오염될 경우 분리수거가 불가능하다.

③ 이물질이 묻은 스티로폼은 분리수거가 불가능하다.

21 첫 번째 줄에서 음력 5월 5일인 단오는 본격적인 여름으로 접어드는 시기라고 하였다.

- 음력 : 달이 지구를 한 바퀴 도는 시간을 기준으로 만든 역법
  예 부모님의 생신은 음력으로 챙긴다.
- 왕성하다 : 한창 기운이나 세력이 강하다.
  예 청소년기에는 식욕이 왕성한 시기이다.
- 명절 : 해마다 일정하게 즐기거나 기념하는 때
  예 우리나라에는 설날, 추석, 단오, 대보름 등의 명절이 있다.
- 유행하다 : 전염병이 널리 퍼져 돌아다니다.
  예 겨울에는 독감이 유행한다.
- 약효 : 약의 효험
  예 나에게 한약은 약효가 없다.
- 풍습 : 풍속과 습관을 아울러 이르는 말
  예 지방마다 생활과 풍습이 다르다.
- 약품 : 병을 고치거나 예방하기 위해 먹거나 바르는 물질
  예 이 약품은 아직 안정성이 확인되지 않았다.
- 평안 : 걱정이나 탈이 없음
  예 가족의 건강과 집안의 평안을 기원했다.
- 풍년 : 곡식이 잘 자라고 잘 여물어 평년보다 수확이 많은 해
  예 올해 농사는 풍년이다.
- 세시 : 한 해의 절기나 달, 계절에 따른 때
  예 세시 풍속도 변화를 겪었다.
- 절기 : 한 해를 24로 나눈, 계절의 표준이 되는 것
  예 올해는 절기가 빠르다.

[오답해설]

② 단오는 일 년 중 양기가 가장 왕성한 날이라 예부터 큰 명절로 여겨 왔다.

③ 창포는 강한 향기와 약효를 지녀 약품으로 쓰이던 식물로, 이를 이용한 다양한 풍습이 생겼다.

④ 창포를 삶은 물로 머리를 감거나 목욕을 하여 1년 동안 평안과 풍년을 기원하였다.

22 본문 첫 번째 단락에서는 단오의 의미에 대해 말하고 있고, 두 번째 단락에서 단오의 풍습 중 창포물에 머리를 감거나 목욕을 하는 이유에 대해 말하고 있다. 따라서 제목으로는 ③이 가장 적절하다.

23 ㉠ 대출은 일반적으로 은행에서 돈을 빌려 일정 기간 동안 이자를 내는 방식이다.

㉡ 적금은 적은 돈으로 목돈을 만들 수 있는 은행 예금 상품의 하나로 계약 기간 내에서는 입금만 가능하며 출금이 불가능하다.

- 구입 : 물건을 사들임
  예 구입 목록을 확인해 보자.
- 자금 : 특정한 목적에 쓰는 돈
  예 사업 자금이 부족하다.
- 마련 : 헤아려서 갖춤
  예 신혼집을 마련하였다.
- 확장 : 범위, 규모 등을 늘려서 넓힘
  예 단골 가게가 확장 이전하였다.
- 목돈 : 비교적 많은 돈
  예 10년 동안 모은 목돈을 보니 뿌듯하다.
- 일정액 : 정해진 액수
  예 매월 일정액이 핸드폰 요금으로 나간다.
- 이자 : 남에게 돈을 빌려 쓴 대가로 치르는 일정한 비율의 돈
  예 대출 상품의 이자를 잘 따져 보고 선택해야 한다.
- 돌려받다 : 빌려주거나 빼앗긴 것을 도로 갖게 되다.
  예 친구에게 빌려준 게임기를 돌려받았다.

[오답해설]

- 예금 : 일정한 계약에 의해 은행 등에 돈을 맡기는 일
  예 새롭게 나온 예금 상품이 인기가 많다.
- 펀드 : 투자 신탁의 신탁 재산
  예 펀드에 투자할 때에는 투자의 목적과 방향을 구체적으로 정해야 한다.
- 주식 : 주식회사의 자본을 구성하는 단위
  예 주식 시장이 침체되어 있다.

24 고용보험은 감원 등으로 직장을 잃은 실업자에게 실업 보험금을 주고, 직업 훈련 등을 위한 장려금을 기업에 지원하는 제도이다.

- 해고 : 고용주가 고용 계약을 해제하여 피고용인을 내보냄
  예 부당 해고를 당해 회사에 소송을 걸었다.
- 구직활동 : 실업이나 현재 직위에 대한 불만족 등으로 직업을 찾는 활동
  예 더 좋은 회사로 가기 위해 구직활동을 시작하였다.
- 금전적 : 경제적 또는 경제적 이익과 관련되는 것
  예 사업에 실패하면서 금전적인 손해가 심하다.

[오답해설]

① 건강 보험 : 질병, 상해, 사망, 해산 따위의 경우에 의료를 위하여 든 비용이나 그로 인한 수입 감소를 보상하는 보험들을 통틀어 이르는 말이다.
예 모든 국민은 국민 건강 보험에 의무적으로 가입해야 한다.

③ 국민연금 : 노령 · 장애 · 사망 따위로 소득 획득 능력이 없어졌을 때 국가가 생활 보장을 위하여 정기적으로 지급하는 금액이다.
예 국민연금을 받아 생활하고 있다.

④ 산업재해보상보험 : 근로자의 작업 혹은 업무와 관련되어 발생한 질병 · 부상 · 사망 따위의 재해를 보상하기 위한 보험 제도이다.
예 회사가 산업재해보상보험에 가입하여서 치료비 전액을 받을 수 있었다.

25 대통령은 5년마다 뽑으며 한 번 당선되면 그 다음 선거에 출마할 수 없다. 대통령 선거는 한 나라의 대표를 뽑는 선거이기 때문에 가장 표를 많이 득표한 사람이 당선된다.

- 선거권 : 선거에 참가하여 투표할 수 있는 권리
  예 선거권은 일정한 연령이 되면 누구나 갖는다.
- 연령 : 사람이나 동물이 지금까지 살아온 햇수
  예 연령 제한이 있는 영화가 있다.
- 당선하다 : 선거에 뽑히다.
  예 이번 선거에 당선되어 기쁘다.
- 출마하다 : 선거에 입후보하다.
  예 이번 선거에는 출마하지 않겠다.

26 결혼식은 가족, 가까운 친척, 이웃이 지켜보는 가운데 남녀가 부부 관계를 맺는 서약을 하는 의식이다. 결혼식은 전통적인 풍습 · 관습이나 종교적 의식을 같이 행하여 이루어지는 경우가 많다.

- 제삼자 : 일정한 일에 직접 관계가 없는 사람
  예 부부 문제에 제삼자가 끼어들지 말아주세요.
- 서약 : 맹세하고 약속함
  예 본인은 오직 진실만을 말할 것을 서약합니다.
- 초대 : 어떤 모임에 참가해 불 것을 청함
  예 생일 파티에 초대를 받았다.
- 축하 : 남의 좋을 일을 기뻐하고 즐거워한다는 뜻으로 인사함
  예 축하를 해 주셔서 감사합니다.
- 축의금 : 축하한다는 뜻을 나타내기 위해 내는 돈
  예 축의금은 정중히 사양하겠습니다.

[오답해설]

② 장례식 : 돌아가신 분의 의식을 치르는 장소
  예 장례식장에 갈 때에는 검은 색 의상을 입어야 한다.

③ 돌잔치 : 첫돌이 되는 날의 잔치
  예 첫 조카의 돌잔치에 참석하였다.

④ 환갑 : 만 60살 생일을 축하하는 잔치
  예 올해는 어머니의 환갑이 있다.

27 남편의 입장에서 아내의 오빠를 형님이라고 한다. 처형은 아내의 언니를 부를 때 사용한다.

- 호칭 : 이름 지어 부름
  예 남편이라는 호칭이 아직은 어색하다.

28 어른보다 먼저 자리에 앉지 않는다. 어른이 앉은 후에 앉아야 한다.

- 예절 : 예의에 관한 모든 절차나 질서
  예 기본적인 예절은 지켜야 한다.
- 존댓말 : 사람이나 사물을 높여서 이르는 말
  예 어른에게는 존댓말을 써야 한다.
- 양보하다 : 길이나 자리, 물건 따위를 사양하여 남에게 미루어 주다.
  예 서로 한 발짝씩 양보하다.
- 반대편 : 반대되는 방향이나 반대되는 쪽에 있는 곳
  예 병원은 반대편 출구에 있다.

[작문형 예시 답안]

저출산 문제의 원인은 교육비나 자녀 양육비의 증가, 결혼에 대한 가치관 변화 등이라고 생각합니다. 이를 해결하기 위해 정부의 다양한 지원 정책 등이 필요합니다.

[구술형 예시 답안]

01 사람들이 헬스장에서 운동을 하고 있습니다.

02 저는 일주일에 두 번 퇴근 후 헬스장에 다니고 있습니다.

03 제가 좋아하는 운동은 등산이고, 싫어하는 운동은 뛰기입니다. 등산은 야외에서 시원한 공기를 마시고 경치도 보면서 할 수 있어서 좋아합니다. 뛰는 것은 무릎에 무리가 많이 가기 때문에 걷는 것을 더 좋아합니다.

04 저는 가족들과 부산에 놀러갈 때 KTX를 이용한 적이 있습니다. 차로 이동하면 4~5시간이나 걸리는 거리를 약 2시간 반 만에 도착하여 무척 신기했습니다. 버스나 일반 열차보다는 요금이 비쌌지만 실내도 깔끔하고 화장실도 잘되어 있어 가는 동안 불편함 없이 잘 이용했습니다.

05 인터넷 쇼핑몰은 소비자들이 언제 어디서나 간편하게 물건 등을 구매할 수 있습니다. 또한 집 앞까지 당일 혹은 다음 날까지 배달이 가능하여 쉽고 빠르게 쇼핑할 수 있습니다. 하지만 직접 눈으로 보지 않고 구매하기 때문에 비양심적인 판매자들로부터 피해를 볼 수 있습니다.

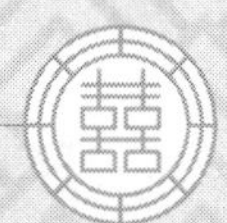

사회통합프로그램 중간평가 실전모의고사 2회 정답 및 해설

[객관식 정답 및 해설]

01	02	03	04	05	06	07	08	09	10	11	12	13	14	15	16	17	18	19	20
②	④	②	①	③	①	④	②	①	③	①	②	①	③	④	④	③	①	②	①
21	22	23	24	25	26	27	28												
②	④	③	④	②	③	③	①												

01 ‘대관’은 ‘경기장, 극장, 공연장 등을 빌리거나 빌려줌’을 말한다. 따라서 창업 설명회를 위해 강당을 빌린다는 의미인 ‘대관’이 알맞다.

- 창업 : 사업 따위를 처음으로 이루어 시작함
  예 나는 친구의 창업을 적극 지원하기로 했다.
- 강당 : 연이나 강의, 의식 따위를 할 때에 쓰는 건물이나 큰 방
  예 입학식을 위해 강당에 모였다.

[오답해설]

① 공연 : 음악, 무용, 연극 따위를 많은 사람 앞에서 보이는 일
예 공연이 시작되면 퇴장할 수 없습니다.

③ 구매 : 물건 따위를 사들임
예 필요한 물품을 구매하였다.

④ 반환 : 빌리거나 차지했던 것을 되돌려줌
예 비가 내려 입장료를 반환해주었다.

02 ‘밖에’는 ‘그것 말고는, 그것 이외에는’ 등의 의미로 주로 뒤에 부정을 나타내는 말이 따른다.

- 시험 : 실력을 일정한 절차에 따라 검사하고 평가하는 일
  예 시험 기간 내내 잠을 거의 못 잤다.
- 정신없다 : 몹시 바쁘고 경황이 없어 앞뒤를 생각하거나 사리를 분별할 여유가 없다.
  예 정신없는 하루를 보냈다.

[오답해설]

① 까지 : 어떤 일이나 상태 따위에 관련되는 범위의 끝임을 나타낸다.
예 보고서는 내일까지 부탁해요.

② 동안 : 어느 한때에서 다른 한때까지 시간의 길이

예 연휴 동안 친구들과 놀러 갈 계획이다.

③ 으로 : 움직임의 방향, 경로를 나타낸다.

예 좀 더 위쪽으로 움직여 봐.

03 '위반하다'는 '법률, 명령, 약속 등을 지키지 않고 어기다'라는 의미이다. 도로교통법 시행령에 따라 신호를 위반하는 차주에게는 과태료가 부과될 수 있다.

- 최대 : 수나 양, 정도가 가장 큼

  예 최대 50% 세일 행사 중입니다.

- 과태료 : 공법에서 의무 이행을 어긴 사람에게 벌로 물게 하는 돈

  예 불법 주차를 하다 걸려서 과태료를 물었다.

- 부과 : 세금이나 부담금을 매기어 부담하게 함

  예 세금을 부과할 예정이다.

- 차주 : 차의 주인

  예 0××2번 차주분, 차를 잠시 빼 주시겠어요?

[오답해설]

① 준수하다 : 규칙, 명령을 그대로 좇아서 지키다.

예 법을 준수하는 시민이야말로 영웅이다.

③ 확인하다 : 틀림없이 그러한가를 알아보거나 인정하다.

예 월급의 입금 내역을 확인한다.

④ 훼손하다 : 체면이나 명예 손상, 헐거나 깨뜨려 못 쓰게 만들다.

예 훼손된 유물은 복원 중에 있다.

04 종량제 봉투는 편의점이나 할인마트 등에서 구매할 수 있으며 지역마다 봉투가 다르므로 실제 사용할 지역에서 구매해야 한다.

- 지정 : 가리키어 확실히 정함

  예 주차 공간이 부족해 지정 주차만 가능하다.

- 박스 : 물건을 넣어 두기 위해 종이 등으로 만든 네모난 상자

  예 옷을 넣을 박스가 필요하다.

- 비닐 : 비닐 수지나 비닐 섬유를 이용하여 만든 제품

  예 일회용품 줄이기를 위해 비닐의 사용은 자제해야 한다.

- 지역 : 일정하게 구획된 어느 범위의 토지

  예 광개토대왕은 북진정책으로 만주 지역까지 영토를 확장하였다.

05 '월세'는 임차인이 임대인에게 다달이 돈을 내고 빌린 방이나 집을 말한다.

- 신축 : 건물을 새로 지음
  예 요즘 신축 아파트가 많이 지어졌다.
- 근처 : 가까운 곳
  예 우리 집 근처에 맛집이 많다.

[오답해설]

① 전세 : 보증금을 맡기고 남의 집에 임차한 뒤 계약기간이 끝나면 보증금을 돌려받는 계약
예 이번에 돈을 모아 전세로 이사했다.

② 매매 : 물건이나 집을 사고 파는 일
예 집을 매매하고 인테리어를 진행할 것이다.

④ 반전세 : 전세보증금 전액을 집주인에게 맡기고 집을 빌리는 기존의 전세와 매월 집세를 내는 월세가 혼합된 계약
예 전세 매물이 없어 반전세로 계약했다.

06 '새침하다'는 '쌀쌀맞게 시치미를 떼는 태도가 있다'는 의미로 ①과 가장 비슷하다.

- 표정 : 마음속에 품은 감정이나 정서 따위의 심리 상태가 겉으로 드러남
  예 그녀의 웃는 표정에 반했다.
- 기억 : 이전의 인상이나 경험을 의식 속에 간직하거나 도로 생각해 냄
  예 그곳에서의 좋은 기억만 간직하고 싶다.

[오답해설]

② 친절한 : 대하는 태도가 매우 정겹고 고분고분하다.
예 식당 아주머니는 항상 친절하다.

③ 깐깐한 : 행동이나 성격 따위가 까다로울 만큼 빈틈이 없다.
예 깐깐한 그녀의 목소리가 멀리서도 들렸다.

④ 훈훈한 : 마음을 부드럽게 녹여 주는 따스함이 있다.
예 새로 들어온 직원이 훈훈하다.

07 '으로'는 '움직임의 방향, 경로'를 나타낸다. 빈칸 앞에 왼쪽이라는 방향이 나왔으므로 '으로'가 들어가는 것이 가장 알맞다.

- 복도 : 건물 안에 다니게 된 통로
  예 복도에 카드가 떨어져 있다.
- 끝 : 공간, 사물에서 마지막 한계가 되는 곳, 맨 마지막 부분
  예 고생 끝에 낙이 온다.
- 왼쪽 : 북쪽을 향하였을 때 서쪽과 같은 쪽
  예 왼쪽 팔에는 항상 시계를 찬다.

[오답해설]
① 을 : 동작이 미치는 직접적 대상을 나타낸다.
예 밥을 먹는다.
② 에게 : 어떤 행동을 일으키는 대상임을 나타낸다.
예 보고서를 그에게 전달해주다.
③ 같이 : 앞말이 지니는 전형적인 특징과 비슷하거나 같음의 뜻을 나타낸다.
예 어제와 같이 일찍 퇴근했다.

08 '-ㄴ 김'에는 '어떤 일의 기회나 계기'를 의미한다. 즉, 내일 와서 해도 되는 일을 이미 시작하여 마무리까지 하겠다는 의미이므로 '시작한 김에'가 알맞다.

- 마무리 : 일의 끝맺음
  예 모든 일은 마무리가 가장 중요하다.
- 마저 : 남김없이 모두
  예 미련마저 모두 사라졌다.

[오답해설]
① 탓 : 구실이나 핑계로 삼아 원망하거나 나무라는 일
예 이 일은 누구의 탓도 아니다.
③ -ㄹ 겸 : 두 가지 이상의 동작이나 행위를 아울러 함을 의미하는 말
예 밥도 먹고 얼굴도 볼 겸 만나기로 했다.
④ -기 위해 : 어떤 일을 하는 목적이나 의도를 나타내는 말
예 건강해지기 위해서 운동을 한다.

09 '-(으)려던 참이다'는 어떤 일을 이제 하려고 생각하거나 할 계획이 있음을 나타낸다. 빈칸 앞에 '그렇지 않아도'가 있으므로 스우 씨에게 전화를 할 생각이었음을 알 수 있다. 따라서 '하려던 참이었어요'가 알맞다.

- 그렇지 않아도 : 뒤의 부정적인 내용이 한층 더 심해질 때 쓰여 앞뒤 어구나 문장을 이어주는 말
  예 그렇지 않아도 말하려고 했는데.

[오답해설]
② -ㄴ다면서 : (구어체로 쓰여) 들어서 아는 사실을 확인하여 물을 때 사용한다.
예 이번에 승진한다면서요.
③ -고 싶다 : 무엇을 하고 싶은 마음이 간절하다.
예 나는 관광통역사가 되고 싶다.
④ -도 되다 ; 어떤 행위의 허락을 구함을 나타낸다.
예 여기 있는 음식 먹어도 되나요?

10 '-은/는 셈이다'는 어떤 형편이나 결과를 나타내는 말이다. 즉, 심하지 않을 때 치료를 받아서 고비는 넘어갔다는 결과를 말하는 것이므로 '넘긴 셈이다'가 알맞다.

- 치료 : 병이나 상처를 잘 다스려 낫게 함
  예 꾸준한 치료로 몸이 많이 나아졌다.
- 고비 : 괴로움과 슬픔을 아울러 이르는 말
  예 시험을 준비하면서 매 순간이 고비였다.

[오답해설]

① -야 하다 : 행동을 시키거나 앞말이 뜻하는 상태가 되도록 하다.
  예 이번에 반드시 목표 매출을 달성해야 한다.

② -ㄹ 것이다 : 말하는 이의 전망이나 추측을 나타낸다.
  예 나는 시험에 합격할 것이다.

④ -ㄹ 수 있다 : 어떤 일을 할 만한 능력이나 어떤 일이 일어날 가능성이 있을 때 사용한다.
  예 2시간 후엔 집에 갈 수 있다.

11 '-ㄴ 줄'은 뒤에 '알다' 혹은 '모르다'를 사용하여 어떤 사실이나 방법에 대해 알거나 모른다는 뜻을 나타내는 말이다. 티켓을 예매했는지 묻는 말에 티켓 예매는커녕 콘서트를 한다는 사실조차도 모르고 있었음을 의미하고 있으므로 빈칸에 들어갈 말은 '하는 줄도 몰랐어요'가 가장 적절하다.

- 콘서트 : 음악을 연주하여 청중이 음악을 감상하게 하는 모임
  예 연말 콘서트에는 항상 사람이 많다.
- 티켓 : 입장권, 승차권, 구매권 등의 표
  예 비행기 티켓부터 잘 챙겨라.
- 예매하다 : 물건을 받기 전에 미리 값을 치르고 사 두다.
  예 비행기 표는 4주 전에 예매하는 것이 가장 저렴하다.

[오답해설]

② -ㄴ 척하다 : 앞말이 뜻하는 행동이나 상태를 거짓으로 그럴듯하게 꾸밈을 나타낸다.
  예 부모님 앞에서는 괜찮은 척했다.

③ -(으)면 좋다 : 현실과 다른 사실을 가정하여 그렇게 되기를 희망함을 나타낸다.
  예 올해 연봉이 많이 인상되었으면 좋겠다.

④ -기 마련이다 : 어떤 일이 당연하거나 자연스러운 것이라고 말할 때 사용한다.
  예 누구나 처음 하는 일은 어렵기 마련이다.

12 '-으로 인해'는 '당연한 결과로 어떤 일에 이어지거나 뒤를 따르는 것'의 의미이다. 즉, 원인은 심한 독감이고, 그 결과 회사에 출근할 수 없게 되었으므로 ②와 뜻이 같다.

- 심하다 : 정도가 지나치다.
  예 이번 장마는 비보다 바람이 너무 심하게 분다.

• 독감 : 지독한 감기
예 올해에는 독감에 걸리기 전에 예방주사를 맞아야겠다.
• 출근 : 일터로 근무하러 나가는 것
예 나는 매일 8시에 출근한다.
• 때문 : 어떤 일의 원인이나 까닭
예 감기 때문에 몸이 아프다.

[오답해설]
① 덕분 : 베풀어 준 은혜나 도움
예 도와주신 덕분에 잘 해결되었습니다.
③ –지만 : 어떤 사실이나 내용을 시인하면서 그에 반대되는 내용을 말하거나 조건을 붙여 말할 때 사용한다.
예 배부르지만 커피와 빵은 먹을 수 있다.
④ –더라도 : 가정이나 양보의 뜻을 나타낸다.
예 실내가 많이 덥더라도 양해 부탁드립니다.

13 '–기 마련이다'는 당연히 그럴 것임을 나타내는 말이다. 즉, 사람이라면 누구나 당연히 실수를 한다는 의미이다. 여기에 까닭이나 근거를 나타내는 말인 '–므로'를 사용하여 죄책감에 괴로워하지 말아야 하는 이유가 '사람은 누구나 실수를 하기 때문'임을 의미하고 있다. 이와 같은 의미의 문장은 '앞말이 의미하는 것 말고는 다른 방법이나 가능성이 없음을 나타내는 말'인 '–ㄹ 수밖에 없다'를 사용하여 '사람이라면 반드시 실수를 한다'는 의미를 나타내고, 여기에 마찬가지로 '–므로'를 사용한 ①이다.
• 누구 : 특정한 사람이 아니라 막연한 사람을 가리키는 인칭 대명사
예 누구나 와서 구경하세요.
• 실수 : 조심하지 않아서 잘못함
예 똑같은 실수를 반복하지 말자.
• 죄책감 : 저지른 잘못에 대하여 책임을 느끼는 마음
예 그는 죄책감 때문에 괴로워했다.

[오답해설]
② –ㄹ리(가) 없다 : 그럴 만한 이유가 없다.
예 소문이 진짜일리 없다.
③ –자마자 : 앞 절의 동작이 이루어지자 잇따라 곧 다음 절의 사건이나 동작이 일어남을 나타낸다.
예 나는 일어나자마자 바로 씻는다.
④ 동안 : 어느 때에서 다른 때까지 시간의 길이
예 기다리는 동안 커피를 마셨다.

14 '-더니'는 지금의 사실이 과거의 경험으로 알았던 사실과 다름을 나타낸다. 즉, 어제는 못 온다고 하셨지만 오늘은 어제의 경험(기억)과 다르게 오신다고 하셨으므로 ③과 뜻이 같다.

- 부모님 : 부모를 높여 이르는 말
  예 부모님께 효도합시다.
- -지만 : 어떤 사실이나 내용을 시인하면서 그에 반대되는 내용을 말하거나 조건을 붙여 말할 때 사용한다.
  예 피곤하지만 회식에 참석해야 한다.

[오답해설]

① -어서 : 이유나 근거를 나타낼 때 사용한다.
  예 선생님이 지각하지 말라고 말씀하셔서 나는 아침 일찍 등교했다.

② -ㄴ 데다 : 앞말과 관련되어 뒤의 내용이 덧붙을 때 사용하는 말이다.
  예 여름은 더운 데다가 습하기까지 하다.

④ -고 : 두 가지 이상의 사실을 대등하게 벌려 놓을 때 쓰는 말이다.
  예 그녀는 성실하고 꼼꼼하다.

15 '-기 무섭게'는 '그렇게 하자마자 곧바로'의 뜻이다. 즉, 문을 열자마자 손님이 모여든다는 의미이다. 이때 '-자마자'는 앞말의 동작이 이루어지자 잇따라 곧 뒷말의 사건이나 동작이 일어남을 의미하는 말로, 문을 열자 잇따라 손님이 모여든다는 의미가 된다. 따라서 주어진 문장과 같은 의미의 문장은 ④이다.

- 맛있다 : 음식의 맛이 좋다.
  예 맛있는 음식을 먹으면 행복해진다.
- 식당 : 음식을 만들어 손님들에게 파는 가게
  예 식당은 항상 청결해야 한다.
- 열다 : 닫힌 것을 트거나 하루의 영업을 시작하다.
  예 항상 10시에 문을 연다.
- 손님 : 다른 곳에서 찾아온 사람의 높임말
  예 입장하실 모든 손님은 마스크 착용을 부탁드려요.
- 모여들다 : 어렷이 어떤 범위 안을 향하여 오다.
  예 행사가 시작하자 사람들이 모여들었다.

[오답해설]

① 싫다 : 마음에 들지 않다.

예 나는 치과에 가기 싫다.

② –ㄹ 수 있다 : 어떤 일을 할 만한 능력이나 어떤 일이 일어날 가능성이 있을 때 사용한다.

예 시간이 여유가 된다면 마무리까지 할 수 있다.

③ –려면 : '어떤 의사를 실현하려고 한다면'의 뜻을 나타내는 말이다.

예 시험에 합격하려면 더 열심히 공부해야 한다.

16 '–은/는 채'는 '이미 있는 상태 그대로 있다는 뜻'을 나타내는 말이다. 즉, 너무 피곤하여 의자에 앉은 상태 그대로 잠이 들었다는 의미이므로 ④와 뜻이 같다.

- 피곤하다 : 몸이나 마음이 지치어 고달프다.
  예 잦은 야근으로 너무 피곤하다.
- 앉다 : 윗몸을 바로 한 상태에서 엉덩이에 몸무게를 실어 다른 물건이나 바닥에 몸을 올려놓다.
  예 모두 자리에 앉아 주세요.
- 그대로 : 변함없이 그 모양으로
  예 모양을 그대로 유지하는 것은 쉽지 않다.

[오답해설]

① –고 : 두 가지 이상의 사실을 대등하게 벌여 놓을 때 쓰는 말이다.

예 손을 먼저 씻고 샤워를 한다.

② –아 : 시간상의 선후 관계를 나타내거나 방법, 근거를 나타낸다.

예 순대국에 밥을 말아 먹다.

③ 후 : 일이 지나간 얼마 뒤

예 태풍이 지나간 후 마을은 엉망이 되었다.

17 '가'는 미팅 전날인 일요일 저녁에 떠난다고 하였고, '나'는 일요일 저녁에 가족 행사 때문에 떠나지 못하므로 월요일 오전 10시 미팅 전에 도착할 수 있도록 '월요일 아침 일찍 갈게요.'가 가장 적절하다.

- 참석 : 모임이나 회의 따위의 자리에 참여함
  예 꼭 참석하겠다는 약속을 받았다.
- 일정 : 일정한 기간 동안 해야 할 일의 계획을 날짜별로 짜 놓은 것
  예 다음 주 업무일정은 내일까지 정리하도록 할게요.

18 '침투'는 '세균이나 병균 따위가 몸속에 들어옴'을 의미한다. 초미세먼지는 사실상 눈에 보이지 않은 매우 작은 먼지이기 때문에 기도에 걸리지 않고 폐까지 들어온다는 의미이므로 빈칸에 가장 적절한 것은 '침투'이다.

- 깊숙이 : 위에서 밑바닥까지, 또는 겉에서 속까지의 거리가 멀고 으슥하게
  예 모자를 깊숙이 내려 썼다.
- 질환 : 몸의 온갖 병
  예 오랫동안 호흡기 질환으로 고생했다.

[오답해설]

② 통과 : 어떤 곳이나 때를 거쳐서 지나감
  예 졸업시험에 통과하였다.

③ 차지 : 사물이나 공간, 지위 따위를 자기 몫으로 가짐
  예 선물은 모두 형의 차지가 되었다.

④ 제공 : 무엇을 내주거나 갖다 바침
  예 반찬은 무료로 제공됩니다.

19 본문 세 번째 줄에서 '작년에 한식자격증을 취득하였다'고 되어 있으므로 ②의 내용이 본문과 같다.

- 함께 : 한꺼번에 같이
  예 함께 힘을 모으자.
- 운영하다 : 조직, 사업체 따위를 관리하고 운용하다.
  예 회사를 운영하다 보니 생각보다 신경 쓸 일이 너무 많다.
- 취득하다 : 자기 것으로 만들어 가지다.
  예 이번 방학 때 2개의 자격증을 취득하였다.
- 제대로 : 제 격식이나 규격대로
  예 너무 더워 잠을 제대로 못 잤다.
- 대접하다 : 음식을 차려 접대하다.
  예 오늘 가족들을 불러 대접하였다.

[오답해설]

① 3년 뒤에 한식당을 직접 운영하고 싶다.

③ 한국에 온 지 8년 되었고 중국인이 아닌 한국인 남편과 살고 있다.

④ 중국에서 온 손님에게 제대로 된 한식을 대접하고 싶다.

20 본문 마지막 문장에서 '저소득 취약가구의 전기요금 부담 완화를 위해 지난해보다 2천 원 인상되었다'고 언급하였으므로 ①의 내용과 같다.

- 유례없다 : 같거나 비슷한 예가 없다.
  예 이 드라마의 인기 이유는 유례없는 캐릭터의 성격 때문이다.
- 무더위 : 습도와 온도가 매우 높아 찌는 듯 견디기 어려운 더위
  예 어르신들을 위한 무더위 쉼터를 열었다.
- 하계 : 여름의 시기
  예 하계 방학이 시작되었다.
- 확보하다 : 확실히 보증하거나 가지고 있다.
  예 줄을 서서 마스크 20장을 확보하였다.
- 수급 : 수요와 공급을 아울러 이르는 말
  예 회사의 인력 수급에 막대한 차질을 빚고 있다.
- 총력 : 전체의 모든 힘
  예 추석을 맞이해 택배 물량이 많아 모든 직원이 총력을 기울이고 있다.
- 예측하다 : 미리 헤아려 짐작하다.
  예 경제상황을 미리 예측할 수 있다.
- 방침 : 앞으로 일을 치러 나갈 방향과 계획
  예 기존 방침에 따라 행동해주세요.
- 취약 : 무르고 약함
  예 지금 사정이 취약한 회사이다.
- 부담 : 어떠한 의무나 책임을 짐
  예 해외여행은 경제적으로 부담이 된다.
- 완화 : 긴장된 상태나 급박한 것을 느슨하게 함
  예 건축 규제가 대폭 완화되었다.
- 에너지바우처 : 정부가 전기 요금이나 가스 요금의 일부를 저소득층에 직접 보조하려고 주는 쿠폰
  예 에너지바우처 제도는 대표적인 국민 맞춤형 서비스이다.

[오답해설]

② 7월 넷째 주부터 8월 둘째 주까지를, 여름 최대 전력 수요 기록 시기로 예측하고 있다.
③ 올 여름은 전례없는 무더위가 예상된다고 하였다.
④ 올해 저소득 취약가구에 지원되는 금액은 가구당 9천 원이다.

21 첫 번째 단락에서는 재생 에너지의 의미와 종류에 대해 말하고 있고, 두 번째 단락에서는 재생 에너지와 태양 에너지의 연관성을, 마지막 단락은 태양 에너지와 연관이 없는 재생 에너지의 종류에 대해 언급하고 있다. 따라서 이 글의 중심 내용으로는 ②가 가장 적절하다.

- 무한정 : 한정이 없음
  예 무한정 기다릴 수 없어서 집으로 돌아왔다.
- 공급 : 요구나 필요에 따라 물품 따위를 제공한다.
  예 최근 쌀의 공급이 증가하였다.
- 기후변화 : 일정 지역에서 오랜 기간에 걸쳐서 진행되는 기상의 변화
  예 대기 오염의 증가에 따른 기후변화를 조사하였다.
- 고갈 : 어떤 일의 바탕이 되는 돈이나 물자 등이 다하여 없어짐
  예 자금 고갈로 어려움을 겼다.
- 풍력 : 바람의 세기
  예 바람이 많이 부는 곳은 풍력을 이용해 전기를 생산한다.
- 수력 : 흐르거나 떨어지는 물의 힘
  예 수력을 이용해 발전기를 돌린다.
- 지열 : 지구 안에 원래부터 있던 열
  예 지열로 인해 발바닥이 뜨겁다.
- 조력 : 조수 간만의 차이로 일어난 힘
  예 서해안은 조력을 이용하여 전기를 생산한다.
- 증발하다 : 어떤 물질이 액체 상태에서 기체 상태로 변하다.
  예 수분이 증발하여 건조하다.
- 수증기 : 기체 상태로 되어 있는 물
  예 사우나 안은 수증기로 가득했다.
- 해류 : 일정한 방향과 속도로 이동하는 바닷물의 흐름
  예 해류의 흐름이 변하면 기후도 큰 영향을 받는다.
- 광합성 : 녹색식물이 빛 에너지를 이용하여 이산화탄소와 수분으로 유기물을 합성하는 과정
  예 식물은 해가 잘 드는 창가에 두어야 광합성을 할 수 있다.
- 변형 : 모양이나 형태가 달라지거나 달라지게 함
  예 변형이 가능한 장난감이 인기가 많다.
- 잡아당기다 : 잡아서 자기가 있는 쪽으로 끌어당기다.
  예 밧줄을 잡아당겨 물건을 고정시켰다.

22 본문 마지막 문장에서 '조력은 달이 지구를 잡아당기는 힘에 의해서 생기는 것'이라고 되어 있으므로 ④의 내용과 같다.

[오답해설]

① 재생 에너지 중 가장 큰 부분을 차지하는 것은 태양 에너지이다.

② 재생 에너지는 계속 사용해도 다시 공급된다.

③ 풍력, 수력은 태양 에너지와 연관이 깊다.

23 ㉠ 부부의 날은 양력 5월 21일로 가정의 달인 5월에 둘(2)이 하나(1)가 된다는 뜻이다.

㉡ 어린이날은 양력 5월 5일로 어린이가 따뜻한 사랑 속에서 바르고 씩씩하게 자랄 수 있는 계기를 마련하도록 하는 날이다.

- 소중하다 : 매우 귀중하다.
  예 소중한 시간을 낭비하지 말자.
- 화목하다 : 서로 뜻이 맞고 정답다.
  예 그는 화목한 가정에서 자랐다.
- 일구다 : 땅, 현상이나 일을 일으키다.
  예 부모님이 일구어 놓은 밭고랑에는 눈이 쌓였다.
- 취지 : 어떤 일의 근본이 되는 목적이나 긴요한 뜻
  예 좋은 취지로 시작한 일이다.
- 제정하다 : 제도나 법률을 만들어서 정하다.
  예 특별법을 제정하다.
- 애호 : 사랑하고 소중히 보호함
  예 여러분들의 애호와 성원에 보답하겠습니다.

[오답해설]

- 어버이날 : 5월 8일로 낳아 주시고 길러 주신 아버지와 어머니의 사랑을 기념하여 제정한 날
  예 어버이날에는 부모님께 빨간색 카네이션을 달아 주어야 한다.
- 입양의 날 : 5월 11일로 국내에 건전한 입양 문화를 정착시키고 입양을 활성화하기 위해 보건복지부에서 제정한 법정기념일
  예 2006년부터 제1회 입양의 날을 시행하기로 규정되어 있다.

24 '리'는 '불'을 상징한다.

- 태극기 : 대한민국의 국기
  예 문 앞에 태극기를 달다.
- 생명 : 사람이 살아서 숨쉬고 활동할 수 있게 하는 힘
  예 배 속에 생명이 자라고 있다.

25 부산광역시를 대표하는 명소는 해운대, 태종대 등이 있다. 불국사, 첨성대는 경상북도 경주의 명소이다.

- 무역항 : 다른 나라의 배가 드나들면서 무역을 할 수 있는 곳
  예 중국 상하이 항은 세계적인 무역항이다.
- 명소 : 경치나 고적, 산물로 널리 알려진 곳
  예 서울의 명소는 5대 궁과 N서울타워 등이 있다.
- 개최되다 : 모임이나 회의가 주최되어 열리다.
  예 우리나라는 2018년 평창에서 올림픽을 개최하였다.
- 상징 : 추상적인 개념이나 사물을 구체적인 사물로 나타낸다.
  예 비둘기는 평화의 상징이다.

26 유네스코 인류무형문화유산에 등재된 '판소리'는 '여러 사람이 모인 장소'라는 뜻의 '판'과 '노래'를 뜻하는 '소리'가 합쳐진 말이다.

- 소리꾼 : 소리하는 것을 직업으로 하는 사람
  예 득음하여 유명한 소리꾼이 되다.
- 고유 : 본래부터 가지고 있는 특유한 것
  예 한복은 우리 고유의 멋이 돋보인다.
- 인류무형문화유산 : 소멸 위기에 처한 문화유산의 보존과 재생을 위하여 구전 및 무형유산을 확인 · 보호 · 증진할 목적으로 선정하는 무형유산
  예 아리랑, 강강술래 등도 인류무형문화유산에 해당한다.

[오답해설]

① 민요 : 예로부터 민중 사이에 불려 오던 전통적인 노래를 통틀어 이르는 말
  예 교과서에 민요가 수록되다.
② K-pop : 전 세계적인 인기를 받는 현대 한국의 대중가요를 통틀어 이르는 말
  예 BTS는 K-pop의 대표 주자로 아시아를 넘어 미국, 유럽, 남미까지 많은 인기를 얻고 있다.
④ 농악 : 농촌에서 농부들 사이에 행하여지는 우리나라 고유의 음악
  예 종부들의 농악 소리가 한창 흥겹다.

27 '참정권'은 '정치에 참여할 수 있는 권리'이다. 국가에 정당한 요구를 주장할 수 있는 권리는 청구권이다.

- 기본권 : 인간이 태어날 때부터 가지고 있는 기본적인 권리
  예 기본권은 존중되어야 한다.
- 자유 : 외부적인 구속이나 무엇에 얽매이지 아니하고 자기 마음대로 할 수 있는 상태
  예 자유에는 책임이 뒤따른다.

- 침해 : 침범하여 해를 끼침
  예 사생활 침해를 해서는 안 된다.
- 보장하다 : 어떤 일이 어려움 없이 이루어지도록 조건을 마련하여 보증하거나 보호하다.
  예 합격을 보장한다고 광고한다.
- 정당하다 : 이치에 맞아 올바르고 마땅하다.
  예 정당한 일을 하고 그에 맞는 대가를 받는다.
- 부당하다 : 이치에 맞지 아니하다.
  예 부당한 대우를 받았다.
- 차별 : 둘 이상의 대상을 각각 등급이나 수준의 차이를 두어서 구별하다.
  예 인종 차별은 반드시 사라져야 한다.

28 '정'은 '사랑이나 친근감을 느끼는 마음'으로 빈칸에 공통으로 들어간다.

- 곱다 : 모양, 생김새, 행동이 산뜻하고 아름답다.
  예 조명의 불빛이 은은하고 곱다.
- 밉다 : 모양, 생김새, 행동거지 따위가 마음에 들지 않거나 눈에 거슬리는 느낌이 있다.
  예 미운 사람 떡 하나 더 준다.
- 보다 : 상대의 형편 등을 헤아리다.
  예 네 상황이 어려우니 이번만 한 번 봐 줄게.
- 남다 : 다른 사람과 함께 떠나지 않고 있던 그대로 있다.
  예 야근으로 남아 있는 직원이 많다.

[오답해설]

② 흥 : 재미나 즐거움을 일어나게 하는 감정
  예 그는 흥이 많은 사람이다.

③ 우정 : 친구 사이의 정
  예 사랑보다 우정을 택했다.

④ 사랑 : 어떤 사람이나 존재를 몹시 아끼고 귀중히 여기는 마음
  예 두 사람은 사랑하는 사이이다.

[작문형 예시 답안]

학교폭력은 학생들이 서로의 입장과 감정을 이해하지 못하는 데서 발생한다고 생각합니다. 이를 해결하기 위해서는 학생들이 서로 소통할 수 있는 기회를 만들어 주어야 합니다.

[구술형 예시 답안]

01 사진에서 여자는 마트에서 장을 보고 있습니다.

02 저는 주로 인터넷으로 물건을 구입하고 있습니다. 직접 나가지 않아도 되고 시간도 절약돼서 자주 이용합니다.

03 저의 고향인 베트남에 있는 마트는 한국의 마트와 비슷합니다. 다만 마트에 입장할 때 큰 짐은 락커에 맡기고 백팩은 지퍼를 완전히 잠그며, 작은 가방은 비닐에 싸서 밀봉하는 등 마트 도난 사고에 조금 더 신경쓰는 편입니다.

04 한국 사람들은 아침에 출근하기 바쁘기 때문에 대부분 아침밥을 거르거나 집에서 해결하지만, 중국에서는 대부분 집이 아닌 출근길에 사서 먹거나 사서 근무하는 곳에서 먹습니다. 그래서 새벽부터 아침밥 장사로 가게를 여는 음식점들이 많고, 길거리에는 사람들이 줄을 서서 음식을 사기 때문에 북적북적합니다. 저는 이런 점에서 두 문화가 다르다고 느꼈습니다.

05 한국은 교육열이 매우 높은 나라로, 덕분에 인재들이 많이 등장하고 있습니다. 하지만 그만큼 입시 경쟁이 치열해 학원에 의존하게 되고, 그로 인해 학생들이 받는 스트레스와 압박이 심해지는 등 문제점도 많은 것 같습니다.

사회통합프로그램 중간평가 실전모의고사 3회 정답 및 해설

[객관식 정답 및 해설]

01	02	03	04	05	06	07	08	09	10	11	12	13	14	15	16	17	18	19	20
①	②	④	①	①	③	③	④	②	①	④	②	③	①	③	①	②	④	④	③
21	22	23	24	25	26	27	28												
③	①	③	③	①	①	④	①												

01 '경찰서'는 '경찰 사무를 맡아보는 관청'으로 국민의 생명과 재산보호 및 사회 공공의 질서를 유지하기 위해 일한다. 따라서 누군가가 지갑을 훔쳐가는 행위는 경찰서에 신고해야 한다.

[오답해설]

② 소방서 : 화재 예방#진압 등의 소방업무를 수행하는 일선 행정기관
예 소방서의 번호는 119이다.

③ 응급실 : 즉각적인 치료가 필요한 환자와 부상자를 수용하는 병실
예 새벽에 갑자기 아파서 응급실에 가게 되었다.

④ 구청 : 구의 행정사무를 맡아 보는 관청
예 혼인신고는 구청에서 할 수 있다.

02 '반드시'는 '틀림없이 꼭'이란 뜻이다. 면접에는 어떤 일이 있어도 늦지 않고 제시간, 즉 정해진 시간에 가야 하므로 ②가 알맞다.

- 면접 : 필기시험 후에 최종적으로 심사하는 방법으로 서로 만나 진행하는 방법이다.
  예 이번 면접은 심사위원이 2명이다.
- 늦다 : 정해진 때보다 지나다.
  예 그는 열차 시간에 늦어 열차를 타지 못했다.

[오답해설]

① 과연 : 아닌 게 아니라 정말로. 또는 결과에 있어서도 참으로
예 소문에 듣던 대로 그 사람의 힘은 과연 엄청나구나.

③ 혹시 : 그러할 리는 없지만 만일에
예 혹시 지금 밖에 비가 오나요?

④ 금방 : 말하고 있는 시점보다 바로 조금 전에
예 금방 구운 빵입니다.

03 '손이 빠르다'는 '일 처리가 빠르다'는 의미이다. 대량으로 주문이 들어와 당황하였으나 일 처리가 빠른 직원 덕분에 해결했다는 의미이므로 ④가 알맞다.

- 단체 : 여러 사람이 모여서 이루어진 집단
  예 15인 이상 단체의 경우 입장권 할인을 받을 수 있다.
- 당황하다 : 놀라거나 다급하여 어찌할 바를 모르다.
  예 정전이 되어도 당황하지 말고 침착하게 이동하세요.
- 덕분 : 베풀어 준 은혜나 도움
  예 도와주신 덕분에 일이 빨리 끝났어요.
- 괜찮아지다 : 별 탈이나 이상이 없는 상태가 되다.
  예 몸이 이제 많이 괜찮아졌다.

[오답해설]

① 정직하다 : 마음에 거짓이나 꾸밈이 없이 바르고 곧다.
  예 사람은 늘 정직하게 살아야 한다.

② 아쉽다 : 필요할 때 없거나 모자라서 안타깝고 만족스럽지 못하다.
  예 1점 차이로 시험에 떨어져 아쉽다.

③ 곱다 : 모양, 생김새, 행동거지가 산뜻하고 아름답다.
  예 그녀는 항상 정갈하고 곱다.

04 '개인 정보'는 이름, 주민등록번호, 직업, 주소, 전화번호 등 개인에 대한 자료를 통틀어 말한다.

- 인터넷 : 전 세계의 컴퓨터가 서로 연결되어 정보를 교환할 수 있는 하나의 거대한 컴퓨터 통신망
  예 이사를 가면 인터넷을 다시 설치해야 한다.
- 발달하다 : 신체, 정서, 기술, 사회 등의 현상이 높은 수준에 이르다.
  예 교통이 발달하여 세계 어디든 여행을 다닐 수 있다.
- 노출 : 겉으로 드러나거나 드러낸다.
  예 여름에는 날씨가 더워 노출이 있는 옷들을 입는다.
- 위험 : 해로움이나 손실이 생길 우려가 있음
  예 공사 중이므로 다칠 위험이 있다.

[오답해설]

② 바이러스 : 컴퓨터의 정상적인 동작에 나쁜 영향을 미치거나 저장된 데이터나 프로그램을 파괴하는 프로그램
  예 컴퓨터에 바이러스가 침투해 전산 업무가 마비되었다.

③ 백신프로그램 : 컴퓨터 바이러스 프로그램을 찾거나, 손상을 입은 디스크를 치료하는 것을 목적으로 하는 프로그램
  예 새로운 바이러스의 등장에 맞춰 백신프로그램도 신속하게 개발되고 있다.

④ 백업 파일 : 데이터의 손상을 대비하여 미리 복사하여 둔 파일

예 컴퓨터가 갑자기 꺼졌지만 백업 파일이 있어 다행이다.

05 '절약하다'는 함부로 쓰지 않고 꼭 필요한 데에만 써서 아낀다는 의미이다.

- 소량 : 적은 분량

  예 이 제품은 소량으로 생산되어 다른 제품보다 좀 더 비싸다.
- 대량 : 아주 많은 분량이나 수량

  예 기계를 두니 대량 생산이 가능해졌다.
- 저렴하다 : 물건의 값이 싸다.

  예 할인권으로 물건을 저렴하게 구입했다.
- 금방 : 말하고 있는 시점보다 바로 조금 전에. 또는 말하고 있는 시점부터 바로 조금 후에

  예 금방 도착할 예정이다.

[오답해설]

② 사용하다 : 일정한 목적이나 기능에 맞게 쓰다.

예 새로운 커피머신을 사용하였다.

③ 낭비하다 : 시간이나 재물을 헛되이 헤프게 쓰다.

예 소중한 시간을 낭비하였다.

④ 중독되다 : 음식물이나 약물의 독성에 의해 기능 장애를 일으키게 되다.

예 중금속에 중독되었다.

06 '가령'은 '가정하여 말하여' 또는 '예를 들어'를 의미한다.

- 표준 : 사물의 정도나 성격을 알기 위한 근거나 기준

  예 그 사람 정도의 키가 한국 남자의 표준이다.
- 시점 : 시간의 흐름 가운데 어느 한 순간

  예 중요한 시점에 아프면 안 된다.

[오답해설]

① 즉 : 다시 말하여

예 글을 쓴다는 것은 즉 생각한다는 것이다.

② 설마 : 그럴 리는 없겠지만

예 설마 주말에 출근해야 하는 건가?

④ 다만 : 다른 것이 아니라 오로지

예 다만 너를 만나고 싶었을 뿐이다.

07 '–도록 하다'는 '어떤 사람에게 어떤 행위를 하도록 시키거나, 권유하거나, 어떤 행위를 하는 것을 허락하다'라는 의미이다. '가'에게 환기를 할 것을 권유하고 있으므로 빈칸에는 '하도록 해요'가 들어가는 것이 가장 적절하다.

- 냄새 : 코로 맡을 수 있는 온갖 기운
  예 맛있는 냄새를 맡으니 배가 고프다.
- 창문 : 공기나 햇빛을 받을 수 있고, 밖을 내다볼 수 있도록 벽이나 지붕에 낸 문
  예 창문 밖을 보니 벌써 해가 떴다.
- 환기 : 탁한 공기를 맑은 공기로 바꿈
  예 환기를 자주 해주는 것이 좋다.

[오답해설]

① 하고 있다 : 이미 진행하고 있는 상태를 나타낸다.
  예 수업을 하고 있어서 전화를 받을 수 없어요.
② –다면서 : 들어서 아는 사실을 확인하여 물을 때 사용한다.
  예 제인 씨가 매운 음식을 잘 먹는다면서요?
④ –ㄹ 수 있다 : 어떤 일을 할 만한 능력이나 그 일이 일어날 가능성이 있다.
  예 일을 시켜주시면 잘할 수 있습니다.

08 '–ㄴ다고 하다'는 다른 사람에게서 들은 내용이나 상태를 전달할 때 사용한다. 타오 씨와 연락해서 들은 내용을 상대에게 전달하고 있으므로 ④가 알맞다. ①과 ②는 모두 과거형이므로 적절하지 않다.

- 참석하다 : 모임이나 회의 자리에 참여하다.
  예 회의에 모두 참석해 주셔서 감사합니다.
- 아까 : 조금 전
  예 아까 전화는 왜 꺼놨니?
- 연락 : 어떤 사실을 상대편에게 알림
  예 도착하면 연락해 주세요.
- 병원 : 병자를 진찰, 치료하는 데에 필요한 설비를 갖춘 곳
  예 점심을 급하게 먹었는지 체한 것 같아 병원에 갔다.

[오답해설]

① –대요 : 알고 있는 것을 상대방에게 전하는 것을 나타낸다.
  예 다음 주에 귀국한대요?
② –았/었– : 이야기하는 시점에서 볼 때 사건이 이미 일어났음을 나타내는 말이다.
  예 3년 전에 이곳에 왔고, 아직까지 여기서 살고 있다.
③ –ㄹ걸 : 어떤 사실에 대한 추측을 나타낸다.
  예 모두 여행을 가서 집에 아무도 없을걸.

09 '-ㄴ 바람에'는 '뒷말의 근거나 원인'을 나타내는 말이다.

- 늦잠 : 아침에 늦게까지 자는 잠

  예 주말에는 늦잠을 자는 편이다.
- 지각하다 : 정해진 시각보다 늦게 출근하거나 등교하다.

  예 사고로 30분이나 지각했다.
- 알람 : 미리 정하여 놓은 조건에 맞추어 저절로 경고음이 나도록 되어 있는 장치

  예 알람을 미리 맞춰 놓지 않으면 불안하다.

[오답해설]

① -ㄴ 대로 : 앞의 행동이 끝나고 곧바로 다음 행동을 한다는 의미를 나타낸다.

예 중요한 시험이 끝나는 대로 친구랑 바다에 갈 거야.

③ -ㄴ 김에 : 어떤 일의 기회나 계기가 됨을 나타낸다.

예 나간 김에 은행도 들르려고 한다.

④ 경우 : 조건이나 형편이나 사정

예 밥이 없을 경우 시켜 먹기로 했다.

10 '찰나'는 어떤 일이나 사물 현상이 일어나는 바로 그때를 말한다. 불꽃이 터지는 매우 짧은 시간을 사진으로 찍는다는 의미이므로 ①이 알맞다.

- 불꽃 : 타는 불에서 일어는 붉은 빛을 띤 기운

  예 불꽃이 튀지 않도록 주의하자.
- 구경하다 : 흥미나 관심을 가지고 보다.

  예 홍대에는 구경할 곳이 많아 즐겁다.
- 터지다 : 불이 붙어 세차게 튀다.

  예 갑자기 폭탄이 터지다.
- 순간 : 아주 짧은 동안

  예 그의 이야기를 듣는 순간 정적이 흘렀다.

[오답해설]

② 위급하다 : 몹시 위태롭고 급하다.

예 환자의 심장이 정지해 매우 위급한 상황입니다.

③ 급박하다 : 사태가 조금도 여유가 없이 급하다.

예 급박한 상황에 처했다.

④ 오랜 : 이미 지난 동안이 긴

예 10살 때 쓴 일기장에는 오랜 추억들이 가득했다.

11 '움큼'은 손으로 한 줌 움켜쥘 만한 분량을 세는 단위이다.

- 집다 : 손가락이나 발가락으로 물건을 잡아서 들다.

  예 바닥에 떨어진 펜을 집다.

[오답해설]

① 잔 : 음료나 술을 컵에 담아 그 분량을 세는 단위

예 하루에 물을 몇 잔 먹어요?

② 모금 : 액체나 기체를 입 안에 한 번 머금는 분량을 세는 단위

예 막걸리 한 모금만 마실게요.

③ 방울 : 작고 둥글게 맺힌 액체 덩어리

예 향수 몇 방울만 떨어뜨려도 향기가 오래 간다.

12 '–랴'는 이 일 저 일을 두루 하고자 하는 뜻을 나타내며 '–랴 –랴'의 구성으로 쓰인다. 주말에 빨래와 청소 두 가지 일을 모두 하느라 바쁘다는 의미이므로 ②와 뜻이 같다. '또는'은 앞말과 뒷말 둘 중 하나를 선택함을 나타내므로 ①은 정답이 될 수 없다.

- 주말 : 한 주일의 끝 무렵

  예 이번 주말에는 푹 쉬기로 했다.

- 정신없이 : 무엇에 놀라거나 경황이 없어 앞뒤를 생각하거나 사리를 분별할 여유가 없이

  예 행사 준비로 정신없이 바쁘다.

- 두루 : 빠짐없이 골고루

  예 이 마을은 처음이라 두루 돌아다니면서 길을 익혔다.

[오답해설]

① 또는 : 그렇지 않으면

예 금요일 또는 토요일에 만나자.

③ 보다 : 서로 차이가 있는 것을 비교하는 경우 '–에 비해서'의 뜻을 나타낸다.

예 나는 물보다 차가 좋다.

④ –나 : 여러 가지 중에서 어느 것을 선택해도 상관없음을 나타낸다.

예 둘 중 아무거나 주세요.

13 '옳지만은 않다'는 '옳지 않다'에 보조사 '만'과 '은'이 붙은 표현이다. 앞의 사실이나 내용을 인정하면서 그에 반대되는 내용을 말하거나 조건을 붙여 말할 때 사용한다. '선생님의 말씀이 옳다'는 인정하나 '항상 그렇지는 않다'의 조건을 붙여 말하고 있으므로 ③이 알맞다.

- 말씀 : 남의 말을 높여 이르는 말

  예 부모님 말씀을 잘 듣자.

- 옳다 : 사리에 맞고 바르다.

  예 옳은 판단력을 갖고 있다.

- 늘 : 계속하여 언제나

  예 나는 아침마다 늘 물을 마신다.

- 때때로 : 경우에 따라서 가끔

  예 우리 오빠는 기분이 좋으면 때때로 나에게 용돈을 준다.

[오답해설]
① 항상 : 언제나 변함없이
예 부모님은 항상 손을 잡고 다니신다.
② 늘 : 계속하여 언제나
예 태양은 늘 동쪽에서 뜬다.
④ –기 마련이다 : 당연히 그럴 것임을 나타낸다.
예 누구나 나이가 들기 마련이다.

14 '–만큼'은 앞의 내용에 상당한 수량이나 정도임을 나타낸다. 즉, 먹을 수 있는 정도로만 편하게 먹으라는 의미이므로 '앞말의 모양이나 상태와 같이'라는 뜻의 '–ㄴ 대로'를 사용한 ①과 뜻이 같다.
- –ㄹ 수 있다 : 어떤 일을 할 만한 능력이나 어떤 일이 일어날 가능성이 있다.
  예 오토바이를 타다가 다칠 수 있으니 꼭 헬멧을 써야 한다.
- 편하다 : 몸이나 마음이 거북하거나 괴롭지 않아 좋다.
  예 편하게 앉아 있을 시간이 없다.

[오답해설]
② –기 위해 : 어떤 행동이나 상황의 목적이나 의도를 나타낸다.
예 강아지와 산책하기 위해 공원에 갔습니다.
③ –ㄹ 겸 : 두 가지 이상의 동작이나 행위를 아울러 함을 나타낸다.
예 산책도 할 겸 바래다 주겠다.
④ –ㄹ 테니까 : 어떤 일을 추측하면서 그것이 뒤 절에 대한 근거나 원인이 됨을 나타낸다.
예 집에 손님이 오실 테니까 일찍 들어오렴.

15 '발 벗고 나서다'는 어떤 일에 적극적으로 나선다는 의미이므로 ③과 뜻이 같다.
- 궂다 : 언짢고 나쁘다.
  예 그는 회사 내의 궂은 일을 도맡아 했다.
- 앞장 : 무리의 맨 앞자리 또는 거기에 있는 사람
  예 그는 시위대의 맨 앞장에서 소리를 지르고 있었다.

[오답해설]
① 물러나다 : 있던 자리에서 뒷걸음으로 피하여 몸을 옮기다.
예 뜨거운 열기에 그는 뒤쪽으로 물러났다.
② 부터 : 어떤 일이나 상태에 관련된 범위의 시작임을 나타낸다.
예 집안일이 밀려 어디부터 치워야 할지 모르겠다.
④ 활동범위 : 몸을 움직여 행동하는 일정한 영역
예 활동범위와 세력을 넓혀 나아간다.

PART 01 PART 02 PART 03

16 '–도록'과 '–게끔'은 앞의 내용이 뒤에서 가리키는 상황의 목적이나 결과, 방식, 정도가 됨을 나타낸다. 조심해야 하는 이유가 실수하지 않기 위해서이므로 ①과 뜻이 같다. 참고로 '–도록'은 과거형과 연결하지 않고 현재형과 연결해야 자연스럽기 때문에 ②는 옳지 않은 문장이다.

- 시험 : 재능이나 실력을 일정한 절차에 따라 검사하고 평가하는 일
  예 시험을 보러 갈 땐 신분증을 챙겨야 한다.
- 실수 : 조심하지 아니하여 잘못함
  예 실수를 하지 않는 사람은 없다.
- 조심하다 : 잘못이나 실수가 없도록 말이나 행동에 마음을 쓰다.
  예 요리를 할 때는 불이 나지 않게 조심해야 한다.

[오답해설]

② –았– : 이야기하는 시점에서 볼 때 이미 사건이 일어났음을 나타낸다.
  예 강아지가 새끼를 다섯 마리나 낳았다.
③ –아야 : 앞의 일이 뒤의 일에 조건이거나 아무리 가정하여도 영향이 없을 나타낸다.
  예 손발이 잘 맞아야 함께 일을 더 잘할 수 있다.
④ 경우 : 놓여 있는 조건이나 놓이게 된 형편이나 사정
  예 만약 바빠서 못 오시는 경우 미리 연락해 주세요.

17 '–려고'는 어떤 일을 하는 목적이나 의도를 나타낸다. 즉, 한국에 통역사가 되기 위해 유학을 온 것이므로 빈칸에는 '되려고'가 가장 알맞다.

- 통역사 : 말이 통하지 않는 사람 사이에서 뜻을 통하여 말하도록 옮기는 자격을 가진 사람
  예 해외 무역을 주로 하는 회사의 경우 통역사의 역할이 매우 중요하다.
- 유학 : 외국에 머물면서 공부하는 것
  예 오랜 미국 유학 생활로 한국이 너무 그립다.
- 실력 : 실제로 갖추고 있는 힘이나 능력
  예 한국어를 배운지 얼마 안 되었는데 실력이 많이 늘었다.
- 속상하다 : 화가 나거나 걱정이 되어 마음이 불편하고 우울하다.
  예 요즘 속상한 일들이 많아서 우울했다.

[오답해설]

① –ㄴ다면 : 어떠한 사실을 가정하여 조건으로 삼는 뜻을 나타낸다.
  예 만약 시험에 붙게 된다면 너무 좋을 것 같다.
③ –기에 : 원인이나 근거를 나타낸다.
  예 가게에 들어갔는데 아무도 없기에 앉아서 기다리고 있었다.
④ –고 : 앞말의 동작이 이루어진 그대로 지속되는 가운데 뒷말의 동작이 일어남을 나타낸다.
  예 나를 업고 가다.

18 '발효'는 효모, 세균 따위의 미생물이 유기 화합물을 분해하여 유기산류, 이산화탄소 등을 생기게 하는 작용을 말한다. 김치는 발효 작용을 이용하여 만든 대표적인 발효 식품으로 빈칸에는 '발효시킨다'가 알맞다.

- 고유 : 본래부터 가지고 있는 특유한 것
  예 기와집은 고유의 가옥 형태이다.
- 열무 : 어린 무이며, 주로 김치를 담가 먹는다.
  예 여름에는 주로 열무김치를 담가 먹는다.
- 절이다 : 재료를 소금, 식초, 설탕 등에 담가 간이 배어들게 하다.
  예 깻잎을 간장에 절여 먹으면 맛있다.
- 부속 : 주된 사물이나 기관에 딸려서 붙은 사물
  예 자동차에는 많은 부속품이 들어간다.
- 첨가하다 : 이미 있는 것에 덧붙이거나 보태다.
  예 각자 입맛에 맞게 소금을 첨가하세요.
- 양념 : 음식의 맛을 돋우기 위하여 쓰는 재료를 통틀어 이르는 말
  예 나는 양념 치킨을 좋아한다.
- 특색 : 보통의 것과 다른 점
  예 다른 빵집과 다르게 특색 있는 빵들이 많아 금방 팔린다.
- 취급 : 물건을 사용하거나 소재 또는 대상으로 삼는다.
  예 새로 산 냉장고의 취급 방법을 상세히 들었다.
- 유산균 : 당류를 분해하여 젖산을 만드는 균의 하나
  예 유산균이 풍부한 음료가 다양하게 나와 있다.
- 풍부하다 : 넉넉하고 많다.
  예 그는 실전 경험이 풍부한 사람이다.
- 소화 : 섭취한 음식물을 분해하여 영양분을 흡수하기 쉬운 형태로 변화시키는 일
  예 과식을 했더니 소화가 잘 안 된다.

[오답해설]

① 알맞다 : 일정한 기준, 조건, 정도에 넘치거나 모자라지 않다.
  예 요즘 같은 날씨에 한강에 놀러가기 알맞다.

② 가능하다 : 할 수 있거나 될 수 있다.
  예 다음 주 금요일까지 가능할 것 같아요.

③ 포장하다 : 물건을 싸서 간직하다.
  예 선물을 곱게 포장해서 전달했다.

19 본문 네 번째 줄에 '손에 상처가 났을 때는 육류, 어패류를 만지지 말아야 한다'고 되어 있으므로 ④와 내용이 같다.

- 상승 : 낮은 데서 위로 올라감
  예 불쾌지수가 상승 곡선을 그린다.
- 식중독 : 음식물 가운데 함유된 유독 물질의 섭취로 생기는 설사, 구토 등의 증상
  예 상한 음식을 먹어 식중독에 걸렸다.
- 급증하다 : 갑작스럽게 늘어나다.
  예 손님이 줄어들어 재고량이 급증하고 있다.
- 급식소 : 식사를 공급하는 장소
  예 사회단체에서 무료 급식소를 만들었다.
- 조리 : 요리를 만듦
  예 조리에 필요한 재료를 사러 갔다.
- 익히다 : 고기나 채소, 곡식 따위의 날것에 뜨거운 열을 가하여 그 성질과 맛을 달라지게 하다.
  예 고기를 더 많이 익혔다.
- 실온 : 방 안의 온도
  예 얼어 있는 떡을 녹이기 위해 실온에 두었다.
- 냉장 : 식품을 신선하게 보관하거나 차게 하기 위해 냉장고에 저장함
  예 밥을 다 먹고 반찬들은 냉장고에 꼭 넣어라.
- 날음식 : 말리거나 익히거나 가공하지 않은 음식
  예 어린 아이들에게는 날음식을 주지 않는다.
- 어패류 : 어류와 조개류를 아울러 이르는 말
  예 이 연안에서는 어패류가 잘 잡힌다.
- 청결 : 맑고 깨끗함
  예 병원은 항상 청결을 유지해야 한다.

[오답해설]

① 여름철에는 기온 상승으로 인해 식중독 발생이 급증한다.
② 모든 음식물은 익혀 먹어야 하고 물도 끓여 먹어야 한다.
③ 이미 조리한 식품은 냉장 보관해야 한다.

20 두 번째 단락에서 '현무암으로 이루어진 섬이라 빗물이 지하로 스며들기 때문에 논을 만들기 어렵고, 토지를 대부분 밭으로 이용한다'고 하였으므로 ③과 내용이 같다.

- 화산섬 : 섬 전체 또는 대부분이 해저 화산의 분출물이 쌓여서 이루어진 섬
  예 울릉도는 화산섬이다.
- 동굴 : 자연적으로 생긴 깊고 넓은 큰 굴
  예 동굴은 바깥보다 온도가 더 낮다.
- 현무암 : 화산암의 하나로 검은색을 띰

예 현무암은 입자가 미세하고 치밀하여 단단하다.

• 분출구 : 솟구쳐서 뿜어져 나오는 구멍

예 화산의 분출구는 오랜 시간이 흐른 후에 호수가 되기도 한다.

• 난류 : 적도 부근의 저위도 지역에서 고위도 지역으로 흐르는 따뜻한 해류(↔ 한류)

예 우리나라 동해안은 난류와 한류가 만나는 지역이다.

• 연평균 : 1년을 단위로 하여 내는 평균

예 우리나라는 연평균 강수량이 1,000mm를 넘는다.

• 연안 : 강이나 호수, 바다를 따라 잇닿아 있는 육지

예 연안 도로는 드라이브 코스로 유명하다.

• 채취하다 : 풀, 나무, 광석 따위를 찾아 베거나 캐거나 하여 얻어 내다.

예 직접 채취한 식물은 집에서 키울 예정이다.

[오답해설]

① 제주도는 화산 활동으로 생긴 섬이다.

② 백록담의 수심은 계절에 따라 변화가 심한 편이다.

④ 남쪽에 위치해 연평균 기온이 높고 비와 바람이 많다.

21 두 번째 단락에서 월 입금액은 10만 원 또는 15만 원으로 정해져 있음을 알 수 있다.

• 저축액 : 저축한 돈의 액수

예 저축액이 100만 원을 넘었다.

• 가입자 : 서비스를 제공하는 상품 따위를 신청한 사람

예 신규 가입자에게는 2개월 동안 무료 이용권이 제공된다.

• 학자금 : 공부하는 데 드는 비용

예 학자금을 마련하기 위해 아르바이트를 하고 있다.

• 목돈 : 비교적 많은 돈

예 목돈을 모아 집을 장만했다.

• 근로장려금 : 일은 하지만 수입이 적어 생활이 어려운 근로자 가구에 국세청이 지원해 주는 돈

예 근로장려금 신청률이 작년보다 상승했다.

• 적립하다 : 모아서 쌓아 두다.

예 그동안 포인트를 많이 적립해 두었다.

• 근로소득 : 일을 하여 얻은 소득

예 전체 근로소득 상황을 파악하였다.

• 부양의무자 : 일정한 친족 간에 인정되는 생활 보장의 의무가 있는 사람

예 부양의무자에 대한 소득 · 재산을 조사하였다.

• 중위소득 : 전체 가구를 소득 순으로 나열하여 차례를 정할 때 한가운데를 차지하는 가구의 소득을 이르는 말

예 중위소득 계층의 소비가 늘어났다.

22 첫 번째 단락에서는 으뜸 청년통장의 등장 배경이 설명되어 있고, 두 번째 단락에서는 자세한 혜택 내용 및 가입 조건이 있으며 마지막 단락에서는 신청 방법이 있다. 따라서 이 글의 제목은 '으뜸 청년통장 가입자 모집'이 가장 적절하다.

23 국가의 원수인 대통령의 임기는 5년으로 조약 체결, 헌법 개정 제안 등의 역할을 한다. 국회의원의 임기는 4년으로 법률 제정 및 개정, 국가재정 심의 · 확정, 국정 통제 등의 역할을 한다.

- 원수 : 한 나라에서 으뜸가는 권력을 지니면서 나라를 다스리는 사람. 공화국에서는 주로 대통령을, 군주국에서는 군주를 이른다.
  예 두 국가 원수의 정상 회담이 시작되었다.
- 임기 : 임무를 맡아보는 일정한 기간
  예 회장의 임기가 만료되어 새로운 회장을 선출해야 한다.
- 입법부 : 법률 제정을 담당하는 국가 기관. 원칙적으로 국회를 이르는 말이다.
  예 대통령제는 행정부와 입법부를 분리시켜 대등한 관계를 유지한다.

24 안창호는 독립운동가이자 교육가로 신민회를 조직하였다. 도시락 폭탄을 일본군에게 던져 주요 인물들을 사살한 인물은 윤봉길이다.

- 일제강점기 : 1910년의 일제에 의한 국권 강탈 이후 1945년 해방되기까지 35년간의 시대
  예 많은 조선의 학생들이 일제강점기에 학병으로 끌려갔다.
- 독립 : 한 나라가 정치적으로 완전한 주권을 행사함
  예 대한민국은 1945년 일제로부터의 독립을 이루어내어 완전한 국가가 되었다.
- 임시정부 : 1919년 4월에 중국 상하이에서 이승만, 김구 등을 중심으로 대한민국의 광복을 위하여 임시로 조직한 정부
  예 독립운동가들은 상하이에 임시정부를 결성하였다.
- 주석 : 일부 국가에서 국가나 정당 등의 최고 직위. 또는 그 직위에 있는 사람
  예 백범 김구는 대한민국 임시정부의 주석이었다.
- 사살 : 활이나 총 등으로 쏘아 죽임
  예 그는 사살되었을 가능성이 높다.
- 주도하다 : 주동적인 처지가 되어 이끌다.
  예 개혁을 주도하다.

25 맞벌이 부모 가정인 경우 만 12세 이하의 자녀에 대한 아이돌봄 서비스를 신청할 수 있다.

- 보육 : 어린아이들을 돌보아 기름

  예 아이들 보육에 힘쓴다.

- 맞벌이 : 부부가 모두 직업을 가지고 돈을 벎

  예 맞벌이하는 부부가 점점 늘어나고 있다.

26 태권도는 한민족 고유의 무술로 세계적으로 널리 보급된 투기 스포츠이자 대한민국의 국기이다. 태권도는 아무런 무기 없이 언제 어디서나 손과 발을 이용해 공격 또는 방어하는 무도로, 신체 단련을 위한 목적과 함께 정신적 무장을 통한 올바른 인간화에 큰 의의를 두고 있다.

- 무술 : 무도에 관한 기술

  예 그의 무술 솜씨가 보통이 아니다.

- 국기 : 나라에서 전통적으로 즐겨 내려오는 대표적인 운동이나 기예

  예 우리나라 국기인 태권도는 올림픽 정식 종목이다.

- 단련 : 몸과 마음을 굳세게 함

  예 무술은 몸과 마음의 단련을 목적으로 한다.

- 함양 : 능력이나 품성 따위를 길러 쌓거나 갖춤

  예 지식보다는 덕을 함양하려는 노력이 필요하다.

- 채택 : 작품, 의견, 제도 따위를 골라서 다루거나 뽑아 씀

  예 이번 재판의 증인 채택이 쉽지 않다.

- 자리잡다 : 외부의 변화에 흔들리지 않을 만큼 정착하다.

  예 마음에 드는 계곡에 자리잡고 놀았다.

[오답해설]

② 택견 : 유연하고 율동적인 춤과 같은 동작으로 상대를 공격하거나 다리를 걸어 넘어뜨리는 한국 전통 무술

예 택견은 모든 이가 할 수 있는 스포츠이다.

③ 축구 : 주로 발로 공을 차서 상대편의 골에 공을 많이 넣는 것으로 승부를 겨루는 경기

예 그들은 매주 일요일 아침 운동장에 모여 축구를 한다.

④ 농구 : 다섯 사람씩 두 편으로 나뉘어, 상대편의 바스켓에 공을 던져 넣어 얻은 점수의 많음을 겨루는 경기

예 흰색 유니폼을 입은 농구 선수들이 보인다.

27 단오는 음력 5월 5일로 일 년 중 양기가 가장 강한 날이다. 창포물에 머리감기, 부채 주고받기, 대추나무 시집보내기 등의 풍습이 있다. 오곡밥은 정월 대보름에 먹는 음식이다.

- 명절 : 해마다 일정하게 지켜 즐기거나 기념하는 때
  예 이번 명절 연휴가 생각보다 짧다.
- 세배 : 웃어른께 인사로 하는 절
  예 새해 첫날 부모님께 세배를 올렸다.
- 무렵 : 대략 어떤 시기와 일치하는 즈음
  예 찬바람이 불 무렵 붕어빵을 사먹을 수 있다.
- 부럼 : 딱딱한 열매인 땅콩, 호두, 잣 등을 이르는 말
  예 방에서 부럼 깨무는 소리가 거실까지 들린다.
- 풍년 : 곡식이 잘 자라고 잘 여물어 평년보다 수확이 많은 해
  예 올해 농사는 풍년이다.

28 자유무역협정은 교역 증진을 목표로 체결국 사이에 관세 조건을 완화하는 협정이다.

- 통합하다 : 둘 이상의 조직이나 기구를 하나로 합치다.
  예 복잡한 행정 구역을 통합하여 단일화하다.
- 관세 : 수출 또는 수입되거나 통과되는 화물에 대하여 부과하는 세금
  예 수입 관세를 현행대로 유지하다.
- 비교우위 : 국제 무역에서 한 나라가 생산하는 특정한 상품이 상대국과의 모든 교류 상품들에 비해 더 낮은 비용으로 생산되어 효율성 면에서 우위를 차지하는 경우를 이르는 말
  예 기회비용이 적은 쪽이 비교우위를 가진다.

[오답해설]

② 다국적 기업 : 여러 나라에 계열 회사를 거느리고 세계적 규모로 생산 · 판매하는 대기업
  예 거대 다국적 기업들이 한국에 대한 투자를 늘리고 있다.

③ 세계무역기구 : 세계 무역 분쟁 조정 · 관세 인하 요구 · 반덤핑 규제 따위의 법적인 권한과 구속력을 행사할 수 있는 기구
  예 세계무역기구의 출범 이후 국경 없는 무한 경쟁의 시대가 도래되었다.

④ 경제협력개발기구 : 경제 성장, 개발 도상국 원조, 통상 확대의 세 가지를 주요 목적으로 하는 국제 경제 협력 기구
  예 우리나라는 1996년 경제협력개발기구 회원국으로 가입하였다.

[작문형 예시 답안]

제가 즐겨하는 여가 활동은 등산입니다. 주말 아침 등산을 하고 점심 전에 내려오면 정말 개운하고 일주일의 피로가 풀리는 것 같습니다. 이런 이유로 등산을 자주 하고 있습니다.

[구술형 예시 답안]

01 가족이 강아지와 함께 산책하고 있습니다.

02 저는 고양이를 좋아합니다. 강아지만큼 활발하진 않지만 애교도 많고 혼자서도 잘 노는 매력적인 동물이기 때문입니다.

03 제가 알고 있는 반려동물 관련 법은 외출할 때 강아지 목줄을 2미터 이내의 길이로 사용해야 한다는 것입니다. 이를 지키지 않으면 최초 벌금 20만원을 부과받을 수 있습니다.

04 제가 경험했던 한국의 결제 방식 중 가장 편리했던 것은 신용카드입니다. 다른 방식과는 달리 큰 돈을 한 번에 쓰기 부담스러울 때, 할부로 나눠서 낼 수 있는 방식이 유용해서 자주 이용합니다.

05 저는 회식을 통해 팀원들과 편하게 대화를 나눌 수 있는 좋은 기회라고 생각합니다. 하지만 여전히 남아 있는 술을 강요하는 회식은 술을 잘 못하는 사람이나 싫어하는 사람에게는 부담스럽고 힘든 자리임은 분명합니다. 이런 회식 문화는 다양한 문화생활을 즐기는 방향으로 변화하였으면 좋겠습니다.

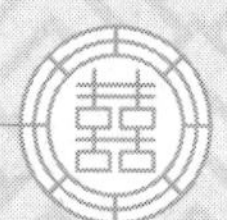

사회통합프로그램 중간평가 실전모의고사 4회 정답 및 해설

[객관식 정답 및 해설]

01	02	03	04	05	06	07	08	09	10	11	12	13	14	15	16	17	18	19	20
②	③	①	④	②	①	④	③	②	③	③	②	④	②	①	③	②	①	④	③
21	22	23	24	25	26	27	28												
③	④	②	③	①	②	②	④												

01 '여권'은 '외국을 여행하는 사람의 신분이나 국적을 증명하고 상대국에 그 보호를 의뢰하는 문서'를 말한다.

[오답해설]

① 비자 : 외국인에 대한 출입국 허가의 증명
  예 비자를 발급받는 데 2주가 걸렸다.

③ 영수증 : 돈이나 물품 따위를 받은 사실을 표시하는 증서
  예 환불하려면 영수증이 꼭 필요해요.

④ 명함 : 성명, 주소, 직업, 신분 따위를 적은 네모난 종이
  예 명함을 주고받았다.

02 '미리'는 '어떤 일이 생기기 전에 또는 어떤 일을 하기에 앞서'라는 뜻을 나타내는 말이다. 한 시간 후에 출발할 예정이니, 그 전에(출발이라는 일을 하기에 앞서) 준비를 하라는 의미이다.

- 허둥대다 : 어찌할 줄을 몰라 갈팡질팡하며 다급하게 서두르다.
  예 그는 자신이 큰 곤경에 빠졌다는 걸을 알고 허둥대기 시작했다.
- 견주다 : 둘 이상의 사물을 질이나 양 등에서 어떤 차이가 있는지 알기 위해 서로 대어 보다.
  예 리사 씨는 메이 씨와 견줄 수 있을 만큼 달리기가 빨라요.

[오답해설]

① 아직 : 어떤 일이나 상태 또는 어떻게 되기까지 시간이 더 지나야 함을 나타내거나, 어떤 일이나 상태가 끝나지 않고 지속되고 있음을 나타내는 말
  예 공연이 끝나려면 아직 멀었습니다.

② 여전히 : 전과 같이
  예 오랜만에 찾은 언덕은 여전히 아름다웠다.

④ 무척 : 다른 것과 견줄 수 없이
  예 아랴 씨가 돌아왔다니, 무척 기쁜 소식이에요!

03 '뻔뻔하다'는 '부끄러운 짓을 하고도 염치없이 태연하다'라는 의미이다. 자신이 잘못을 저질러 놓고도 염치없이 태연하여 자신의 잘못을 인정하지 않는다는 의미이다.

- 염치없다 : 체면을 차릴 줄 알거나 부끄러움을 아는 마음이 없다.
  예 너는 염치없게도 또 돈을 빌려달라고 하는구나.
- 태연하다 : 마땅히 머뭇거리거나 두려워할 상황에서 태도나 기색이 아무렇지도 않은 듯이 예사롭다.
  예 커다란 태풍을 보고도 아빠는 태연하고 침착한 태도였다.

[오답해설]

② 호탕하다 : 호기롭고 걸걸하다.
  예 오웬 씨는 성격이 호탕하여 다른 사람의 실수를 거의 나무라지 않는다.
③ 찬란하다 : 빛깔이나 모양 등이 매우 화려하고 아름답다.
  예 어느새 밤하늘이 별빛으로 찬란하였다.
④ 인색하다 : 어떤 일을 하는 데 대하여 지나치게 너그럽지 못하다.
  예 조엘 씨는 남을 칭찬하는 데 인색한 사람이다.

04 '예방접종'은 독감 등 전염병을 예방하기 위해 백신을 투여하여 면역력을 인공적으로 생기도록 하는 일을 말한다. 독감이 유행할 것으로 예상될 경우 미리 예방접종을 실시하여 독감에 걸리지 않도록 해야 한다.

- 유행하다 : 전염병이 널리 퍼져 돌아다니다.
  예 전 세계에 새로운 전염병이 유행하여 어려움을 겪고 있다.
- 백신 : 전염병에 대해 인공적으로 면역을 주기 위해 몸에 투여하는 항원 중 하나
  예 백신 덕분에 소아마비는 거의 사라진 질병이 되었다.
- 투여하다 : 약 등을 환자에게 먹게 하거나 주사하다.
  예 의사는 나에게 약을 투여하였다.
- 인공적 : 사람의 힘으로 만든 것
  예 이 호수는 인공적으로 만들어진 것이다.

[오답해설]

① 마취 : 약물 등을 이용해 얼마 동안 의식이나 감각을 잃게 함
  예 이빨을 뽑기 전에 마취를 할 거예요.
② 응급처치 : 갑작스러운 병이나 상처의 위급한 고비를 넘기기 위해 임시로 하는 치료
  예 심장이 뛰지 않는 환자를 발견하면, 즉시 119에 신고하고 응급처치를 해야 한다.
③ 격리 : 다른 것과 통하지 못하게 사이를 막거나 서로 떼어 놓음
  예 그 사람은 난동을 부린 탓에 호텔에서 격리되었다.

05 '승선하다'는 '배를 타다'라는 뜻이다.

[오답해설]

① 합석하다 : 한 자리에 같이 앉다.

예 점심 시간이라 식당에는 자리가 모자랐고, 나는 다른 사람과 합석하게 되었다.

③ 하산하다 : 산에서 내려오거나 내려가다.

예 산 정상에 올라 잠시 쉰 우리는 곧 하산하기 시작했다.

④ 출항하다 : 배나 비행기가 출발하다.

예 비가 내렸지만 우리가 탄 비행기는 제시간에 출항하였다.

06 '쓸쓸하다'는 외롭고 적적하다는 의미이다. 이와 비슷한 의미의 단어는 '세상에 홀로 떨어져 있는 듯이 매우 외롭고 쓸쓸하다'라는 의미의 '고독하다'이다.

[오답해설]

② 불쾌하다 : 못마땅하여 기분이 좋지 않다.

예 내 친구를 함부로 욕하는 그의 말에 나는 불쾌한 기분을 느꼈다.

③ 기묘하다 : 생김새 등이 이상하고 묘하다.

예 그림 속에서 기묘한 얼굴을 한 남자가 나를 쳐다보고 있었다.

④ 생소하다 : 어떤 대상이 친숙하지 못하고 낯이 설다.

예 그는 내가 자신의 첫사랑이었다고 말했지만, 내게는 생소한 이름이었다.

07 '부터'는 어떤 일이나 상태 등에 관련된 범위의 시작임을 나타내는 보조사로, 흔히 뒤에 '까지'가 와서 짝을 이루어 쓰인다. '강의실 배정'이라는 상태와 관련된 범위의 시작이 'A-303호'임을 나타내는 것이므로 빈칸에는 '부터'가 들어가야 한다.

- 배정하다 : 몫을 나누어 정하다.

  예 이번 워크숍에 참여한 사람들에게 숙소가 배정되었다.

[오답해설]

① 만큼 : 앞말과 비슷한 정도나 한도임을 나타내는 격 조사

예 제가 힘이 좋긴 하지만 제시만큼 힘이 세지는 않아요.

② (으)로 : 움직임의 방향이나 변화의 결과 등을 나타내는 격 조사

예 마야 씨는 전기설비실로 갔어요.

③ 대로 : 앞말에 오는 말에 근거하거나 달라짐이 없음을 나타내는 보조사

예 사정은 딱하지만, 저희도 규정대로 처리할 수밖에 없습니다.

08 '순간'은 주로 '-은', '-는', '-던' 등의 뒤에 쓰여 '어떤 일이 일어난 바로 그때'를 의미하는 말이다. 즉, 앞차와 부딪치려던 바로 그때 차가 멈추어서 차와 자신 모두 멀쩡하다고 이야기한 것이다. 따라서 빈칸에 들어갈 말로 가장 적절한 것은 '부딪치려던 순간에'이다.

• 멀쩡하다 : 흠이 없고 아주 온전하다.

예 망치로 힘껏 내려치기까지 했지만 상자는 흠 하나 없이 멀쩡했다.

[오답해설]

① 덕 : 배풀어 준 은혜나 도움

예 선생님 덕에 한국어 실력이 많이 늘었어요!

② 동안 : 어느 한때에서 다른 한때까지 시간의 길이

예 내가 수박을 먹는 동안 메이 씨는 음료수를 사 들고 왔다.

④ 위하다 : 어떤 목적을 이루려고 하다.

예 창고 위로 올라가기 위해 사다리를 가져왔다.

09 '–ㄹ 뻔하다'는 앞말이 뜻하는 상황이 실제로 일어나지는 않았지만, 그럴 가능성이 매우 높았음을 나타내는 말이다. '나'는 실제 열차를 놓치지는 않았지만, 1분만 더 늦게 나왔다면 열차를 놓쳤을 가능성이 매우 높았을 것이라고 이야기하고 있다. 따라서 빈칸에 들어갈 말로 가장 적절한 것은 '놓칠 뻔했어요'이다.

[오답해설]

① –ㄹ 리가 없다 : 앞말이 나타내는 행동 등이 일어나는 이유나 이치 등이 없음을 나타내는 말

예 이렇게 더운 7월에 눈이 올 리가 없지.

③ –ㄴ 척하다 : 앞말이 뜻하는 행동이나 상태를 거짓으로 그럴듯하게 꾸밈을 나타내는 말

예 어제 집에 갔더니 동생이 장농에 숨은 채로 집에 없는 척하더라고요.

④ –기로 하다 : 어떤 행위에 대해 그렇게 할 것을 계획하거나 결정함을 나타내는 말

예 오늘부터는 10시 전에 자기로 했어요.

10 '–다시피'는 앞말의 내용이 듣는 사람이 이미 알고 있는 것임을 나타내거나, 혹은 앞말의 동작에 가까운 행동임을 나타낸다. 앞말의 동작에 가까움을 나타낼 때는 주로 '하다'와 같이 쓰이는데, 제시된 대화에서도 자전거를 타는 것이 우는 동작에 가까운 행동이었음을 의미하고 있다. 따라서 빈칸에는 '울다시피'가 들어가는 것이 가장 적절하다.

[오답해설]

① –자마자 : 앞말의 동작이 이루어지자 잇따라 곧 뒷말의 사건이나 동작이 일어남을 나타내는 말

예 그는 술을 마시자마자 얼굴이 새빨개졌다.

② –느라고 : 앞의 사태가 뒤의 사태의 목적이나 원인이 됨을 나타내는 말

예 라제쉬 씨는 어머님의 병간호를 하느라고 오늘 오지 못했어요.

④ –도록 : 앞말이 뒷말에서 가리키는 사태의 목적, 결과, 방식, 정도 등이 됨을 나타내는 말

예 나다 씨가 경주를 끝까지 완주하도록 모두 응원해요.

11 '-ㄹ 뿐이다'는 오직 그렇게 하거나 그러하다는 것을 나타내는 말이다. '나'는 오직 문이 닫히는 소리만 들었고, 바빠서 사람의 모습은 보지 못했다는 말을 하고 있다. 따라서 빈칸에 들어갈 말로 가장 적절한 것은 '들었을 뿐이에요'이다.

[오답해설]

① -ㄹ지(도) 모르다 : 어떤 일이 일어날 것을 추측할 때 사용하는 말

예 린 씨가 그 사람을 봤을지도 몰라요.

② -ㄹ 걸 그랬다 : 지난 행동을 후회하면서 하지 않은 일을 가정할 때 사용하는 말

예 진작 사무실 입구에 CCTV를 설치할 걸 그랬어요.

④ -기는 틀렸다 : 바라거나 하려는 일이 순조롭게 되지 못함을 나타내는 말

예 증거가 하나도 없으니 범인을 잡기는 틀렸네요.

12 '-거든'은 '어떤 일이 사실이면' 혹은 '어떤 일이 사실로 실현되면'의 뜻을 나타내는 말이다. 즉, '내일 집에 일찍 돌아옴'이라는 일이 사실로 실현되면 재활용 쓰레기를 밖에 내다 놓고 오라는 명령을 하고 있다. 따라서 어떠한 사실을 가정하여 조건으로 삼는 뜻을 나타내는 말인 '-다면'을 사용한 ②가 주어진 문장과 같은 뜻의 문장이다.

• 실현되다 : 꿈, 기대 따위가 실제로 이루어지다.

예 오랫동안 바라던 교사의 꿈이 드디어 실현되었다.

• 삼다 : 무엇을 무엇으로 가정하다.

예 우리 아버지는 정직함을 가훈으로 삼고 있다.

[오답해설]

① -더라도 : 가정이나 양보의 뜻을 나타내는 말

예 내일 집에 일찍 오더라도 곧바로 다시 나가 보아야 해요.

③ -ㄴ지 모르다 : 불확실한 사실에 대한 짐작이나 의문의 뜻을 나타내는 말

예 시간이 많이 늦었으니 쓰레기 수거 차량이 이미 지나갔는지도 모른다.

④ -고도 : 어떠한 사실이나 느낌을 나타내면서, 뒤이어 이에 상반되거나 또 다른 특성이 있음을 나타내는 말

예 아들 녀석이 집에 일찍 돌아오고도 아무것도 하지 않았네.

13 '-(음)에도 불구하고'는 앞말의 사태나 행동에 얽매여 거리끼지 않음을 나타내는 말이다. 즉, 앞말의 사태나 행동과 무관하게, 크게 신경을 쓰지 않고 뒷말의 행동을 해 나감을 의미한다. 이와 같은 의미의 문장은 '일이 마음에 걸려서 꺼림칙하게 생각되다'라는 뜻의 '거리끼다'에, 앞말의 행동을 부정하는 '-지 않다'를 결합하여 '거리끼지 않다'를 쓴 ④이다.

• 얽매이다 : 마음대로 행동할 수 없도록 몹시 구속되다.

예 이미 지나간 일에 얽매이지 말고 현재를 살아야 한다.

• 꺼림칙하다 : 마음에 걸려서 언짢고 싫은 느낌이 있다.

예 익히지 않은 생선을 먹기엔 꺼림칙해서 차마 먹을 수 없었어요.

[오답해설]

① -ㄴ 탓에 : 앞말이 뒷말의 부정적인 내용에 대한 원인이나 까닭이 됨을 나타낼 때 사용하는 말

예 네가 늦잠을 잔 탓에 나까지 늦었잖아.

② -ㄴ 바람에 : 뒤에 이어지는 말의 이유나 원인을 나타내는 말

예 어제 네가 늦게 전화하는 바람에 잠을 제대로 못 잤어.

③ -ㄴ 듯하다 : 앞말이 뜻하는 사건이나 상태 등을 짐작하거나 추측함을 나타내는 말

예 다른 사람 전화와 헷갈린 듯한데. 난 전화를 하지 않았어.

14 '-만 같아도'는 앞말이 뜻하는 시기 혹은 상황을 가정하여 뒤의 내용을 서술할 때 사용하는 말로 '이라면'과 동일한 의미이다. 즉, 주어진 글과 같은 의미의 문장은 ②이다.

• 막히다 : 길, 통로 등이 통하지 못하게 되다.

예 터널에서 사고가 나는 바람에 도로가 심하게 막힌다.

[오답해설]

① -므로 : 까닭이나 근거를 나타내는 말

예 이 앞에서 큰 축제를 하고 있으므로 차가 막히는 것 같다.

③ -는 달리 : 앞말이 뜻하는 사정이나 조건 등이 서로 같지 않음을 나타내는 말

예 꽉 막힌 고속도로와는 달리 국도는 차가 많지 않네요.

④ -니까 : 앞말이 뒷말의 원인이나 근거, 전제 등이 됨을 나타내는 말

예 사람들은 보통 고속도로가 더 빠르다고 생각하니까 차가 몰렸겠지요.

15 '-ㄹ 것 같다'는 말하는 사람이 어떤 일에 대해 추측함을 나타내는 말이다. 이와 동일한 의미를 나타내는 문장은 말하는 이의 전망이나 추측, 주관적 소신 등을 나타내는 말인 '-ㄹ 것이다'를 사용한 ①이다. ②의 경우 비가 올 것임을 확신하고 있는데, 추측은 불확실한 판단인 반면 확신은 그 일이 반드시 일어날 것이라고 굳게 믿는 것이므로 의미상 차이가 있다.

• 저버리다 : 등지거나 배반하다.

예 나라를 저버린 사람들은 그 대가를 치러야 한다.

[오답해설]

② 확신하다 : 굳게 믿다.

예 저는 쿤 씨가 이 일을 잘 해줄 것이라고 확신해요.

③ -았/었- : 이야기하는 시점에서 사건이 이미 일어났음을 나타내는 말

예 쿤 씨는 이미 여러 프로젝트를 성공적으로 이끌었어요.

④ -ㄹ 리가 없다 : 앞말이 나타내는 행동 등이 일어나는 이유나 이치 등이 없음을 나타내는 말

예 쿤 씨가 제 기대를 저버릴 리가 없어요.

16 '틀림없다'는 조금도 어긋나는 일이 없다는 뜻으로, 어떤 사실이나 예측이 확실하다는 것을 나타낼 때 사용한다. '목소리로 보아 밖에 있는 사람은 여성이 틀림없다'와 같은 형태로 사용할 수 있다. 즉, 본격적으로 날씨가 더워질 것임을 확신하고 있는 것이므로 이와 같은 의미의 문장은 '틀림없이 그러하다'라는 의미의 '확실하다'를 사용한 ③이다.

- 예측 : 미리 헤아려 짐작함
  예 오늘 날씨는 기상청이 예측한 날씨와 하나도 맞지 않아요.
- 소신 : 작은 신뢰와 의리
  예 마크 씨는 무슨 일이 있어도 친구를 믿어야 한다고 자신의 소신을 말했어요.

[오답해설]

① –ㄴ 것이다 : 말하는 이의 전망이나 추측, 또는 주관적 소신 등을 나타내는 말
  예 이제 8월이 되었으니 더운 날씨가 이어질 것이다.
② –ㄹ지도 모르다 : 어떤 일이 일어날 것을 추측할 때 사용하는 말
  예 장마가 다 지나가긴 했지만, 또 비가 많이 올지도 몰라요.
④ 그르다 : 어떤 일이나 형편이 잘못되다.
  예 아무래도 올해 해외로 여행을 가긴 글렀다.

17 '차갑다'는 사람의 성격을 이야기할 때 사용되어 '인정이 없이 매정하거나 쌀쌀하다'라는 뜻을 나타내기도 한다. 표정도 굳어 있고 잘 웃지도 않는다고 하였으므로 매정한 성격이라고 생각하고 있을 것이다. 따라서 빈칸에는 '차가운'이 들어가야 가장 자연스럽다.

- 인정 : 남을 동정하는 따뜻한 마음
  예 마을 사람들은 인정이 많아 서로 정을 베풀어요.
- 매정하다 : 얄미울 정도로 쌀쌀맞고 인정이 없다.
  예 봉사도 안하고 기부도 안하는 정말 매정한 사람이네.
- 서글서글하다 : 생김새나 성품이 매우 상냥하고 너그럽다.
  예 마음이 너그럽고 착한 사람은 얼굴도 서글서글하던데.

[오답해설]

① 불같다 : 성격이 매우 급하고 격렬하다.
  예 과장님은 불같은 사람이라, 작은 실수에도 무섭게 화를 내신다니까요.
③ 시원하다 : 말이나 행동이 활발하고 서글서글하다.
  예 정우 씨는 성격이 시원해서 부서 사람들 모두가 좋아해요.
④ 따뜻하다 : 감정, 태도, 분위기 등이 정답고 포근하다.
  예 메이 씨는 매주 동물 보호 봉사활동도 가는 따뜻한 사람이에요.

18 문학은 언어를 그 매체로 하는 예술과 그 작품을 말하며, 문학에는 소설, 시, 수필, 희곡, 평론 등의 갈래가 있다. 그중 소설은 작가의 상상력에 바탕을 두고 허구의 이야기를 꾸며 나가는

산문체의 문학 양식을 말한다. 주어진 글에서 '가상의 이야기', '멋진 문장으로 서술하는 이야기' 등을 이야기하였으므로 빈칸에 들어갈 말은 '소설'임을 알 수 있다.

- 갈래 : 문학 · 예술 등의 구분을 위한 종류
  예 김소월의 '진달래꽃'은 문학의 여러 갈래 중 시에 해당하는 작품이다.
- 가상 : 사실이 아니거나 사실 여부가 분명하지 않은 것을 사실이라고 가정하여 생각함
  예 온라인 게임의 세계는 대표적인 가상 공간의 예이다.
- 다채롭다 : 여러 가지 색채나 형태, 종류 등이 한데 어울리어 호화스럽다.
  예 TV 방송은 드라마, 영화, 교양 프로그램, 음악 프로그램 등 다채로운 프로그램을 방송한다.
- 서술하다 : 사건이나 생각 등을 차례대로 말하거나 적다.
  예 그 보고서는 이번 사건의 전반적인 내용을 서술하고 있었다.
- 환상 : 현실적인 기초나 가능성이 없는 헛된 생각이나 공상
  예 반지의 제왕, 해리 포터 등의 작품을 우리는 환상 문학이라고 부른다.
- 매체 : 어떤 작용을 한쪽에서 다른 쪽으로 전달하는 물체 혹은 수단
  예 대중 매체의 중심이 TV에서 점차 인터넷으로 옮겨 가고 있다.
- 허구 : 사실에 없는 일을 사실처럼 꾸며 만듦
  예 귀신은 실제로 존재하지 않는 허구의 존재이다.
- 산문 : 외적인 규범을 따르지 않고 자유로운 문장으로 쓴 글
  예 노래 가사는 윤문, 소설이나 수필은 산문이다.
- 사상 : 어떤 사물에 대해 가지고 있는 구체적인 사고나 생각
  예 대한민국은 사상의 자유를 보장한다.
- 압축하다 : 문장 등을 줄여 짧게 하다.
  예 시는 그 단어 하나하나에 수많은 감정들을 압축한다.
- 운율 : 음의 강약, 길고 짧음, 높고 낮음, 또는 같은 단어나 비슷한 단어의 반복 등으로 만들어내는 시의 음악적 특징
  예 시를 읽을 때는 운율에 맞추어 읽어야 한다.
- 대본 : 연극의 상연이나 영화 제작에 있어 기본이 되는 글
  예 유명 드라마의 대본이 경매에 부쳐졌다.

[오답해설]

② 시는 자연이나 삶에서 얻는 감정이나 사상 등을 압축되고 운율을 지닌 언어로 표현하는 문학이다.

③ 수필은 자연이나 일상생활에서의 느낌 혹은 체험을 생각나는 대로 쓴 산문 형식의 글로, 작가가 겪은 실제의 상황을 바탕으로 한다.

④ 희곡은 등장인물의 행동이나 대화를 기본 수단으로 하여 표현하는 작품으로 공연을 목적으로 하는 연극의 대본 형태로 쓰인다.

19 여섯 번째 문장에서 평일 퇴근 후 한국사능력검정시험 공부를 했고, 지난주에 시험을 치러 1급에 합격했다고 하였다. 따라서 현재 이 사람은 한국사능력검정시험 1급에 합격한 상태이다.

- 프로그래머 : 컴퓨터 프로그램을 작성하는 사람. 또는 프로그래밍을 직업으로 하는 사람
  예 저는 IT 기업에서 프로그래머로 일을 하고 있어요.
- 문화유적 : 인류가 남긴 문화유산 가운데 보존할 가치가 있는 유적
  예 경주의 불국사는 잘 보존해야 할 문화유적이다.
- 가이드 : 관광 등을 안내하는 사람
  예 친절한 가이드 덕분에 즐겁게 여행할 수 있었어요.
- 치르다 : 무슨 일을 겪어 내다.
  예 지난 주말에 운전면허시험을 치렀어요.

[오답해설]

① 이 사람은 평일에는 프로그래머로 일하고, 미술관 가이드 일은 주말에 하고 있다.
② 이 사람은 한국의 문화유적과 역사에 관심이 많았다고 이야기하였다. 일본의 문화유적과 역사에 관심이 있었는지는 글을 통해서 알 수 없다.
③ 앞으로 공부를 더 해 국립고궁박물관에서 가이드를 해 보고 싶다고 말하였다.

20 세 번째 문장에서 'SNS의 특성상 사실과 다른 제품의 효능 등이 빠르게 퍼져 소비자들이 쉽게 속을 수 있다'고 이야기하였다. 즉, SNS에서는 사실과 다른 잘못된 정보가 빠르게 퍼질 수 있다는 이야기이다. 따라서 ③은 글의 내용과 일치한다.

- 홍보 : 널리 알림. 또는 그러한 소식이나 보도
  예 다음 달에 열릴 축제의 홍보에 사용할 자료가 필요해요.
- 부작용 : 어떤 일에 뒤따라오로 일어나는 바람직하지 못한 일
  예 인터넷 중독은 정보화로 나타난 부작용의 대표적인 사례이다.
- 허위 : 진실이 아닌 것을 진실인 것처럼 꾸민 것
  예 그는 사고 현장을 본 적이 없으면서도 마치 본 것처럼 허위로 진술했다.
- 과장 : 사실보다 지나치게 불려서 나타냄
  예 그 작은 방에서 일곱 명이 잤다고요? 과장도 적당히 하세요.
- 효능 : 효험을 나타내는 능력
  예 이 두통약은 효능이 정말 좋다.
- 후기 : 뒷날의 기록
  예 괜찮아 보이는 음식점을 찾았어요. 실제로 다녀온 사람이 쓴 후기도 봤구요.
- 범람하다 : 바람직하지 못한 것들이 마구 쏟아져 돌아다니다.
  예 누구나 정보를 생산하게 되면서, 불확실하거나 유해한 정보들도 범람하고 있다.
- 작성하다 : 서류, 원고 등을 만들다.
  예 어제 다녀온 미팅 보고서 좀 작성해 주세요.

[오답해설]

① SNS가 상품을 홍보하고 또 판매하는 역할까지 하기 시작했다고 하였다. 따라서 SNS를 통해 제품을 구입할 수 있다.

② 업체로부터 돈을 받고는 마치 실제로 사용한 것처럼 사람들을 속이는 후기 광고들이 많다고 하였다. 실제 제품을 사용하고 작성한 후기들도 있을 수 있지만, 제시된 글을 통해서는 알 수 없다.

④ 허위 · 과장 광고는 신고하는 것이 옳지만, 제시된 글에서 나타나는 내용은 아니다. 글에서는 제품에 대해 더 자세히 알아보는 습관을 들여야 한다고 이야기하고 있다.

21 마지막 문장에서 '무산소 운동을 실시해 근육량을 높이면 기초대사량이 높아져 같은 양의 음식을 먹어도 살이 잘 찌지 않는 체질이 된다'고 하였으므로 근육량이 높아지면 살이 잘 찌지 않는다는 말은 글의 내용과 같다.

- 굶다 : 끼니를 거르다.
  예 돈이 없어 어제는 하루 종일 굶었다.
- 공급하다 : 요구나 필요에 따라 물품 등을 제공하다.
  예 레비 씨, 건설 현장에 공급할 자재를 확인해 주세요.
- 요요현상 : 음식물 섭취를 제한하여 살을 뺐을 때, 체중이 감량되었다가 다시 원래의 체중으로 급속하게 복귀하거나 그 이상으로 증가하는 현상
  예 굶어서 살을 빼면 다시 밥을 먹기 시작했을 때 즉시 요요현상이 일어날 가능성이 높다.
- 식이요법 : 음식물의 품질, 분량 등을 조절하여 질병을 치료하거나 예방하면서 영양을 적절히 공급하는 방법
  예 몸무게를 유지할 때는 운동이, 몸무게를 줄일 때는 식이요법이 중요합니다.
- 병행하다 : 둘 이상의 일을 한꺼번에 행하다.
  예 오웬 씨는 현장 작업과 서류 작업을 병행하고 있어요.
- 섭취하다 : 생물체가 양분 등을 몸속에 빨아들이다.
  예 햇빛이 모자란 겨울에는 비타민 D를 충분히 섭취해야 해요.
- 식단 : 일정한 기간 동안 먹을 음식의 종류와 순서를 짜 놓은 계획표
  예 이번 주 식단은 게시판에 붙여 놓았어요.
- 기초대사량 : 생물체가 생명을 유지하는 데 필요한 최소한의 에너지의 양
  예 네로 씨 기초대사량은 1,700kcal네요.
- 거르다 : 차례대로 나아가다가 중간에 어느 순서나 자리를 빼고 넘기다.
  예 아무리 바빠도 끼니를 거르면 안 돼요.

[오답해설]

① 무작정 굶으며 다이어트를 하면 몸이 망가지고 요요현상이 올 가능성이 높아진다고 하였다.

② 하루에 사용하는 칼로리보다 적은 칼로리를 섭취해야 한다고 하였다.

④ 글에 유산소 운동의 효과는 나타나 있지 않으나, 유산소 운동과 무산소 운동을 함께 실시해야 한다고 하였으므로 유산소 운동이 다이어트에 필요하다고 여기고 있음을 알 수 있다.

22 글의 첫 부분에서 '건강하게 다이어트를 하는 것'이 왜 중요한지를 이야기하고, 건강한 다이어트를 위해 알아두어야 할 것들로 운동과 식이요법의 병행, 유산소 운동과 무산소 운동을 고르게 실시하는 것 등을 이야기하였다. 따라서 글의 제목으로는 '건강하게 살을 빼기 위해 알아 둘 것들'이 가장 적절하다.

- 필수적 : 꼭 있어야 하거나 하여야 하는 것
  예 스님이 되기 위해서는 머리를 박박 깎는 것이 필수적이다.
- 영양소 : 성장을 촉진하고 생리적 과정에 필요한 에너지를 공급하는 영양분이 있는 물질
  예 탄수화물, 단백질, 지방은 3대 필수 영양소로 여겨진다.

[오답해설]

① 바르지 못한 방법으로 다이어트를 하면 요요 현상이 올 가능성이 높아진다는 이야기는 하였지만, 요요 현상이 어떤 위험을 가져오는지는 이야기하지 않았다.

② 다이어트를 위해 무산소 운동이 반드시 필요하다는 이야기는 하였지만, 글에서는 그와 함께 식이요법 등에 대한 이야기도 하였으므로 글 전체를 아우르는 제목으로 보기는 어렵다.

③ 다이어트를 할 때 필수 영양소를 고르게 섭취해야 한다고 말하였을 뿐, 어떤 영양소가 살을 빼는 데 도움이 된다는 식의 이야기는 하지 않았다.

23 ㉠ 예금 : 은행에 이자를 받고 돈을 맡기는 것을 말한다. 목돈을 운용하기 위해 쓰인다.

㉡ 적금 : 계약 금액을 계약 기간 동안 매달 납입하여 이자를 받는 것을 말한다. 목돈을 마련하기 위한 목적으로 주로 쓰인다.

- 대출 : 은행에서 돈을 빌리는 것을 말한다.
  예 집의 전세금을 마련하기 위해 은행에서 대출을 받았다.

24 보건소는 지역의 공중보건 향상 및 증진을 도모하기 위한 의료기관이다. 따라서 질병의 관리, 보건교육, 식품위생 및 공중위생 관리 등의 업무를 담당한다. 해당 관할구역에서 세금의 부과 · 감면 · 징수에 관한 사무를 담당하는 것은 세무서이다.

- 예방 : 질병이나 재해 등이 일어나기 전에 미리 대처하여 막는 일
  예 질병은 치료도 중요하지만 무엇보다 예방이 가장 중요하다.
- 진압 : 강압적인 힘으로 억눌러 진정시킴
  예 소방관들이 산불 진압을 위해 전국에서 모여들었다.
- 구조 : 재난 등을 당해 어려운 처지에 빠진 사람을 구하여 줌
  예 홍수 피해로 고립된 사람들의 구조를 위해 많은 사람들이 투입되었다.
- 소포 : 어떤 물건을 포장하여 보내는 우편으로 주로 그 크기가 작은 것
  예 물건이 크지 않으니 소포로 보내겠습니다.
- 발급 : 증명서 등을 발행하여 줌
  예 이제는 집에서 인터넷을 통한 민원서류 발급이 가능하다.
- 증진 : 기운이나 세력 등이 점점 더 늘어 가고 나아감
  예 운동은 체력 증진을 위한 가장 좋은 방법이다.

• 도모하다 : 어떤 일을 이루기 위해 대책과 방법을 세우다.

예 우리끼리 싸울 때가 아니라, 이 상황을 해결하기 위한 방법을 도모해야 합니다.

25 우리나라 최초의 고속열차는 KTX(Korea Train Express)이다. SRT(Super Rapid Train)도 시속 300km/h까지 달릴 수 있으나 최초의 고속열차는 아니다.

• 교통체증 : 일정한 지역에서 차의 과도한 집중

예 일주일 중 월요일 아침에 교통체증이 가장 심각하다.

[오답해설]

② 중앙버스전용차로는 기존 도로의 가장 중앙에 위치한 차로를 버스 전용으로 제공하는 것으로 버스가 교통체증 없이 정확한 속도로 운행할 수 있도록 하는 제도이다.

③ 한국의 지하철은 서울, 부산, 대구, 인천, 광주, 대전 등 6개 대도시에서 운영되고 있다. 강릉시에서는 지하철을 운영하고 있지 않다.

④ 광역버스는 일반적으로 2개 이상의 시 · 도를 통과하는 버스를 말하며, 일반적으로는 서울과 그 주변 도시, 즉 인천이나 부천, 성남, 수원 등을 연결하는 버스를 지칭한다.

26 투호는 고려 때부터 조선시대까지 행해졌던 민속놀이이다. 귀가 달린 청동 항아리를 놓고, 여러 사람이 두 편으로 갈라 그로부터 10걸음 정도 떨어진 곳에서 화살을 던져 속에 넣는다. 화살을 많이 넣은 편이 이기는 놀이이다.

[오답해설]

① 씨름 : 샅바나 띠를 넓적다리에 걸친 두 사람이 서로 부둥켜 잡고 상대를 먼저 넘어뜨리는 것으로 승부를 내는 우리나라 고유의 민속놀이이자 운동경기

③ 제기차기 : 엽전이나 쇠붙이에 얇은 종이나 천을 접어 싸고 끝을 여러 갈래로 찢은 '제기'를 발로 차고 노는 놀이

④ 그네 : 고려 말기부터 전해오는 놀이 혹은 그 놀이를 위한 시설을 말하는 것으로, 큰 나뭇가지나 두 개의 기둥에 줄을 맨 후 줄 아래 발판을 걸쳐 놓고 거기에 올라앉거나 서서 몸을 앞뒤로 왔다 갔다 하는 놀이

27 한국이 일제의 식민지배에서 벗어나 독립한 것을 기념하기 위한 날은 8월 15일 광복절이다. 개천절은 단군왕검이 한민족 최초의 국가인 고조선을 건국한 것을 기념하기 위한 날이다.

• 창제하다 : 전에 없던 것을 처음으로 만들거나 제정하다.

예 세종대왕은 한글을 창제하고 반포하였다.

• 식민지 : 정치적 · 경제적으로 다른 나라에 지배되어 국가로서의 주권을 상실한 나라

예 인도는 오랜 시간 동안 영국의 식민지였다.

• 제정하다 : 제도나 법률 등을 만들어 정하다.

예 음주운전에 관한 새로운 법률이 제정되었다.

• 항거하다 : 순종하지 않고 맞서서 반항하다.

예 우리 민족은 일제의 지배에 항거하여 끊임없이 독립의 의지를 드러내었다.

28 덤은 제 값어치 외에 거저로 조금 더 얹어 주는 일이나 그런 물건을 말한다. 전통시장에서 고기를 샀을 때 조금 더 얹어 주거나, 식당에서 음식을 시켰을 때 작은 후식 등을 공짜로 주는 경우를 예로 들 수 있다. 이러한 '덤'을 통해 한국인의 정을 느꼈다고 말하는 이들도 많다.

- 지불하다 : 돈을 내어 주다. 또는 값을 치르다.
  예 음식 맛은 형편없었지만, 그는 담담히 값을 지불했다.
- 몫 : 여럿으로 나누어 가지는 부분
  예 케이크는 다 먹지 말고 일부는 형 몫으로 남겨 두렴.
- 값어치 : 일정한 값에 해당하는 분량이나 가치
  예 사람의 값어치는 돈으로 매길 수 있는 것이 아니다.
- 거저 : 아무런 노력이나 대가 없이
  예 이 돈은 거저 얻은 것이 아니라 내 노력으로 번 것이다.
- 빚다 : 가루를 반죽해 만두, 송편, 경단 등을 만들다.
  예 옛날에는 만두를 예쁘게 빚으면 예쁜 아이를 낳는다는 미신이 있었다.

[오답해설]

① 자투리 : 어떤 기준에 미치지 못할 정도로 작거나 적은 조각
예 만두를 빚고 남은 반죽 자투리를 기름에 튀겨서 간식을 만들었다.

② 삯 : 일한 데 대한 값으로 주는 돈이나 물건
예 모내기를 도와준 삯으로 커다란 닭 한 마리를 받았다.

③ 공돈 : 노력의 대가로 생긴 것이 아닌, 거저 얻거나 생긴 돈
예 지난번에 복권에 당첨이 되어서 공돈이 100만 원이나 생겼어요.

[작문형 예시 답안]

플라스틱은 배달음식 용기나 빨대, 일회용 커피잔 등에 많이 사용되고 있습니다. 이런 플라스틱을 줄이기 위해 텀블러와 종이 빨대 등을 이용하는 노력이 필요합니다.

[구술형 예시 답안]

01 문 앞에 택배가 도착해 있는 모습입니다.

02 택배의 경우 인터넷으로 언제 어디에서든 주문하면 집앞까지 배송이 된다는 장점이 있습니다.

03 저의 고향 베트남에서는 한국만큼 택배서비스가 아직 활발하지 않습니다. 그래서 배송이 되지 않는 지역도 있고, 운송 시간도 한국보다 조금 더 걸립니다. 또한 한국에서는 오토바이, 화물차 등으로 택배를 운송하지만, 베트남에서는 주로 오토바이를 이용합니다.

04 저는 출근할 때 마을버스를 타고 가까운 지하철역까지 이동합니다. 이때 마을버스에서 내릴 때 찍은 카드로 지하철을 타면 환승으로 교통비가 할인이 되는 점이 가장 좋습니다.

05 유튜브를 통해 사람들은 자신이 가지고 있는 재능을 더 많은 사람들에게 보여줄 수 있고, 또 사람들은 방송보다 자유롭고 좋은 아이디어가 담긴 영상들을 쉽게 접할 수 있습니다. 그러나 자극적인 영상을 만들기 위해 사회적인 문제를 일으키기도 하고, 불확실하거나 잘못된 정보가 마구잡이로 퍼질 수 있어 조심할 필요가 있습니다.

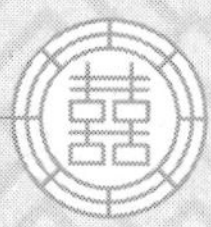

사회통합프로그램 중간평가 실전모의고사 5회 정답 및 해설

[객관식 정답 및 해설]

01	02	03	04	05	06	07	08	09	10	11	12	13	14	15	16	17	18	19	20
②	①	③	①	④	③	②	④	①	②	③	②	③	①	④	②	③	②	②	④
21	22	23	24	25	26	27	28												
①	③	①	②	④	④	③	①												

01 '무단'은 '사전에 허락이 없음'을 의미하는 것으로, 횡단보도의 신호에 맞춰 건너는 것이 아닌 보행자 마음대로 건너는 것을 말한다.

[오답해설]

① 보호 : 위험이나 곤란 따위가 미치지 아니하도록 잘 보살펴 돌봄
예 도로에서는 어린 아이들을 보호해주어야 한다.

③ 무료 : 요금이 없음
예 5세 미만은 입장료가 무료이다.

④ 유료 : 요금을 내게 되어 있음
예 유료 동영상 강의가 있다.

02 '결코'는 '어떤 경우라도', '어떤 경우에도 절대로'의 의미를 나타낸다. 어떤 힘든 일이 있더라도 꿈을 포기하지 않는다는 의미이므로 '결코'가 적절하다.

- 꿈 : 실현하고 싶은 희망이나 이상
  예 저의 꿈은 훌륭한 대통령이 되는 것입니다.
- 포기하다 : 하려던 일을 도중에 그만두어 버리다.
  예 그 수영 선수는 경기 직전에 어깨를 다쳐서 결국 경기를 포기했다.

[오답해설]

② 매우 : 보통 정도보다 훨씬 더
예 우리 언니는 한국어를 매우 잘한다.

③ 가끔 : 시간이나 공간의 간격이 조금씩 뜨게
예 다른 학교로 가도 가끔 친구에게 연락할 것이다.

④ 별로 : 이렇다 하게 따로 또는 그다지 다르게
예 처음 본 음식은 별로 먹고 싶지 않습니다.

03 '불편하다'는 몸이나 마음이 편하지 않고 괴로움을 나타낸다. 몸이 편하지 않은 사람들에게 편한 조건을 갖춘 시설이 있다는 의미이므로 '불편한'이 적절하다.

- 편의시설 : 이용하는 사람에게 편한 환경이나 조건을 갖춘 시설
  예 경사로는 휠체어 이용자를 위한 편의시설이다.
- 괴롭다 : 몸이나 마음이 편하지 않고 고통스럽다.
  예 동생이 자꾸 때리고 큰 소리로 화를 내서 정말 괴롭다.
- 서투르다 : 익숙하거나 능숙하지 못하다.
  예 그녀는 중국어는 잘하지만 영어는 서투르다.

[오답해설]

① 익숙하다 : 어떤 일을 여러 번 하여 서투르지 않은 상태에 있다.
  예 지난주부터 기계가 바뀌어서 사용하는 것이 익숙하지 않다.

② 다양하다 : 모양, 빛깔, 형태, 양식 따위가 여러 가지로 많다.
  예 봄에는 다양한 꽃과 곤충을 볼 수 있다.

④ 충분하다 : 모자람이 없이 넉넉하다.
  예 준비한 음식이 많아서 모두가 먹기에 충분할 것 같다.

04 '맞벌이부부'는 양쪽 모두 직업을 가지고 돈을 버는 부부를 나타낸다.

- 벌다 : 일을 하여 돈 따위를 얻거나 모으다.
  예 그는 열심히 돈을 벌어 큰 집을 샀다.
- 예정 : 앞으로 일어날 일이나 해야 할 일을 미리 정함
  예 이번 여행은 예정보다 빨리 끝날 것 같다.
- 청첩장 : 결혼 등 좋은 일에 남을 초대하는 글을 적은 것
  예 그가 준 청첩장에는 예쁜 신부와 멋진 신랑의 사진이 있었다.

[오답해설]

② 예비부부 : 결혼할 예정인 한 쌍의 남녀
  예 결혼을 앞둔 예비부부가 청첩장을 주었다.

③ 노년부부 : 나이가 들어 늙은 부부
  예 요즘 자식과 따로 떨어져 사는 노년부부가 늘고 있다.

④ 외벌이부부 : 둘 중 한 사람만이 직업을 가지고 돈을 버는 부부
  예 외벌이부부는 맞벌이부부보다 수입이 적을 수 있다.

05 '마음을 먹다'는 무엇을 하겠다는 생각을 한다는 뜻이다. '결심하다'는 할 일에 대하여 어떻게 하기로 마음을 굳게 정한다는 뜻이므로 의미가 비슷하다.

- 훔치다 : 남의 물건을 남몰래 슬쩍 가져다가 자기 것으로 하다.
  예 친구의 물건을 훔치면 안 됩니다.
- 교무실 : 교사가 수업을 준비하는 등 여러 가지 일을 맡아보는 곳
  예 수업이 끝나면 선생님은 교무실에 가신다.

[오답해설]

① 고치다 : 고장이 난 물건을 손질하여 제대로 되게 하다 또는 잘못되거나 틀린 것을 바로잡다.
예 할아버지는 고장 난 시계를 고쳐서 나에게 주셨다.

② 담당하다 : 어떤 일을 맡다.
예 그녀는 이 회사의 안내를 담당한다.

③ 포기하다 : 하려던 일을 도중에 그만두어 버리다.
예 중국어 공부가 너무 어려워서 포기하고 친구랑 놀았다.

06 '짐작하다'는 사정이나 형편 등을 어림잡아 헤아린다는 뜻으로, 미루어 생각하여 헤아린다는 의미를 가진 '추측하다'와 의미가 가장 비슷하다.

- 형편 : 일이 되어 가는 상태 또는 살림살이
  예 옆집은 돈을 벌지 못해 형편이 좋지 않다.
- 어림잡다 : 대강 짐작으로 헤아려 보다.
  예 나의 키는 어림잡아 160cm가 될 것이다.
- 헤아리다 : 짐작하여 가늠하거나 미루어 생각하다 또는 수량을 세다.
  예 부모님의 깊은 마음을 헤아려 효도해야겠다.
- 사전 : 단어, 어휘를 모아 일정한 순서로 정리하여 발음, 의미 등을 설명한 책
  예 그 나라의 언어를 공부할 땐 사전을 이용하면 좋다.
- 패배 : 싸움이나 겨루어서 짐
  예 자신의 패배를 인정해야 멋진 사람이다.

[오답해설]

① 비교하다 : 둘 이상의 사물을 견주어 공통점, 차이점, 우열을 살피다.
예 나는 사전을 이용해서 두 단어를 비교했다.

② 인정하다 : 확실히 그렇다고 여기다.
예 축구 경기에서 진 상대방이 자신의 패배를 인정했다.

④ 거절하다 : 상대방의 요구, 제안, 부탁 등을 받아들이지 않고 물리치다.
예 친구가 나의 부탁을 거절해서 나는 슬펐다.

07 '한테'는 어떤 행동이 미치는 대상임을 나타내며, '에게'와 비슷한 의미이다. 어제 산 신발을 빌려준 대상이 동생이므로 '한테'가 들어가는 것이 적절하다.

- 빌려주다 : 물건 등을 나중에 돌려받기로 하고 얼마 동안 내어 주다.
  예 나는 언니에게 신발을 빌려주었다.
- 돌려받다 : 빌려주거나 빼앗겼거나 주었던 물건을 다시 갖게 되다.
  예 언니에게 빌려준 책을 다시 돌려받았다.

[오답해설]

① 과 : 사람이나 사물들을 연결하거나 일 따위를 함께 함을 나타낼 때 사용한다.
  예 : 친구들과 함께 그림을 그렸다.
③ 은(는) : 문장 속에서 어떤 대상이 주제임을 나타낼 때 사용한다.
  예 아무리 바빠도 한국어 공부는 해야 해요.
④ 처럼 : 모양이 서로 비슷하거나 같음을 나타낼 때 사용한다.
  예 밍 씨는 가수처럼 노래를 매우 잘 부릅니다.

08 '–거든'은 어떤 일을 가정하여 조건으로 할 때 사용한다. 뒤의 내용에는 듣는 사람에게 이런 가정하에 요청, 부탁, 명령하는 내용이나 미래에 행동할 일이 온다. 마이클은 서울에 도착하면 그때 전화하겠다고 미래의 일을 말하고 있으므로 빈칸에 들어갈 말은 '도착하거든'이 적절하다.

- 가정하다 : 사실이 아니거나 또는 사실인지 아닌지 분명하지 않은 것을 임시로 인정하다.
  예 만약 우리집에 고양이가 없다고 가정한다면 얼마나 슬플까.
- 요청 : 필요한 어떤 일이나 행동을 부탁함
  예 일이 너무 많아서 밥을 먹자는 그의 요청을 거절했다.
- 명령 : 윗사람이 아랫사람에게 무엇을 하게 함
  예 누군가에게 부탁할 때는 명령처럼 말하면 안 된다.
- 제안하다 : 의견으로 내놓다.
  예 그는 사장에게 자신의 계획을 제안했다.

[오답해설]

① –는데 : 뒷말에서 어떤 일을 설명하거나 제안하기 위하여 상관되는 상황을 미리 말할 때 사용한다.
  예 내가 컴퓨터를 하고 있는데 전화가 울렸다.
② –든지 : 나열된 동작, 상태, 대상들 중에서 어느 하나를 선택함을 나타낼 때 사용한다. 보통 제시된 것 중 어느 것을 선택해도 상관없을 때 사용한다.
  예 공부를 하려면 학교에 가든지 아니면 도서관에 가면 된다.
③ –던데 : 뒤의 내용과 상관있는 과거에 경험하거나 관찰한 사실을 나타낸다.
  예 철수 씨가 많이 화가 났던데 무슨 일이 있었나요?

09 '–(으)면 안 되다'는 어떤 행동의 제한이나 금지를 표현할 때 사용한다. 한국에서는 식사할 때 어른이 먼저 먹고 나서 아랫사람이 식사해야 하는 예절이 있으므로 빈칸에는 '먹으면 안 돼요'가 알맞다.

- 드시다 : '먹다'의 높임말
  예 할머니께서 새로 사 온 반찬을 드신다.
- 아랫사람 : 자기보다 나이나 지위, 신분이 낮은 사람
  예 형은 아랫사람에게도 항상 높임말을 쓰고 잘 대해 줬다.
- 가정하다 : 사실이 아니거나 또는 사실인지 아닌지 분명하지 않은 것을 임시로 인정하다.
  예 화재가 발생했다고 가정하고 우리는 재난훈련을 실시했다.

[오답해설]

② –ㄹ 줄 모르다 : 어떤 행동을 할 능력이 없음을 나타낸다.
  예 저는 한자를 쓸 줄 모릅니다.
③ –ㄴ 중이다 : 어떤 행동을 하는 동안을 나타낸다.
  예 그 작가는 아직 글을 쓰는 중입니다.
④ –ㄹ 걸 그랬다 : 지난 행동을 후회하면서 하지 않은 일을 가정할 때 사용한다.
  예 약국이 문을 닫기 전에 약을 미리 사 둘 걸 그랬어요.

10 '치고'는 그 전체가 예외 없음을 나타낸다. 주로 명사에 붙어 그 전체가 예외 없이 모두 뒤의 내용과 같음을 표현할 때 사용한다. 즉 예외 없이 어린 아이들은 치과를 무서워한다는 의미이므로 빈칸에는 '치고'가 알맞다.

[오답해설]

① 커녕 : 어떤 사실을 부정하는 것은 물론이고 그것보다 덜하거나 못한 것까지 부정하는 뜻을 나타낸다.
  예 오늘 태풍이 온다고 했는데 태풍커녕 구름 한 점 없어요.
③ 조차 : 이미 어떤 것이 포함되고 그 위에 더욱 심한 경우를 더함의 뜻을 나타낸다.
  예 우리는 그 아이의 이름뿐만 아니라 고향이 어디인지조차 모른다.
④ 까지 : 어떤 일이나 상태에 관련되는 범위의 끝을 나타낸다.
  예 그 동아리는 토요일까지 사람을 모집한다고 했어요.

11 '–어도 되다'는 어떤 행동에 대한 허락이나 허용을 나타낸다. '나'의 대답이 책을 읽는 행동을 허락한다는 의미이므로 빈칸에는 '읽어도 돼요'가 알맞다.

- 잠깐 : 얼마 되지 않는 매우 짧은 동안에
  예 졸음 운전을 예방하기 위해 휴게소에서 잠깐 휴식을 취했다.

[오답해설]

① –ㄴ다면서 : 다른 사람에게 들은 내용을 물어서 확인할 때 사용한다.
  예 민아 씨한테 들었는데, 키코 씨는 오늘도 지각했다면서요?

② -ㄴ다니 : 어떤 사실이 주어진 것으로 치고 그에 대한 의문을 나타낸다. 주로 놀라거나 못마땅하게 여길 때 사용한다.

예 밤이 깊었는데 수진이는 왜 노래를 부른다니?

④ -ㄴ 척하다 : 앞의 행동이나 상태를 거짓으로 그럴듯하게 꾸밈을 나타낸다.

예 나는 학원에 가는 척하고 친구랑 오락실에 갔다.

12 '-려고'는 어떤 행동을 할 의도나 욕망을 가지고 있음을 나타낸다. 친구랑 한강에 갈 의도가 있었으나, 비가 와서 가지 못했다는 의미이므로 주어진 문장과 의미가 같다.

- 의도 : 무엇을 하고자 하는 생각이나 계획

  예 동생이 나쁜 의도로 친구를 밀친 것은 아니에요.

- 취소하다 : 발표한 의사를 거두어들이거나 예정된 일을 없애 버리다.

  예 그는 감기에 걸려 공연을 취소했다.

[오답해설]

① -자마자 : 앞 절의 동작이 이루어지자 잇따라 곧 다음 절의 사건이나 동작이 일어남을 나타낸다.

예 내가 냉장고에서 간식을 꺼내자마자 동생이 빼앗아 갔다.

③ -고 보니 : 앞의 행동을 한 후에 뒤의 내용을 받아들이거나 새롭게 깨닫게 됨을 나타낸다.

예 처음에는 어려워서 잘 몰랐는데 네 말을 듣고 보니 이해가 된다.

④ -지 않다 : 어떤 행동이나 상태의 부정을 나타낸다.

예 그녀는 크게 혼이 난 이후로 더는 지각하지 않았다.

13 '-ㄴ 데다가'는 앞의 행동이나 상태에 뒷말이 덧붙여지는 것을 나타낸다. 감기에 걸린 상태에 덧붙여 두통까지 심해져서 주말 내내 쉴 수 없었다는 의미이므로 주어진 문장과 의미가 같다.

- 두통 : 머리가 아픈 증세

  예 약을 먹었지만 두통이 너무 심해서 아무것도 할 수가 없었다.

- 제대로 : 알맞은 정도로

  예 얼마 전에 새로 산 휴대전화의 사용법을 몰라 제대로 못 쓰고 있습니다.

[오답해설]

① -면 : 불확실하거나 아직 이루어지지 않은 사실을 가정하여 말할 때 사용한다.

예 날씨가 항상 오늘처럼 따뜻하다면 얼마나 좋을까?

② -만 아니면 : 어떤 상태나 내용이 피할 수 없는 이유나 조건임을 나타낸다.

예 지금 개봉하는 영화가 공포 영화만 아니면 당장 보러 갔을 텐데.

④ -기 전에 : 뒤의 내용이 앞의 내용보다 먼저 일어났을 때 사용한다.

예 언니는 영화를 보기 전에 결말을 미리 알고 가는 것을 좋아한다.

14 '볼 만하다'는 보고 얻을 것이 많거나 볼 가치가 있다는 뜻이다. 좋아하는 배우도 나오고 연출도 좋아서 그 드라마는 볼 가치가 있다는 의미이므로 ①과 뜻이 같다.

- 연출 : 연극이나 방송극에서, 각본을 바탕으로 배우의 연기, 무대 장치, 의상, 조명, 분장 등의 여러 부분을 종합적으로 지도하여 작품을 완성하는 일

  예 연출 과정에서 대본이 수정되었다.

[오답해설]

② 쉽지 않다 : 하기가 까다롭거나 힘들다.

예 나의 능력으로 원하는 날짜까지 마무리하기는 쉽지 않다.

③ –ㄹ 걸 : 그렇게 했으면 좋았을 것이나 하지 않은 어떤 일에 대해 가벼운 뉘우침이나 아쉬움을 나타낸다.

예 그 일은 내가 담당하지 말 걸.

④ –ㄹ 수 없다 : 어떤 일을 할 만한 능력이나 어떤 일이 일어날 가능성이 없다.

예 그의 부탁을 차마 거절할 수 없었다.

15 '너 나 할 것 없이'는 '누구를 가릴 것 없이 모두'라는 의미로 사용한다.

- 자원봉사 : 어떤 일을 대가 없이 자발적으로 참여하여 도움

  예 학교에서는 학생들의 자원봉사 활동을 권유한다.

- 한정하다 : 수량이나 범위 따위를 제한하여 정하다.

  예 우리 회사는 지원 자격을 대학교를 졸업한 사람으로 한정하였다.

- 책임지다 : 어떤 일에 대한 책임, 권한, 의무 등을 맡아 안다.

  예 그 국회의원은 이번 사건에 대한 모든 결과는 자신이 책임지겠다고 말했다.

16 '–고자'는 어떤 행동을 하는 목적이나 의도를 나타낼 때 사용한다. 일찍 도착할 목적으로 서둘러서 기차를 탔음을 의미하므로 ②와 의미가 같다.

- 서두르다 : 일을 빨리 해치우려고 급하게 바삐 움직이다.

  예 바쁘게 서두르다 보니 중요한 서류를 놓고 왔다.

[오답해설]

① –ㄴ 셈 치다 : 실제로는 그렇지 않지만 어떤 일을 미루어 가정할 때 사용한다.

예 나는 그의 거짓말을 눈치챘지만 속은 셈 치고 이야기를 들었다.

③ –ㄴ 만큼 : 뒤의 내용이 앞의 내용과 비슷한 정도나 수량임을 나타낸다.

예 진정한 부자는 돈을 가진 만큼 쓰는 사람이다.

④ –(어)서인지 : 앞의 행동이나 상태가 뒤 절의 원인이나 이유라고 추측할 때 사용한다.

예 자전거를 열심히 타서인지 다리가 아파요.

17 '유창하다'는 말을 하거나 글을 읽는 것이 물 흐르듯이 거침이 없다는 의미이다. 면접에서 막힘없이 자연스러운 한국어 실력을 보여주었기에 취직했다는 의미가 가장 자연스러우므로 빈칸에는 '유창한'이 알맞다.

- 취직하다 : 일정한 직업을 잡아 직장에 나가다.
  예 저는 잡지사에 디자이너로 취직할 계획입니다.
- 탈락하다 : 범위에 들지 못하고 떨어지거나 빠지다.
  예 그녀는 연습을 제대로 하지 않아 경연에서 탈락했다.
- 합격하다 : 시험, 검사, 심사 따위에서 일정한 조건을 갖추어 어떠한 자격이나 지위 따위를 얻다.
  예 사회통합프로그램 중간평가는 60점 이상이면 합격할 수 있다.

[오답해설]

① 독특하다 : 특별하게 다르다.
  예 그의 웃음소리는 독특해서 멀리서 소리만 들어도 알 수 있다.
② 용이하다 : 어렵지 않고 매우 쉽다.
  예 이 제품은 구조가 간단하여 분해와 조립이 용이하다.
④ 복잡하다 : 일의 갈피가 어수선하고 복잡한 데가 있다.
  예 한국인이 외국에서 비자를 받는 일은 상당히 복잡한 과정이다.

18 '보건복지부'는 빈곤 · 질병 등의 보호, 사회 참여 기회 제공, 보건 정책 수립 등의 업무를 하는 곳이다.

- 향상 : 실력, 수준 기술 따위가 나아짐
  예 생활 수준의 향상으로 소비자의 욕구가 다양해졌다.
- 청장년 : 청년과 장년을 아울러 이르는 말
  예 힘든 일은 청장년층에게 맡기고 노약자들은 쉬도록 한다.
- 노후 : 늙어진 뒤
  예 부모님의 노후는 준비되어 있다.

[오답해설]

① 국가보훈부 : 국가유공자에게 보상 강화 및 사각지대 해소, 보훈문화 확산 등
③ 기획재정부 : 경제정책 수립, 예산 평가, 조세정책 기획 및 총괄 등
④ 문화체육관광부 : 문화예술 발전, 체육 · 관광 진흥 업무 등

19 우주 공간에서는 태양에서 나오는 빛이 그대로 우주 비행사에게 전달되기 때문에 이 빛을 반사하는 흰색을 이용하여 우주복을 만들며, 흰색의 우주복 덕분에 우주 비행사는 뜨거운 태양 빛에도 버틸 수 있다고 하였으므로 ②의 내용이 본문과 같다.

- 우주복 : 우주를 여행할 때에 입도록 만든 옷
  예 주황색 우주복은 우주에서 지구로 돌아올 때 만약의 사고에 대비하기 위해 만들어졌다.
- 반사하다 : 일정한 방향으로 나아가던 파동이 다른 물체의 표면에 부딪혀서 나아가던 방향이 반대로 바뀌다.
  예 그녀의 목걸이가 빛을 반사하자 아름답게 반짝였다.
- 성질 : 사물이나 현상이 가지고 있는 고유의 특성
  예 과학자들은 화석의 성질과 종류에 따라 연구 방법을 변경했다.
- 흡수하다 : 안으로 빨아들이다.
  예 태양에서 나오는 에너지를 흡수하여 지구는 일정한 온도를 유지한다.

[오답해설]

① 검은색은 빛을 흡수하는 성질을 가졌다.
③ 우주복이 빛을 반사하는 역할을 한다고는 말하였으나, 산소를 공급받기 위해 우주복을 착용해야 한다는 말은 하지 않았다.
④ 태양에서 나오는 빛이 우주 비행사에게 어떤 역할을 하는지는 언급하지 않았다.

20 석가 탄신일은 석가모니가 태어난 것을 기념하는 날로 절에서는 연등을 다는 등 다양한 행사를 진행한다고 하였으므로 ④의 내용과 같다.

- 탄생 : 사람이 태어남
  예 가족뿐만 아니라 친척 모두가 달려와서 아기의 탄생을 축하했다.
- 기념하다 : 어떤 뜻깊은 일이나 훌륭한 인물 등을 오래도록 잊지 아니하고 마음에 간직하다.
  예 부모님이 결혼하신 날을 기념하여 우리 가족은 강원도로 여행을 갔다.
- 불상 : 부처의 얼굴 모습
  예 어머니는 절에 들어가 불상 앞에서 불을 붙이고 향을 피웠다.
- 장식하다 : 액세서리 따위로 치장하다.
  예 여동생은 거울에 보석을 달아서 예쁘게 장식했다.
- 붓다 : 액체나 가루 따위를 다른 곳에 담다.
  예 나는 큰 냄비에 물을 가득 붓고 찌개를 끓였다.
- 달다 : 물건을 일정한 곳에 걸거나 매어 놓다.
  예 오늘은 제헌절인데 왜 문 앞에 태극기를 달지 않나요?

[오답해설]

① 예수의 탄생을 축하하는 날은 크리스마스이고, 부처의 탄생을 축하하는 날은 석가 탄신일로 서로 다른 날이다.

② 석가 탄신일은 부처님 오신 날, 사월 초파일, 불탄절이라고도 부른다.

③ 석가모니가 태어난 날은 정확하게 알려지지 않았다.

21 여섯 번째 문장에서 3 · 1운동을 계기로 대한민국 임시 정부가 수립되었다고 하였으므로 대한민국 임시 정부의 수립에 큰 영향을 준 것을 알 수 있다.

- 전국적 : 온 나라에 관계되는 것
  예 오늘은 전국적으로 눈이 내려 날씨가 추워요.
- 반발하다 : 어떤 상태나 행동 따위에 대하여 거스르고 반항하다.
  예 정부에서 발표한 정책에 시민들은 크게 반발했습니다.
- 독자적 : 남에게 기대지 아니하고 혼자서 하는 것
  예 나는 부모님의 도움 없이 독자적으로 사업을 시작했다.
- 동원하다 : 어떤 목적을 달성하고자 사람을 모으거나 물건, 수단, 방법 따위를 집중하다.
  예 집을 사기 위해 가지고 있는 모든 현금을 동원했다.
- 무자비하다 : 인정이 없이 냉혹하고 모질다.
  예 전쟁은 지구를 무자비하게 파괴하기 때문에 발생하면 안 됩니다.
- 진압 : 향하여 내처 들어감
  예 경찰의 과잉 진압에 항의하였다.
- 수립하다 : 국가나 정부, 제도, 계획 등을 이룩하여 세우다.
  예 선거가 끝나자 당선된 후보를 중심으로 새 정부가 수립되었다.
- 약소민족 : 정치적 · 군사적 · 경제적으로 힘이 약하여 다른 나라의 지배를 받는 민족
  예 평화적인 방법으로 약소민족의 해방을 주장하였다.

[오답해설]

② 5 · 4운동은 3 · 1운동에 큰 격려와 용기를 받아 전개된 중국의 항일운동이다.

③ 일본은 3 · 1운동 이후 무단 정치에서 문화 정치로 변경하였다.

④ 3 · 1운동은 탑골공원에서 시작하여 전국과 해외로 확산되었다.

22 첫 번째 문단에서는 3 · 1운동에 대한 의미를 설명하였고, 두 번째 문단에서는 3 · 1운동이 끼친 영향에 대해 말하고 있다. 따라서 이 글의 제목은 '3 · 1운동의 의미와 영향'이 알맞다.

- 차이점 : 서로 같지 아니하고 다른 점
  예 나는 두 물건의 차이점을 비교하면서 선택한다.

[오답해설]

① 3 · 1운동이 1919년에 발생하기는 하였으나 그 외에 다른 독립운동가들의 활동에 대해서는 언급하지 않았다.

② 학생들과 시민들에 의해 3 · 1운동이 발생하였으나 그 외에 다른 독립운동에 대해서는 언급하지 않았다.

④ 마지막 문장을 통해 중국의 5 · 4운동이 3 · 1운동의 영향을 받았음을 알 수 있으나 두 독립운동의 차이점에 대해서는 언급하지 않았다.

23 ㉠ 관례는 성년이 되는 의식으로 남자는 머리에 상투를 틀고 갓을 쓰게 하였다. 여자의 경우 머리를 올려 비녀를 꽂는다. 오늘날에는 성년의 날이라고 하며 축하의 의미로 장미꽃을 선물한다.

㉡ 제례는 조상에게 음식을 바치며 기리는 의식으로 제사라고도 한다. 제례의 종류는 다양하지만 최근 제사의 방법과 절차가 많이 간소화되었다.

- 관 : 검은 머리카락이나 말총으로 엮어 만든 쓰개
  예 조선시대에는 신분에 따라 여러 가지 관이 있었다.
- 풍습 : 풍속과 습관을 아울러 이르는 말
  예 우리 조상들은 성묘를 하러 가면 음식을 동물과 함께 나누는 풍습이 있다.
- 혼례 : 부부 관계를 맺는 서약을 하는 의식으로 결혼식, 혼인을 의미한다.
  예 예로부터 혼례는 집안과 집안이 만나 새로운 가족을 형성하는 의식이다.
- 상례 : 사람이 죽었을 때 치르는 의식이자 상중에 지키는 모든 예절을 의미한다.
  예 그는 기독교이기 때문에 전통 상례를 거절하였다.
- 상중(喪中) : 누군가 죽은 날로부터 장례를 치를 때까지의 동안
  예 나는 상중에 울지는 않았지만 마음속에 깊은 슬픔을 간직했다.

24 조선을 건국하여 국호를 '조선'으로 정한 왕은 태조 이성계이다. 태종은 조선 제3대 왕으로 태조 이성계의 다섯째 아들이다.

- 규장각 : 조선 정조 즉위년(1776)에 설치한 왕실 도서관
  예 규장각에서는 임금의 글을 보관하고 많은 책을 반포하였다.
- 탕평책 : 당쟁의 폐단을 없애기 위하여 각 당파에서 고르게 인재를 등용하던 정책
  예 탕평책은 조선 영조 때 실시했던 정책이다.
- 당파 : 조선 시대에 정치 세력 결집 단체 안에서 정치적인 입장에 따라 다시 나뉜 집단
  예 신분과 당파의 차별 없이 평등하게 인재를 등용해야 합니다.

• 당쟁 : 당파를 이루어 서로 싸우던 일

예 전쟁이 발생한 와중에 당쟁이 일어나 나라는 혼란스러웠다.

• 붕당 : 조선 시대에 이념과 이해에 따라 이루어진 사림의 집단을 이르던 말

예 조선 시대에 관료들은 붕당을 이루어 서로 견제하고 비판하였다.

• 폐단 : 어떤 일이나 행동에서 나타나는 옳지 못한 경향이나 해로운 현상

예 신분제로 나타난 폐단을 모두 없애는 것은 어려운 일이다.

25 대학교는 분야와 특성에 따라 2년제, 3년제, 4년제 등으로 구분된다. 대학원은 대학교 졸업자가 입학할 수 있고, 석사과정 수료 후 박사과정에 진학할 수 있다.

• 분야 : 여러 갈래로 나누어진 범위나 부분

예 전공 분야는 서로 다르지만 우리는 모두 친하다.

• 수료 : 일정한 학과를 다 배워 끝냄

예 그는 석사 과정을 수료한 후 취업을 준비하고 있다.

26 '절기'는 태양의 위치에 따라 한 해를 스물넷으로 나눈, 계절의 표준이 되는 것이다. 절기를 통하여 계절 · 날씨의 변화를 파악하고 이에 맞는 농사를 지었다.

• 나누다 : 하나를 둘 이상으로 가르다.

예 빵을 4조각으로 나누어 먹자.

• 표준 : 사물의 정도를 알기 위한 근거나 기준

예 이 자료를 표준으로 삼고 작업해 주세요.

[오답해설]

① 자격루 : 조선 세종에 만들어진 물시계

예 장영실은 물이 흐르는 것을 이용하여 자격루를 발명했다.

② 농악 : 농촌에서 농부들 사이에 행하여지는 우리나라 고유의 음악

예 농악에는 우리 민족의 흥이 담겨 있어 흥겹다.

③ 세시 : 한 해의 절기나 달, 계절에 따른 때

예 계절에 따라 그 계절에 나는 재료를 이용하여 세시 음식을 만들어 먹었다.

27 아이가 태어난 지 한 살이 되는 날에는 이의 건강과 행운을 기원하며 첫돌 잔치를 한다. 전통적으로 첫돌 잔치에서는 돌잡이를 하는데 책, 붓, 실, 곡식 등을 상에 올리고 아이에게 마음대로 골라잡게 하는 일을 말한다. 돌잡이에서 어느 것을 고르는가로 그 아이의 장래 운명을 점치기도 한다.

• 회갑(환갑) : 한국 나이로 예순한 살을 이르는 말

예 다음 주에 아버지의 회갑 기념 행사가 열릴 예정이다.

28 국민총소득이란 일정한 기간에 한 나라의 국민이 벌어들인 소득을 말한다. 국민의 생활수준은 전체 국민소득의 크기(국내총생산)보다 1인당 국민소득과 관련이 있다. 따라서 국민의 평균적인 생활수준은 1인당 국민총소득으로 측정한다.

- 소득 : 일한 결과로 얻은 정신적 · 물질적 이익

  예 한국은 1960년대와 현재를 비교했을 때 국민소득이 매우 향상하였다.

- 벌어들이다 : 돈이나 물건을 벌어서 가져오다.

  예 우리 언니는 미국에서 일하면서 돈을 벌어들인다.

- 물가 : 물건의 값

  예 장마가 시작되자 물가가 크게 올랐다.

- 실업자 : 경제 활동에 참여할 연령의 사람 가운데 직업이 없는 사람

  예 일자리가 부족하여 실업자가 늘어났다.

[오답해설]

② 국민총생산 : 일정 기간 동안 한 나라의 국민이 생산한 최종 생산물과 서비스를 시장 가격으로 평가한 총액

예 국민총생산은 생산 활동을 측정하는 지표로 사용된다.

③ 물가 상승률 : 일정 기간 동안 물가지수가 증가한 비율

예 우리 회사 월급은 매년 물가 상승률만큼 오른다.

④ 실업률 : 노동할 의사와 능력을 가진 인구 가운데 실업자가 차지하는 비율

예 경기가 회복하면서 실업률이 감소하고 있다.

[작문형 예시 답안]

층간소음이란 공동주택에서 옆이나 위, 아래에서 듣기 싫은 소리 등이 들리는 것을 말합니다. 층간소음을 줄이기 위해서는 서로 배려하고, 불필요한 소음은 내지 말아야 합니다.

[구술형 예시 답안]

01 학교의 교실에서 선생님이 학생들을 가르치고 있는 사진입니다. 학생들이 발표를 하기 위해 손을 들고 있습니다.

02 국민의 4대 의무에는 국방의 의무, 근로의 의무, 교육의 의무, 납세의 의무가 있습니다. 이 사진은 교육의 의무와 관련이 있습니다.

03 저는 구내에 있는 교육센터에서 진행하는 한국어 수업을 들은 경험이 있습니다. 한국어를 잘하지 못해서 많이 긴장했지만, 선생님께서 친절하게 설명을 해 주셔서 쉽게 배울 수 있었습니다. 한국어 수업을 들으면서 여러 나라의 친구들과 함께 즐거운 시간을 보냈습니다.

04 저는 부산에 사는 친구와 함께 부전시장에 간 적이 있습니다. 부전시장은 부산에서 규모가 가장 큰 재래시장입니다. 이곳은 신선한 채소와 과일을 매우 저렴한 가격에 팔고 있고, 국밥, 어묵 등 신선한 먹거리도 많아 친구와 함께 시간가는 줄 모르고 구경한 경험이 있습니다.

05 한국은 종교의 자유가 있어서 종교를 가진 사람과 가지지 않은 무교인 사람들이 있습니다. 종교를 가진 사람들은 크게 기독교와 불교로 나뉘는데, 기독교를 믿는 사람들은 교회나 성당 등을 가고, 불교를 믿는 사람들은 절을 갑니다.

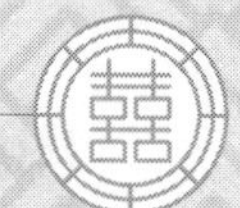

사회통합프로그램 중간평가 실전모의고사 6회 정답 및 해설

[객관식 정답 및 해설]

01	02	03	04	05	06	07	08	09	10	11	12	13	14	15	16	17	18	19	20
③	②	②	④	①	③	①	③	②	②	④	③	①	①	③	②	④	②	①	②
21	22	23	24	25	26	27	28												
④	④	②	①	④	①	③	②												

01 '진급'은 '계급, 등급, 학년 따위가 올라감'을 의미한다. 일을 잘하는 직원은 동기들 중 가장 먼저 계급이 올라간다는 의미이므로 '진급'이 알맞다.

[오답해설]

① 야근 : 퇴근 시간이 지나 밤늦게까지 하는 근무
　예 보고서 작업 때문에 야근을 한다.
② 퇴사 : 회사를 그만두고 물러남
　예 이번 달까지 일하고 퇴사한다.
④ 퇴근 : 터에서 근무를 마치고 돌아가거나 돌아옴
　예 퇴근하고 약속이 있다.

02 '보통(이) 아니다'는 평범하지 않고 솜씨가 특별하거나 뛰어나다는 의미이다. 요즘 운전 면허 따는 것이 어렵다는 의미이므로 빈칸에 '보통'이 들어가는 것이 가장 적절하다.

• 면허 : 특정한 일을 할 수 있는 공식적인 자격을 행정 기관이 허가함
　예 음주 운전을 하면 면허가 취소될 수 있다.

[오답해설]

① 너무 : 일정한 정도나 한계를 훨씬 넘어선 상태
　예 오늘은 바람이 많이 불어서 너무 춥다.
③ 전혀 : 도무지, 아주, 완전히
　예 그녀는 야채를 전혀 입에 대지 않는다.
④ 조금 : 정도나 분량이 적게
　예 일이 조금 남았어요.

03 '유명하다'는 이름이 널리 알려져 있다는 의미이다. 강원도에 눈이 많이 내려 이름이 널리 알려진 스키장이 많다는 의미이므로 빈칸에는 '유명한'이 들어가는 것이 가장 적절하다.

- 강원도 : 한반도 중부지방 동쪽에 있는 도이며, 태백산맥을 중심으로 크게 영동과 영서로 구분되어 있다.
  예 강원도는 여행가기 좋은 곳이다.
- 스키장 : 스키를 탈 수 있는 시설을 갖추어 놓은 곳
  예 나는 겨울에 스키장에 가서 보드를 즐겨 탄다.

[오답해설]

① 조용하다 : 아무런 소리도 들리지 않고 고요하다.
  예 모두 조용히 해주세요.
③ 초라하다 : 겉모양이나 옷차림이 호졸근하고 궁상스럽다.
  예 그의 옷차림이 초라했다.
④ 행복하다 : 생활에서 충분한 만족과 기쁨을 느끼어 흐뭇하다.
  예 결혼 후 행복한 시간을 보내고 있다.

04 '공공시설'은 국가나 공공 단체에서 국민들의 편안하고 안전한 생활을 위해 세금으로 만들고 관리하는 시설들을 말한다.

- 증진 : 기운이나 세력이 점점 늘어 가고 나아감
  예 꾸준한 운동으로 체력이 증진되었다.
- 공립 : 지방 자치 단체가 세워서 운영하는 시설
  예 이 동네에는 공립 유치원이 부족하다.

[오답해설]

① 복지시설 : 국민의 사회 복지를 위한 시설
  예 장애인 복지시설 확충을 요구하고 있다.
② 편의시설 : 이용자에게 유익하거나 편한 환경이나 조건을 갖춘 시설
  예 이 건물은 편의시설이 잘 갖춰져 있다.
③ 문화시설 : 문화를 누리고 발달시키는 데 필요한 시설
  예 시민들을 위한 문화시설이 더 생겼으면 좋겠다.

05 '갈증'은 '목이 말라 물을 마시고 싶은 느낌'을 말한다. 따라서, 심하게 갈증을 느낀다는 의미인 '목이 타다'와 의미가 비슷하다.

• 심하다 : 정도가 지나치다.

예 그는 심하게 다쳐서 입원을 했다.

[오답해설]

② 손이 빠르다 : 일 처리가 빠르다.

예 그녀는 손이 빨라 일이 금방 끝난다.

③ 발이 넓다 : 아는 사람이 많아 활동하는 범위가 넓다.

예 발이 넓은 사람은 약속이 많다.

④ 입을 모으다 : 모두 한결같이 말하다.

예 다들 입을 모아 그녀를 칭찬한다.

06 '손꼽다'는 많은 가운데 다섯 손가락 안에 들 만큼 뛰어나다는 의미이다. 따라서, 남들보다 앞서 있다는 의미인 '뛰어난'과 의미가 비슷하다.

• 성악가 : 엄숙한 노래를 전문으로 하는 음악가

예 세계적인 성악가가 서울에서 공연을 하였다.

• 엄숙하다 : 분위기나 의식이 장엄하고 정숙하다.

예 장례식은 엄숙한 분위기에서 진행되었다.

[오답해설]

① 낮다 : 품위, 능력, 품질 따위가 바라는 기준보다 못하거나 보통 정도에 미치지 못하는 상태에 있다.

예 시험 점수가 생각보다 낮아 실망했다.

② 높다 : 아래에서 위까지의 길이가 길다.

예 산이 너무 높아 정상까지 2시간이 걸렸다.

④ 앙칼지다 : 매우 모질고 날카롭다.

예 그녀의 앙칼진 목소리에 깜짝 놀랐다.

07 '까지'는 어떤 일이나 상태에 관련되는 범위의 끝임을 나타낸다. 즉, 동아리 신청 기간의 끝이 내일이므로 '까지'가 들어가는 것이 가장 적절하다.

• 신청 : 단체나 기관에 일이나 물건을 알려 청구함

예 이번 강의 신청은 마감되었습니다.

[오답해설]

② 마다 : 앞말이 가리키는 시기에 한 번씩

예 그는 주말마다 쇼핑을 하러 간다.

③ 때 : 시간의 어떤 순간이나 부분

예 지난 장마 때 피해가 심각했다.

④ 쪽 : 방향을 가리키는 말
예 가위는 모니터 쪽에 있어요.

08 '(이)나마'는 앞에 나온 조건이 부족하거나 충분하게 만족스럽지는 않지만 그런대로 받아들임을 나타낸다. 즉, 부모님과 멀리 떨어져 살아서 부족하지만 전화로 목소리를 듣고 있다는 의미이다. 따라서 빈칸에는 '나마'가 들어가는 것이 가장 적절하다.

- 자주 : 같은 일을 잇따라 잦게
  예 나는 커피를 자주 마신다.
- 멀리 : 한 시점이나 지점에서 시간이나 거리가 몹시 떨어져 있는 상태
  예 그는 출장 때문에 당분간 멀리 떠나게 되었다.

[오답해설]

① 라고 : 다른 사람이 말하거나 쓴 것을 옮겨 말할 때 사용한다.
예 감사 인사를 중국어로 뭐라고 해요?
② 부터 : 어떤 행위나 일이 시작됨을 나타낼 때 사용한다.
예 어제부터 집에도 못 가고 일하고 있다.
④ 뿐 : 앞의 것 외에는 다른 것이 없음
예 내가 믿을 수 있는 사람은 가족뿐이다.

09 '-을 따름이다'는 선택의 가능성이나 여지가 없어 오직 그것뿐이므로 그것으로 가득하다는 의미이다. 즉, 원하던 귀화시험에 합격하여 감사한 마음이 가득하다는 의미이므로 '따름이에요'가 들어가는 것이 가장 적절하다.

- 그토록 : 그러한 정도로까지. 그렇게까지
  예 그토록 염려해 주시니 어떻게 감사를 드려야 할지 모르겠습니다.
- 놀라다 : 뜻밖의 일로 가슴이 두근거리다.
  예 갑작스러운 인기척에 놀라다.

[오답해설]

① 예정 : 앞으로 일어나 일이나 해야 할 일을 미리 정하거나 생각함
예 도착 예정 시간이 몇 시예요?
③ -ㄹ 줄 : 사실 혹은 방법의 의미로 사용한다.
예 나는 오늘 시험을 볼 줄 알았어.
④ -ㄹ 텐데 : 말하는 사람의 추측을 나타낸다.
예 주말에 사람이 많을 텐데 괜찮은가요?

10 '–고 나면'은 앞 절의 행위가 끝나고 뒤 절의 내용이 이루어짐을 나타낸다. 즉, 서점에 들른 후 운동에 가면 너무 늦어짐을 의미하므로 '들르고 나면'이 들어가는 것이 가장 적절하다.

- 서점 : 책을 갖추어 놓고 팔거나 사는 가게
  예 서점에서 책을 잔뜩 사 왔다.
- 너무 : 일정한 정도나 한계를 훨씬 넘어선 상태로
  예 너무 급하게 서두르지 마라.
- 들르다 : 지나는 길에 잠깐 들어가 머무르다.
  예 퇴근길에 편의점에 들르다.

[오답해설]

① –고 해서 : 앞 절 내용이 뒤 절 내용의 여러 가지 이유 가운데 하나임을 나타낼 때 사용한다.
예 나는 저녁에 약속도 있고 해서 조금만 먹을게.

③ –ㄴ 대신에 : 어떤 행위를 하지 않고 다른 행위로 대체할 때 사용한다.
예 주말에 늦잠을 자는 대신에 운동을 하기로 했다.

④ –ㄴ 대로 : 어떤 것과 같은 모양으로 다른 것을 한다는 의미를 나타낸다.
예 선생님이 만드는 대로 따라하세요.

11 '–어 드리다'는 다른 사람을 위해 도움을 주는 행위를 할 때 사용되는 표현이다. 즉, 졸업사진을 찍는 것을 도와 준다는 의미이므로 '찍어 드릴까요'가 들어가는 것이 가장 적절하다.

- 졸업 : 학생이 규정에 따라 소정의 교과 과정을 마침
  예 고등학교 졸업 후 대학교에 진학할 예정이다.

[오답해설]

① –ㄹ 수밖에 없다 : 다른 방법이 없거나 당연한 결과임을 나타낸다.
예 늦게 자니까 늦잠을 잘 수밖에 없다.

② –ㄴ다면서요 : 다른 사람에게 들은 내용을 확인하면서 물을 때 사용한다.
예 다음 달에 사만다 씨가 고향으로 돌아간다면서요?

③ –나 싶다 : 주로 말하는 사람의 추측을 나타내는 경우가 많다.
예 제가 말을 너무 심하게 했나 싶어요.

12 '때문에'는 어떤 일의 원인이나 까닭을 의미하므로, 어떤 현상이나 사물이 원인이나 이유가 됨을 의미하는 '–로 인해'가 들어간 ③과 뜻이 같다.

- 짙다 : 안개나 연기가 자욱하다.
  예 짙은 담배 연기로 코가 맵다.
- 안개 : 지표면 가까이에 아주 작은 물방울이 부옇게 떠 있는 현상
  예 비가 온 다음 날에는 안개가 많이 낀다.
- 운항 : 배나 비행기가 정해진 항로나 목적지를 오고 감
  예 배의 운항 시간을 잘 확인해야 한다.

[오답해설]

① 모르다 : 사실을 알지 못하다.

예 대구에 태풍 온 거 아직 몰라?

② –다면 : 어떤 사실이나 상황을 가정할 때 사용한다.

예 당신이 먹겠다면 햄버거를 2개 사올게요.

④ –만 아니면 : 앞의 상태나 내용을 벗어날 수 없는 조건이나 이유로 작용함을 나타낸다.

예 일만 아니면 놀러 가고 싶다.

13 '마련이다'는 당연히 그럴 것임을 나타내는 말이므로, 어떤 일을 할 만한 능력이나 어떤 일이 일어날 가능성이 있다는 의미인 '할 수 있다'가 들어간 ①과 뜻이 같다.

- 누구 : 막연한 사람을 가리키는 인칭 대명사

  예 누구나 들어와 쉬었다 가세요.

- 어색하다 : 자연스럽지 못하다.

  예 처음 만나서 아직 어색하다.

[오답해설]

② –ㄹ 것이다 : 말하는 이의 전망, 추측 또는 주관적 소신을 나타내는 말

예 그는 일을 모두 끝냈을 것이다.

③ –ㄹ 리 : 뒤에 '있다', '없다'와 함께 쓰이며, 앞말의 행동이나 상황이 일어날 까닭이나 이치 있거나 없음을 나타내는 말이다.

예 그녀가 그럴 리 없다.

④ –ㄹ 뻔하다 : 앞말이 뜻하는 상황이 실제 일어나지는 아니하였지만, 그럴 가능성이 매우 높았음을 나타낸다.

예 음식을 급하게 먹다가 체할 뻔했다.

14 '–대요'는 '–다고 해요'의 준말로, 다른 사람에게 들어서 알고 있는 사실을 상대에게 옮겨 전하는 뜻을 나타낸다. 따라서, 다른 사람의 말을 인용할 때 사용하는 '–다고'가 들어 있는 ①과 뜻이 같다.

- 이따 : 조금 지난 후에

  예 이따 밥 같이 먹어요.

- 다큐 : 기록으로 남길 만한 사회적 사건 등을 사실적으로 제작, 구성한 영화나 드라마 등을 이르는 말

  예 우리 사회의 환경문제를 주제로 한 다큐를 보았다.

[오답해설]

② 주어진 문장은 본인이 보겠다는 말이지만, ②는 남에게 보는 것을 권유하는 말이다.

③, ④ 뒷말에서 '–았–'을 통해 과거의 일임을 나타냈으므로 앞말과 맞지 않는다.

15 '-ㄹ 만하다'는 앞말이 뜻하는 행동을 하는 것이 가능하다는 의미를 나타내는 말로, 유명한 선수들이 투입되어 이번에는 우승을 기대할 수 있다는 의미이다. 따라서 탈이나 문제, 걱정이 되거나 꺼릴 것이 없다는 의미인 '괜찮다'가 들어간 ③과 뜻이 같다.

• 유명하다 : 이름이 널리 알려져 있다.
  예 이 가게는 얼음 맥주로 유명하다.
• 투입하다 : 사람이나 자본을 필요한 곳에 넣다.
  예 시위 현장에 경찰들을 투입하였다.

[오답해설]

① 할 수 없다 : 어떤 일을 이루거나 어떤 일이 발생하는 것이 가능하지 않을 때 사용한다.
  예 그녀는 아파서 출근을 할 수 없다.
② -잖아요 : '-지 않아요'의 준말로 당연히 그러함을 나타낸다.
  예 모든 일이 잘 해결되고 있잖아요.
④ -ㄹ지(도) 모르다 : 불확실한 사실에 대한 짐작이나 의문의 뜻을 나타낸다.
  예 엄마가 화났을지도 모른다.

16 '-ㄴ 데다가'는 더해지는 대상을 나타낼 때 사용하므로, 컴퓨터를 오래 하면 눈 건강에 나쁜 것에 더해 목과 어깨까지도 아프다는 의미이다. 따라서, 어떤 일이 그것만으로 그치지 않고 나아가 다른 일이 더 있음을 의미하는 '-ㄹ 뿐만 아니라'가 들어간 ②와 뜻이 같다.

• 오래 : 시간이 지나가는 동안이 길게
  예 오래 기다리게 해서 미안합니다.

[오답해설]

① 탓 : 주로 부정적인 현상이 생겨난 까닭이나 원인
  예 이번 시험은 코로나바이러스 탓에 미뤄졌다.
③ -면 : 아직 이루어지지 않은 사실을 가정하여 말할 때 사용한다.
  예 비가 그치면 나가자.
④ -게 : 앞의 내용이 뒤에서 가리키는 상황의 목적이나 결과, 방식, 정도가 됨을 나타낸다.
  예 바람이 많이 부니까 따뜻하게 입었다.

17 '까다롭다'는 성격이나 취향이 원만하지 않고 요구하는 조건이 많은 것을 의미한다. 빈칸 다음 '가'의 말에 의하면 소재도 따지는 것이 많고 요청하는 것도 많다고 하였으므로 '까다로워서'가 들어가는 것이 가장 적절하다.

• 소재 : 어떤 것을 만드는 데 바탕이 되는 재료
  예 전자 부품의 소재를 개발하다.
• 따지다 : 낱낱이 헤아리다.
  예 비용을 따져 물건을 구입한다.
• 요청하다 : 필요한 어떤 일이나 행동을 청하다.
  예 지난번에 요청한 사진은 나왔나요?

[오답해설]

① 부드럽다 : 성질이나 태도가 억세지 않고 매우 따뜻하다.

예 그의 인상은 부드럽다.

② 노력하다 : 목적을 이루기 위하여 몸과 마음을 다해 애를 쓰다.

예 시험에 합격하기 위해 노력하고 있다.

③ 적극적 : 대상에 대한 태도가 긍정적이고 능동적인 것

예 그녀는 적극적으로 그에게 먼저 연락했다.

18 '모집하다'는 사람이나 작품, 물품 따위를 일정한 조건 아래 널리 알려 뽑아 모은다는 의미이다. 첫 번째 문장에서 백화점 문화센터가 가을 학기를 맞아 회원을 모은다고 했으므로 빈칸에는 '모집한다'가 들어가는 것이 가장 적절하다.

- 사태 : 벌어진 일의 상태

예 산불로 인해 긴급한 사태가 이어지고 있다.

- 한동안 : 꽤 오랫동안

예 정적은 한동안 계속되었다.

- 문화센터 : 문화 보급이나 교류의 중심 기관

예 문화센터 강의 중 요가 수업은 금방 마감된다.

- 여가 : 일이 없어 남는 시간

예 나는 여가 시간에 책을 읽는다.

- 고려하다 : 생각하고 헤아려 보다.

예 다른 사람의 취향도 고려해야 한다.

[오답해설]

① 참가하다 : 모임이나 단체 또는 일에 관계하여 들어가다.

예 이번 대회에 참가해 보세요.

③ 투표하다 : 선거를 할 때 투표용지에 의사를 표시하여 일정한 곳에 내다.

예 주말에 미리 투표할 예정이다.

④ 적응하다 : 일정한 조건이나 환경에 맞추어 응하거나 알맞게 되다.

예 한국 생활에 금방 적응하여 다행이다.

19 첫 번째 문장에서 지난 주말에 여수에 친구들과 다녀왔다고 했으므로 ①의 내용과 같다.

- 백반 : 음식점에서 흰밥에 국과 몇 가지 반찬을 파는 한 상의 음식

예 전라도에는 유명한 백반집이 많다.

- 바위틈 : 바위와 바위의 틈

예 바위틈으로 사람들이 지나가며 사진을 찍는다.

- 기회 : 어떠한 일을 하는 데 적절한 시기나 경우

예 이 기회에 꼭 말씀드리고 싶습니다.

[오답해설]
② 이 사람은 여수에 도착하여 가장 먼저 백반을 먹었다.
③ 향일암이라는 절은 산에 위치해 있어서 오르기 힘들었다.
④ 이 사람은 가족들과 나중에 여수에 오고 싶어 한다.

20 세 번째 문장에서 만들어진 꾸러미는 구내 복지취약계층 200가구에게 전달할 예정이라고 했으므로 ②의 내용과 같다.

- 사회적 기업 : 취약계층에게 사회서비스 또는 일자리를 제공하거나 사회적 목적을 추구하면서 서비스 생산 · 판매 등 영업 활동을 하는 기업
  예 취약계층 일자리 사업을 진행하는 곳은 사회적 기업이다.
- 취약계층 : 사회적으로 보호가 필요한 계층
  예 노인, 어린이, 장애인은 취약계층에 해당한다.
- 발 벗고 나서다 : 적극적으로 나서다.
  예 그는 어머니의 일이라면 발 벗고 나섰다.
- 독거 : 홀로 지냄
  예 독거 노인을 대상으로 건강검진을 하고 있다.
- 저소득 : 적은 벌이
  예 저소득 근로자들을 위한 정책이 시급하다.
- 보탬 : 보태어 돕는 일
  예 불규칙한 생활은 건강에 아무런 보탬이 되지 않는다.

[오답해설]
① 꾸러미는 △△기업 직원들이 직접 포장하였다.
③ 구내 독거 어르신과 저소득 장애인 등 복지취약계층에게 전달한다.
④ △△기업은 모두 건강한 여름을 보내는 데 보탬이 되길 바란다고 했다.

21 마지막 문장에서 컴퓨터 작업 시 눈을 자주 깜박이고, 적절한 휴식을 취하는 것이 좋다고 하였으므로 ④의 내용은 옳다.

- 안구건조증 : 눈알에 눈물이 젖지 않고 건조하여 나타나는 병
  예 안구건조증은 요즘 직장인들에게 흔하게 발생하는 증상이다.
- 건조 : 말라서 습기가 없음
  예 겨울에는 날이 건조해 정전기가 많이 일어난다.
- 발생률 : 어떤 사물이 생겨나거나 나타나는 비율
  예 이 도로의 교통사고 발생률이 점점 증가하고 있다.
- 쐬다 : 얼굴이나 몸에 바람이나 연기, 햇빛을 직접 받다.
  예 너무 더워 에어컨 바람을 쐬었다.
- 면역력 : 외부에서 들어온 병원균에 저항하는 힘

예 면역력이 강한 사람은 감기에 잘 걸리지 않는다.

- 취약하다 : 무르고 약하다.

예 나는 수학 과목에 취약하다.

- 환기 : 탁한 공기를 맑은 공기로 바꿈

예 하루에 한 번씩은 집 안을 환기시켜 주는 것이 좋다.

- 방부제 : 미생물의 활동을 막아 물건이 썩지 않게 하는 약

예 이 제품은 방부제가 들어가지 않은 천연 식품입니다.

- 인공눈물 : 자연적인 눈물을 대신하는 액체 화합물의 약

예 인공눈물을 사러 약국에 들렀다.

- 완화하다 : 병의 증상을 줄어들게 하거나 누그러지게 하다.

예 배가 아프던 증상이 완화되었다.

- 깜박이다 : 눈을 감겼다 뜨였다 하다.

예 무슨 대답을 해야 할지 생각하느라 눈을 계속 깜박이고 있다.

[오답해설]

① 안구건조증은 가을, 겨울보다 오히려 여름에 환자 발생률이 높은 질환이다.

② 여름철 안구건조증은 에어컨 등 바람을 자주 쐬고 더위로 인해 신체 면역력이 떨어지기 때문에 발생한다.

③ 눈이 건조하면 방부제가 없는 인공눈물을 사용해야 부작용이 없다.

22 첫 번째 문단에서는 여름철에 안구건조증이 많이 발생하는 이유를 설명하였고, 두 번째 문단에서는 안구건조증의 예방법에 대해 말하고 있으므로 제목으로는 ④가 가장 적절하다.

- 악화시키다 : 나쁜 방향으로 변화하게 하다.

예 무리한 등산으로 무릎 통증을 더욱 악화시켰다.

- 구입처 : 물건을 사들인 곳

예 이 마스크의 구입처 좀 알려주세요.

23 결혼을 했을 때는 혼인신고를 하여야 한다. 혼인신고는 구청이나 읍 · 면사무소 등에서 할 수 있다. 또, 아이가 태어났을 때는 출생신고를 하여야 하는데, 주민센터나 읍 · 면사무소 등을 방문해 할 수 있다.

- 방문하다 : 어떤 사람이나 장소를 찾아가서 만나거나 보다.

예 시간이 되면 내일 오후 3시에 제 사무실을 방문해 주시겠어요?

- 전입신고 : 거주지를 옮길 때 새로 살게 된 곳의 관청에 그 사실을 알리는 일

예 새로 이사한 후 동사무소에 가서 전입신고를 마쳤다.

- 주민등록 : 모든 주민을 주소지의 시 · 군 · 읍에 등록하게 하는 일

예 주민등록 등본을 떼러 동사무소에 다녀왔다.

24 대한민국 국회의원의 임기는 4년이며, 한 사람이 몇 번이고 당선될 수 있다(중임제). 이와 다르게 대통령의 경우 5년의 임기를 가지며 단 한 번만 당선될 수 있다(단임제).

- 당선하다 : 선거에서 뽑히다.
  예 투표를 통해 미리암 씨가 노동조합 대표로 당선되었다.
- 선출하다 : 여럿 가운데서 골라내다.
  예 학생들이 반장을 선출했다.

25 생강이나 계피를 달인 물에 설탕이나 꿀을 넣고 끓인 전통 음료는 '수정과'이다. 식혜는 밥을 엿기름으로 삭힌 후에 설탕이나 꿀을 넣고 끓여 차게 먹는 전통 음료이다.

- 발효하다 : 효모나 세균 등의 미생물이 탄수화물 등의 성분을 분해하여 음식을 변화시키는 일을 말하는 것으로 술이나 장, 치즈 등을 만드는 방법으로 활용된다.
  예 치즈, 장, 젓갈, 요거트 등은 재료를 발효시켜 만드는 대표적인 발효식품이다.
- 빚다 : 쌀의 원재료와 누룩 등을 버무려 술을 만들다.
  예 예전에는 집집마다 각자 술을 빚어 마셨다.
- 삭히다 : 김치나 젓갈 등의 음식물이 발효되어 맛이 들다.
  예 홍어를 삭혀 먹는 홍어삼합은 한국인들도 먹기 어려워하는 경우가 많다.
- 숙성하다 : 효소나 미생물에 의해 발효된 것이 잘 익다.
  예 술이 충분히 숙성되었으면 깨끗한 병에 옮겨 담는다.
- 버무리다 : 여러 가지를 한데에 뒤섞다.
  예 잘게 썬 오징어를 초고추장에 버무렸다.
- 밭치다 : '건더기와 액체가 섞인 것을 체나 거르기 장치에 따라서 액체만을 따로 받아 내다' 라는 뜻의 '밭다'를 강조하는 말
  예 잘 숙성된 술을 체에 밭쳤다.
- 거르다 : 찌꺼기나 건더기가 있는 액체를 체나 거름종이 등에 밭쳐서 액체만 받아내다.
  예 필터를 통해 커피 원두는 거르고 커피만 주전자에 받는다.
- 절다 : 채소, 나물이나 생선 등에 소금이나 식초, 설탕 등에 담가 간이 배어들다.
  예 어머니께서는 김치를 담그기 위해 배추를 잔뜩 절여 두셨다.
- 담그다 : 김치·술·장·젓갈 등을 만드는 재료를 버무리거나 물을 부어 익거나 삭도록 넣어 두다.
  예 올해는 오징어젓갈을 직접 담글 계획이다.

[오답해설]

① 된장은 메주에 소금물을 부어 발효시킨 후에 물을 떠내고 남은 건더기에 소금을 넣어 만든다. 참고로 이때 떠낸 물이 바로 '간장'이다.

② 막걸리는 쌀과 누룩으로 술을 빚은 뒤 숙성되면 체에 밭쳐 버무려서 걸러낸 술이다. 쌀알이 부서지면서 하얀색의 술이 된다.

③ 젓갈은 생선의 살이나 알, 창자 등을 소금에 짜게 절여 발효시킨 식품을 통틀어 말한다. 한국의 대표적인 발효식품 중 하나이다.

26 '신사임당'은 조선 중기의 화가이자 시인이었으며, 유명한 학자인 율곡 이이의 어머니이다. 현재 대한민국의 지폐 5만 원권에 그려져 있는 인물이다.

- 누이 : 남자가 같은 부모에게서 태어난 사이 혹은 친척인 사람 중 여자 형제를 이르는 말
  예 제 누이는 여자 중학교에 입학했어요.
- 문신 : 문과 출신의 벼슬을 가진 신하
  예 이순신 장군의 집안은 대대로 문신을 지냈다.
- 다스리다 : 국가나 사회, 단체, 집안의 일을 보살펴 관리하고 통제하다.
  예 그는 국법에 따라 나라를 엄하게 다스렸다.

[오답해설]

② 허난설헌 : 조선 중기의 시인으로, 홍길동전을 지은 허균의 누이이다. 그의 시를 모아 편찬한 '난설헌집'은 중국에서 큰 인기를 끌기도 하였다.

③ 퇴계 이황 : 조선 전기의 학자이자 문신으로, 현재 대한민국의 지폐 천 원권에 그려져 있다.

④ 선덕여왕 : 신라 최초로 여왕의 자리에 올라 16년간 나라를 다스린 인물이다.

27 '팔만대장경'은 몽골의 고려 침입에 맞서 부처의 힘으로 몽골군을 물리치기 위해 만든 대장경이다. 해인사 장경판전에 보관 중이며, 해인사 장경판전은 유네스코 세계문화유산으로 지정되어 있다. 금속 활자로 인쇄된 책 중 현전하는 가장 오래된 책은 '직지심체요절'이다.

- 활자 : 네모난 기둥 모양의 금속 윗면에 문자나 기호를 볼록 튀어나오게 새긴 것
  예 서양보다 200여 년이나 앞선 세계 최초의 금속 활자가 고려에서 발명되었다.
- 현전하다 : 현재까지 전하여 오다.
  예 삼국유사를 통해 백제와 신라, 고구려의 역사가 현전하고 있다.
- 의서 : 의학에 관한 책
  예 동의보감은 당시 동양의 의학을 모두 모아 정리한 최고의 의서였다.
- 집대성하다 : 여러 가지를 모아 하나의 체계를 이루어 완성하다.
  예 이 책은 전국의 설화를 집대성하여 편찬한 것이다.
- 왕조 : 한 왕가가 다스리는 시대
  예 조선 왕조는 약 500년간 이어졌다.
- 의관 : 조선 시대 내의원에 속하여 의술을 행하던 벼슬
  예 의관들은 임금의 병이 무엇인지 알아내기 위해 최선을 다했다.

[오답해설]

① 훈민정음은 세종대왕이 창제한 우리나라의 글, 즉 한글의 이름이기도 하지만, 동시에 그 한글에 대한 해설이 적혀 있는 책의 이름이기도 하다.

② 조선왕조실록은 조선의 첫 번째 왕 태조로부터 제25대 왕 철종에 이르기까지 472년간의 역사를 연월일 순서에 따라 기록한 역사서이다. 단일 왕조의 역사서로서는 전 세계에서 가장 규모가 큰 책이다.

④ 동의보감은 조선시대의 의관인 허준이 중국과 조선의 의서들을 집대성하여 지은 조선 최고의 의학서적이다.

28 두 번째 문장에서 모든 국민에게 공평하게 세금을 부과하는 것이라고 했으므로 이는 납세임을 알 수 있다. 따라서 빈칸에 들어갈 말은 '납세의 의무'이다.

- 특권층 : 사회적으로 특권을 누리는 신분이나 계급
  예 특권층만 돈을 벌 수 있는 환경이다.
- 면세 : 세금을 면제함
  예 공항에는 면세 상품을 판매한다.
- 감세 : 세금의 액수를 줄이거나 세율을 낮추는 일
  예 저소득자에 대한 감세 정책이 있다.
- 부과 : 세금이나 부담금 따위를 매기어 부담하게 함
  예 신호위반을 하면 범칙금이 부과된다.
- 채택 : 작품, 의견, 제도 따위를 골라서 다루거나 뽑아 씀
  예 증인 채택의 어려움이 있다.

[오답해설]

① 국방의 의무 : 만 18세 이상 대한민국 남성은 일정 기간 군에 입대해야 한다.

③ 교육의 의무 : 부모는 만 6세 이상의 자녀를 학교에 보내 교육받게 해야 한다.

④ 근로의 의무 : 능력 범위 내에서 정당한 근로를 통해 생활을 영위해야 한다.

[작문형 예시 답안]

한국에서 팟타이를 먹은 적이 있습니다. 방콕에서 팔던 것처럼 피시소스도 들어갔고, 매운 고추도 들어가 있었습니다. 그런데 고수가 들어가 있지 않았던 것은 고향과 달랐습니다.

[구술형 예시 답안]

01 카드로 결제하고 있는 모습입니다.

02 카드로 결제하는 경우 현금을 들고 다니지 않아도 된다는 점이 장점입니다.

03 저는 베트남에서 QR코드로 결제를 가장 많이 이용했습니다. 현금의 절도 위험을 방지할 수 있고, 전염병 위험도 감소시킬 수 있기 때문입니다.

04 저는 집 근처의 전통시장을 자주 이용합니다. 특히 야채나 과일, 생선 같은 것들을 살 때는 시장이 좋습니다. 싱싱한 물건을 직접 골라서 담을 수도 있고, 사장님과 흥정을 하며 물건을 싸게 살 수도 있어서 좋습니다. 또, 자주 가는 가게는 사장님이 얼굴을 기억하고 물건을 더 많이 주기도 하셔서 한국 사람들의 정을 느낄 수 있습니다.

05 게임은 일상에 지친 사람들이 스트레스를 풀 수 있는 하나의 방법이 됩니다. 또 잘 만든 게임은 마치 영화처럼 좋은 이야기나 여러 가지 생각할 거리들을 남겨 줍니다. 다만 쉽게 중독될 수 있어 적당한 조절이 반드시 필요하고, 일부 게임은 돈을 많이 쓰도록 유도하기 때문에 조심해야 합니다. 또, 범죄나 폭력을 미화하는 게임도 있어서, 특히 아이들이 이런 게임에 빠지지 않도록 잘 관리해 주어야 합니다.

MEMO

귀화시험 사회통합프로그램 **중간평가 모의고사**

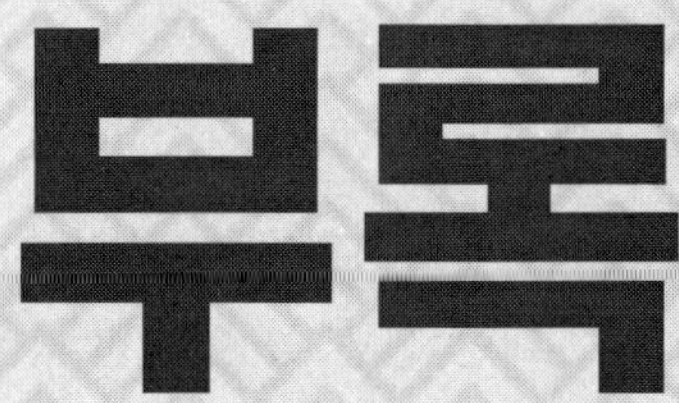

부록

부록 01

면접심사

면접심사 미리보기

1) 면접심사란

① 면접심사에서는 국어 능력 및 대한민국 국민으로서의 자세와 자유민주적 기본질서에 대한 신념 등 대한민국 국민으로서 갖추어야 할 기본요건을 심사한다(국적법 시행규칙 제4조 4항).

② 면접심사 기준에 미달할 경우 시험에 합격할 수 없다.

2) 면접심사 개요

※ 다음은 2021년 6월 기준이며, 정확한 사항은 법무부 국적과에 문의하시기 바랍니다.

① 목적 : 대한민국 국민으로서 기본소양 요건 심사

② 대상 : 면접 면제대상자를 제외한 모든 귀화허가 신청자

※ 면접 면제대상자

- 국적을 회복한 사람의 배우자로서 만 60세 이상인 사람
- 귀화허가 신청 당시 만 15세 미만인 사람
- 사회통합프로그램 5단계 수료 후 종합평가 합격자
- 독립유공자의 후손
- 독립유공자 · 국가유공자의 직계존비속의 배우자로서 만 60세 이상인 사람
- 국적판정을 받은 사할린동포의 배우자로서 만 60세 이상인 사람

  ※ 단, 국적판정을 받은 후 혼인한 배우자는 제외
- 국적판정을 받은 사할린동포의 자녀로서 간이귀화 또는 특별귀화허가 신청한 만 60세 이상자

③ 면접관(2인 1조) : 귀화 민간면접관 위촉 및 처우에 관한 규정에 따라 위촉된 면접관 2명이 1조로 면접심사 실시

④ 귀화허가신청자에게 면접심사 응시기회는 총 2회가 주어지며, 2회 모두 불합격(불참)하는 경우 귀화허가 신청 불허

2. 면접심사 평가 구성

※ 공개되는 면접심사 본보기 문제는 질문의 수준과 범위를 제시할 뿐 실제 시험에서는 다른 문제가 출제될 수도 있습니다.

1) 한국어 능력

한국어로 대화하고, 의미를 이해할 수 있는 능력

2) 대한민국 국민의 자세

① 국경일의 종류와 제정 의의 – 대한민국에는 많은 국경일이 있습니다. ㅇㅇ절(날)은 언제이고, 그 날을 기념하는 이유는 무엇인가요?

② 권리와 의무 – 대한민국 국민의 기본적 권리와 의무는 무엇인가요?

3) 자유민주적 기본질서에의 신념

① 민주주의의 의미 – 대한민국은 민주주의 국가입니다. 대한민국의 주권은 누구에게 있습니까?

② 국가기관의 종류와 역할 – 범죄를 예방 · 진압하고 치안을 유지하는 국가기관은 어디입니까?

4) 국민으로서의 기본소양

① 대한민국의 역사 – 일제강점기에 우리나라 독립을 위해 희생한 독립운동가(애국지사) ㅇㅇㅇ에 대해 말해보세요.

② 생활 상식 – ㅇㅇ가 아플 때는 어느 병원에 가야 하나요?

5) 애국가 가창 여부

애국가 1절을 부를 줄 알아야 함

6) 예의 및 태도

단정한 복장 및 자세, 성실하고 진지한 태도

3. 면접심사 합격 Tip

1) 애국가는 반드시 부를 줄 알아야 한다.

애국가는 가사만 외워서는 안 되고, 실제 부를 줄 알아야 한다. 1절은 기본으로 알고 있어야 하며 2절~4절을 불러야 하는 경우도 있다. 그러므로 애국가는 반드시 알아두자.

2) 지역 사회에 관심을 갖자.

만약 귀화시험 준비자가 수원에 살고 있다면 부산에 있는 산, 광주에 있는 산까지 반드시 알 필요는 없다. 하지만 부산에 살고 있다면 '금정산' 정도는 알고 있어야 한다. 같은 원리로 광주에 살고 있다면 '무등산' 정도는 알아야 한다. 각 지역 연고 스포츠 팀이라든지, 특산물 등은 출제 가능성이 높으니 반드시 정리해 두도록 하자.

3) 가족을 표현하자.

내 가족의 이름, 사는 곳, 직업 등을 물어볼 수 있다. 가장 잘 알고 있는 내용이지만 이 또한 말하는 연습을 하지 않는다면 자칫 당황할 수 있다. 그러므로 내 가족을 '제 남편은 ○○○입니다'와 같이 표현하는 연습을 충분히 해 두자.

4) 자만은 금물이다.

한국에서 오래 살았다고 해서 한국에 대해 잘 안다고 생각하면 오산이다. 귀화시험도 하나의 시험이니만큼 준비하지 않고 응시했다간 탈락의 고배를 마실 수 있다. 한국어는 기본으로 알고 있어야 하며 더불어 문화, 역사, 시사 등에 관심을 갖고 있어야 한다. 마지막으로 모의고사 등을 풀어봄으로써 실전 감각을 길러야 한다.

면접심사 출제예상문제

1. 국어능력

[문] **서약서를 읽어보세요.**

'나는 대한민국에 귀화함에 있어 대한민국에 충성을 다하고 대한민국의 헌법과 법률이 정한 내용을 준수하며 자유민주적 기본질서를 수호하고 평화통일을 지향하며 대한민국 국민으로서의 의무와 책임을 다할 것을 엄숙히 서약합니다.'

[답] (천천히 또박또박 읽는다)

[문] **서약서의 내용을 이해했나요?**

[답] 네, 대한민국 국민으로서 지켜야 할 의무와 책임을 잘 지키겠다는 내용입니다.

[문] **자신의 이름을 한글로 써보세요.**

[답] (자신의 이름을 쓴다)

[문] **남편(혹은 아내)의 이름을 써보세요.**

[답] (또박또박 정확하게 이름을 쓴다)

[문] **'훈민정음'이란 무엇입니까?**

[답] 훈민정음은 세종대왕이 창제한 한글을 말합니다. 백성을 가르치는 바른 소리라는 뜻을 가지고 있습니다.

[문] **형과 아우와 같은 남자만의 관계를 '형제'라고 합니다. 그렇다면 오빠와 누이 같은 혼성 관계를 무엇이라고 합니까?**

[답] '남매'입니다.

[문] **남편의 아버지, 어머니를 뭐라고 부릅니까?**

[답] 시아버지, 시어머니라고 부릅니다.

[문] **'양보'라는 단어의 뜻을 알고 계십니까?**

[답] 네, 자리나 물건 등을 다른 사람에게 주거나 배려하는 것을 말합니다.

[문] **'평등'이란 무엇을 말합니까?**

[답] 사람들에게 주어지는 자격이나 권리 같은 것들이 차별 없이 같은 것을 말합니다.

[문] **저출산과 고령화의 뜻을 알고 있습니까?**

[답] 저출산은 출산율이 낮아지는 것, 고령화는 전체 인구에서 노인 인구가 많아지는 현상을 말합니다.

[문] **연고란 무엇입니까?**

[답] 서로의 공통점을 연결고리로 맺어지는 관계를 말합니다.

2. 대한민국 국민으로서의 자세

[문] **국기에 대한 맹세를 말해 보세요.**

[답] 나는 자랑스러운 태극기 앞에 자유롭고 정의로운 대한민국의 무궁한 영광을 위하여 충성을 다할 것을 굳게 다짐합니다.

[문] **읽은 것의 내용을 이해하고 있습니까?**

[답] 네, 태극기에 충성을 다짐한다는 내용입니다.

[문] **대한민국의 국기는 무엇입니까?**

[답] 태극기입니다.

[문] **우리나라의 국화는 무엇입니까?**

[답] 무궁화입니다.

[문] **대한민국 국민으로서의 4가지 의무는 무엇입니까?**

[답] 납세의 의무, 국방의 의무, 근로의 의무, 교육의 의무입니다.

[문] **세금은 어디에 사용합니까?**

[답] 국방, 공공시설 확충과 운영 등 나라 운영에 사용합니다.

[문] **우리나라의 남성이 국방의 의무를 다하기 위해 의무적으로 가야 하는 곳은 어디입니까?**

[답] 군대입니다.

[문] **한국의 4대 보험은 무엇입니까?**

[답] 건강보험, 고용보험, 국민연금, 산업재해보상보험입니다.

[문] **자녀를 의무적으로 학교에 보내야 하는 기간은 언제까지입니까?**

[답] 초등학교 6년, 중학교 3년까지입니다.

[문] **제헌절은 언제입니까?**

[답] 7월 17일입니다.

[문] **광복절은 무슨 날입니까?**

[답] 대한민국이 일제로부터 해방된 날입니다.

[문] **단군의 개국을 기념하는 날은 언제입니까?**

[답] 10월 3일 개천절입니다.

[문] **국경일에는 무엇을 해야 합니까?**

[답] 태극기를 게양해야 합니다.

[문] **현충일에는 태극기를 어떻게 답니까?**

[답] 조기를 게양해야 합니다.

[문] **일본과 영유권 분쟁이 일어나는 섬의 이름은 무엇입니까?**

[답] 독도입니다.

[문] **6 · 25는 어느 쪽이 먼저 침략한 전쟁입니까?**

[답] 북한이 남침한 전쟁입니다.

[문] **신분을 증명하는 카드 형태의 증서를 무엇이라고 합니까?**

[답] 주민등록증입니다.

[문] **독도에 대해 알고 있습니까? 어디에 있습니까?**

[답] 독도는 대한민국에서 동쪽 가장 끝에 있는 섬이고, 대한민국의 영토입니다.

3. 자유민주적 기본질서에 대한 신념

[문] **민주주의란 무엇입니까?**

[답] 국민이 주인인 정치체제를 말합니다.

[문] **자유민주주의를 부정하는 행동을 해도 됩니까?**

[답] 아니오. 안 됩니다.

[문] **자유에는 책임이 따른다고 생각하십니까?**

[답] 네, 책임 없이 무작정 자기 마음대로 해서는 안 됩니다.

[문] **돈이 많은 사람은 투표권을 세 장 갖고 있어도 될까요?**

[답] 안 됩니다. 1인 1표가 주어져야 합니다.

[문] **선거일에 투표를 하지 않고 여행을 다니는 것에 대해 어떻게 생각하십니까?**

[답] 선거는 국민의 주권을 행사하는 것이므로 투표를 해야 합니다. 투표를 하지 않고 여행을 다니는 것은 올바르지 않은 행동입니다.

[문] 한국에서는 몇 살부터 투표권을 갖습니까?

[답] 만 18세부터 투표권이 주어집니다.

[문] 북한의 독재와 남한의 민주주의 중 어느 쪽이 옳다고 생각하십니까?

[답] 남한의 민주주의입니다.

[문] 통일은 어떻게 이루어져야 합니까?

[답] 통일은 평화적으로 이루어져야 합니다.

[문] 대통령은 국민 위에서 국민을 지배하는 사람입니까?

[답] 아니오, 대통령은 국민의 권력을 위임받아 나라를 다스리는 사람입니다.

[문] 현 대한민국의 대통령은 누구입니까?

[답] 윤석열 대통령입니다.

[문] 법을 만드는 곳은 어디입니까?

[답] 국회입니다.

[문] 법원에서 재판하고 판결을 내리는 사람은 누구입니까?

[답] 판사입니다.

[문] 대통령과 국회의원의 임기는 몇 년입니까?

[답] 대통령은 5년, 국회의원은 4년입니다.

[문] 북한과 남한의 회담이 이루어지는 장소는 어디입니까?

[답] 판문점입니다.

4. 국민으로서 갖추어야 할 기본소양

〈사회〉

[문] **대한민국의 수도는 어디입니까?**

[답] 서울입니다.

[문] **서울의 옛 이름은 무엇입니까?**

[답] 한양, 경성이라고 불렀습니다.

[문] **한국의 화폐 단위는 무엇입니까?**

[답] 원입니다.

[문] **한국의 주요 수출품은 무엇입니까?**

[답] 반도체, 자동차, 선박, 휴대전화 등이 있습니다.

[문] **한국의 1인당 국민총소득은 얼마입니까?**

[답] (2022년 기준) 1인당 약 3만 2천 달러 이상입니다.

[문] **수도권이란 무엇을 말합니까?**

[답] 수도권은 한국의 수도인 서울과 그 주변 지역을 말합니다.

[문] **한국의 특별시는 어디입니까?**

[답] 특별시는 서울시입니다. 세종은 특별자치시, 제주와 강원은 특별자치도입니다.

[문] **한국의 광역시는 몇 개이고 어디입니까?**

[답] 6개입니다. 인천, 부산, 대구, 대전, 광주, 울산입니다.

[문] **우리나라 동쪽에 있는 바다의 명칭은 무엇입니까?**

[답] 동해입니다.

[문] **우리나라에서 갯벌이 많은 해안은 어디입니까?**

[답] 서해안과 남해안입니다.

[문] **우리나라의 제일 큰 섬은 어디입니까?**

[답] 제주도입니다.

[문] **이 지역 특산물은 무엇입니까?**

[답] (지역 특산물을 알아둔다. 예 울릉도는 오징어가 유명합니다.)

[문] **지금은 무슨 계절입니까?**

[답] (봄, 여름, 가을, 겨울 중 지금의 계절을 말한다)

[문] **우리나라에서 가장 빠른 기차는 무엇입니까?**

[답] KTX와 SRT입니다.

[문] **지하철이 있는 도시는 어디입니까?**

[답] 서울과 수도권, 인천, 부산, 대구, 대전, 광주입니다.

[문] **우리나라에서 가장 긴 고속도로는 무엇입니까?**

[답] 경부고속도로입니다.

[문] **대한민국의 방송사는 무엇이 있습니까?**

[답] 공영방송사인 KBS를 비롯하여, MBC, SBS, EBS 등이 있습니다.

[문] **우리나라의 교육과정 순서를 말해보세요.**

[답] 유치원 - 초등학교 - 중학교 - 고등학교 - 대학교입니다.

[문] **오만 원권 지폐에 그려진 인물은 누구입니까?**

[답] 신사임당입니다.

[문] **100원짜리 동전에 그려져 있는 인물은 누구입니까?**

[답] 이순신 장군입니다.

[문] **서울올림픽이 개최된 연도는 언제입니까?**

[답] 1988년입니다.

[문] **2018년 동계올림픽 개최지는 어디입니까?**

[답] 평창입니다.

[문] **한국에서 최초로 노벨 평화상을 수상한 사람은 누구입니까?**

[답] 김대중 전 대통령입니다.

〈역사〉

[문] **우리나라 최초의 국가는 무엇이며, 누가 건국하였습니까?**

[답] 단군왕검이 고조선을 세웠습니다.

[문] **요동과 만주지역까지 진출하여 우리나라 최대의 영토를 차지했던 인물은 누구입니까?**

[답] 광개토대왕입니다.

[문] **발해를 세운 사람은 누구입니까?**

[답] 대조영입니다.

[문] **고려를 세운 사람은 누구입니까?**

[답] 태조 왕건입니다.

[문] **고려를 대표하는 예술품은 무엇입니까?**

[답] 고려청자입니다.

[문] **부처님의 힘으로 몽골의 침입을 막기 위해 만든 것은 무엇입니까?**

[답] 팔만대장경입니다.

[문] **한글을 창제한 사람은 누구입니까?**

[답] 세종대왕입니다.

[문] **측우기와 해시계, 물시계 등을 만든 사람은 누구입니까?**

[답] 장영실입니다.

[문] **임진왜란 때 거북선을 만들고, 전쟁에서 큰 승리를 거둔 사람은 누구입니까?**

[답] 이순신 장군입니다.

[문] **조선시대에 만들어진 의학서적 〈동의보감〉은 누가 만들었습니까?**

[답] 허준입니다.

[문] **일제강점기의 독립운동가에는 어떤 이들이 있습니까?**

[답] (김구, 안중근, 유관순, 윤봉길 등)

[문] **일제로부터 해방되어 독립한 날은 언제입니까?**

[답] 1945년 8월 15일입니다.

[문] **6 · 25전쟁이 일어난 해는 몇 년도입니까?**

[답] 1950년입니다.

[문] **5 · 18민주화운동이 무엇인지 간단히 설명해 보세요.**

[답] 1980년에 광주 지역에서 신군부 세력에 맞서 민주주의를 쟁취하기 위해 학생들과 시민들이 나선 운동입니다.

〈문화〉

[문] 음력 1월 1일은 무슨 날입니까?

[답] 설날입니다.

[문] 설날에 어른께 큰절을 올리는 것을 무엇이라고 합니까?

[답] 세배입니다.

[문] 설날과 추석에 먹는 음식은 무엇입니까?

[답] 설날에는 떡국, 추석에는 송편을 먹습니다.

[문] 동지는 무슨 날이고, 무슨 음식을 먹습니까?

[답] 동지는 일 년 중 밤이 가장 긴 날입니다. 이날 동지 팥죽을 먹습니다.

[문] '환갑'은 무엇입니까?

[답] 61세가 되는 생일을 말합니다.

[문] 태어나서 맞이하는 첫 번째 생일을 무엇이라고 합니까?

[답] 돌이라고 합니다.

[문] '더도 말고 덜도 말고 한가위만 같아라'라는 말은 왜 생겼습니까?

[답] 한가위가 일 년 중 가장 풍요로운 시기이므로 이런 말이 생겼습니다.

[문] 우리나라 고유의 옷을 무엇이라고 합니까?

[답] 한복입니다.

[문] 나무 막대 4개를 던져서 나온 수만큼 말을 움직이는 전통놀이는 무엇입니까?

[답] 윷놀이입니다.

[문] 생일에 먹는 음식은 무엇입니까?

[답] 미역국입니다.

[문] **한식에서 국물이 많은 음식은 어떤 종류가 있습니까?**

[답] 찌개, 국, 탕, 전골 등이 있습니다.

[문] **시험을 보기 전 합격의 의미에서 선물하는 음식을 알고 있습니까?**

[답] 찹쌀떡과 엿을 선물합니다.

[문] **겨울 동안 먹을 김치를 한꺼번에 많이 담그는 것을 무엇이라고 합니까?**

[답] 김장이라고 합니다.

[문] **국보 1호와 보물 1호는 무엇입니까?**

[답] 국보 1호는 숭례문, 보물 1호는 흥인지문입니다.

[문] **국가무형문화재 1호는 무엇입니까?**

[답] 종묘제례악입니다.

[문] **서울 5대 고궁은 무엇입니까?**

[답] 경복궁, 창덕궁, 창경궁, 덕수궁, 경희궁입니다.

〈생활 상식〉

[문] **혼인신고는 어디에 합니까?**

[답] 구청에서 합니다.

[문] **아이의 출생신고는 어디에 합니까?**

[답] 주민자치센터에서 합니다.

[문] **통장을 만들거나 돈을 저금하고, 빌리는 곳은 어디입니까?**

[답] 은행입니다.

[문] **몸이 아프면 어디에 가야 합니까?**

[답] 병원이나 보건소에 갑니다.

[문] **범죄를 예방하고 치안을 담당하는 기관은 어디입니까?**

[답] 경찰서입니다.

[문] **편지나 소포를 보낼 때는 어디에 갑니까?**

[답] 우체국에 갑니다.

[문] **옆집에 불이 나면 어떻게 해야 합니까?**

[답] 소방서(119)에 화재 신고를 하고, 사람들이 대피할 수 있도록 도와주어야 합니다.

[문] **신호등이 무슨 색일 때 길을 건넙니까?**

[답] 초록색일 때 건넙니다.

[문] **길에서 지갑을 주웠습니다. 어떻게 해야 합니까?**

[답] 주인이 찾을 수 있도록 경찰서에 가져다 줍니다.

[문] **장례식장에 갈 때 예절은 무엇입니까?**

[답] 검정색 옷을 입고 조의금을 준비합니다.

[문] **노약자석은 무엇입니까?**

[답] 노인, 장애인, 아이, 임산부처럼 몸이 불편하거나 약한 사람들이 앉는 자리입니다.

[문] **임산부에게 자리를 양보하는 이유는 무엇입니까?**

[답] 임산부는 임신 상태로 몸이 무겁고 이동에 불편을 느끼기 때문입니다.

[문] **일반쓰레기는 어떻게 버려야 합니까?**

[답] 쓰레기 종량제 봉투에 담아 지정된 장소에 버려야 합니다.

5. 애국가 가창 여부

[문] **애국가 1절을 불러보세요.**

[답] 동해물과 백두산이 마르고 닳도록, 하느님이 보우하사 우리나라 만세
(후렴) 무궁화 삼천리 화려강산 대한 사람 대한으로 길이 보전하세

[문] **애국가 2절의 가사를 알고 있습니까? 불러보세요.**

[답] 네, '남산 위에 저 소나무 철갑을 두른 듯 바람 서리 불변함은 우리 기상일세'입니다.

[문] **애국가를 작곡한 사람은 누구입니까?**

[답] 안익태입니다.

6. 예의 및 태도

복장과 자세는 단정히 하고, 질문에는 존댓말로 답한다.

부록 02

면접심사 최신 기출복원문제

※ 본 기출복원문제는 사회통합프로그램 중간평가 수험생들의 후기 등을 참고하여 복원한 것이며, 실제 출제되었던 문제와는 약간의 차이가 있을 수 있습니다.

1. 일반

[문] **지금이 무슨 계절인가요?**

[답] (계절과 계절의 특징을 간단히 말한다. 예 지금은 여름입니다. 여름은 사계절 중 가장 더운 계절입니다.)

[문] **한국 돈의 단위는 무엇인가요?**

[답] '원(won)'입니다.

[문] **남편의 아버지를 뭐라고 부르나요?**

[답] 시아버지라고 부릅니다.

[문] **한국에서 가장 빠른 기차는 무엇인가요?**

[답] KTX와 SRT입니다.

[문] **한국 음식 중 국물이 있는 음식은 어떤 것이 있나요?**

[답] 김치찌개, 된장찌개, 미역국 등이 있습니다.

[문] **길을 갈 때 무거운 짐을 들고 가는 노인을 발견하면 어떻게 하겠습니까?**

[답] 짐을 대신 들어드리고 가능한 곳까지 바래다 드립니다.

[문] **한국이 통일이 되길 바라나요? 어떻게 통일이 되어야 한다고 생각하나요?**

[답] 통일이 되어야 합니다. 전쟁 없이 평화로운 방식으로 되어야 합니다.

[문] **한국의 학생들이 대학교에 들어가기 전 학교를 다니는 기간은 어떻게 되나요?**

[답] 초등학교 6년, 중학교 3년, 고등학교 3년으로 총 12년을 다닙니다.

[문] **한국의 남자는 몇 살 이후에 군대에 가나요?**

[답] 18세부터 군대에 갈 수 있습니다.

[문] **전쟁이 일어나면 어떻게 할 건가요?**

[답] 가족 모두의 안전을 지킬 수 있도록 나라의 지시에 따라 행동하겠습니다.

[문] **어느 복권에 당첨돼서 많은 돈이 생기면 무엇을 할 건가요?**

[답] (예 은행에 빌린 돈을 갚고, 대부분은 저축할 것입니다. 가족들과 맛있는 식사를 하고 싶습니다.)

[문] **한국을 상징하는 꽃은 무엇인가요?**

[답] 무궁화입니다.

[문] **횡단보도는 신호등이 무슨 색일 때 건너야 합니까?**

[답] 녹색일 때 건너야 합니다.

[문] **아파트에서 늦은 시간에 피아노를 치면 어떤 문제가 있나요?**

[답] 이웃에 사는 사람들이 피아노 소리에 시끄러워서 잠을 자지 못할 수 있습니다.

[문] **광복절은 언제인가요? 그 날은 어떤 날인가요?**

[답] 광복절은 8월 15일입니다. 대한민국이 일본의 식민지배에서 벗어난 날입니다.

[문] **한국에서 일을 하는 이유는 무엇인가요?**

[답] (예 고향의 가족에게 생활비를 보내주기 위해서입니다.)

[문] **제헌절은 무엇을 기념하기 위한 날인가요?**

[답] 한국의 헌법을 만든 날을 기념하는 날입니다.

[문] **현충일은 어떤 날인가요?**

[답] 나라를 위해 싸우다 돌아가신 분들의 충성을 기념하기 위한 날입니다.

[문] **환경오염을 막기 위해 가정에서 할 수 있는 일은 무엇이 있나요?**

[답] 분리배출을 잘하고 일회용품을 가능한 쓰지 않아야 합니다.

[문] **한국의 전통 무술로, 올림픽 정식종목으로 채택된 것은 무엇입니까?**

[답] 태권도입니다.

[문] **개천절은 몇 월 며칠입니까?**

[답] 10월 3일입니다.

[문] **외국인등록을 하기 위해서는 어디로 가야 합니까?**

[답] 출입국관리소에 가야 합니다.

[문] **오만 원권에 그려져 있는 사람은 누구인가요?**

[답] 신사임당입니다.

[문] **집이나 회사에 불이 났을 때는 어디로 전화를 걸어 신고해야 하나요?**

[답] 119에 전화를 걸어 신고해야 합니다.

[문] **우리나라의 4대보험은 무엇을 말하는 것인가요?**

[답] 국민건강보험과 산업재해보상보험, 고용보험, 국민연금을 말합니다.

2. 지리

[문] 독도에 대해 알고 있나요? 독도는 어디에 있나요?

[답] 대한민국의 영토로 일본이 영토 분쟁을 일으키는 곳입니다. 동해 울릉도 옆에 있습니다.

[문] 한국의 광역시는 몇 개인가요? 각각의 이름을 말해 보세요.

[답] 6개입니다. 인천광역시, 광주광역시, 대전광역시, 대구광역시, 울산광역시, 부산광역시입니다.

[문] 대한민국에서 가장 큰 섬은 어디입니까?

[답] 제주도입니다.

[문] 서울 한가운데를 흐르는 강의 이름은 무엇입니까?

[답] 한강입니다.

[문] 대한민국의 동쪽을 가로지르는 가장 큰 산맥의 이름은 무엇입니까?

[답] 태백산맥입니다.

[문] 한라산은 어디에 있습니까?

[답] 제주도에 있습니다.

[문] 서울의 4대문의 이름은 무엇인가요?

[답] 흥인지문(동대문), 돈의문(서대문), 숭례문(남대문), 숙정문(북대문)입니다.

3. 역사

[문] 우리 민족이 최초로 세운 나라는 무엇인가요?

[답] 단군왕검이 세운 고조선입니다.

[문] **우리나라의 글인 한글은 누가 만들었습니까?**

[답] 세종대왕께서 만들었습니다.

[문] **우리나라의 임시정부는 가장 처음 어디에 세워졌나요?**

[답] 중국 상하이에 세워졌습니다.

[문] **삼국 시대에 삼국을 통일한 나라는 어디인가요?**

[답] 신라입니다.

[문] **3 · 1운동을 주도했고, 일제의 고문에 돌아가신 여성 독립운동가는 누구입니까?**

[답] 유관순 열사입니다.

[문] **고려를 멸망시키고 조선을 세운 왕의 이름은 무엇입니까?**

[답] 태조 이성계입니다.

[문] **1950년에 우리나라는 어디와 전쟁을 했습니까?**

[답] 북한과 전쟁을 했습니다.

[문] **한국에 목화씨를 들여온 사람은 누구입니까?**

[답] 문익점입니다.

4. 문화

[문] **설날과 추석에 먹는 음식은 각각 무엇인가요?**

[답] 설날에는 떡국을 먹고, 추석에는 햇곡식으로 만든 송편을 먹습니다.

[문] **명절 때 주로 입는 우리나라 전통 복장은 무엇입니까?**

[답] 한복입니다.

[문] **한국에서 수능을 보는 학생들에게 주는 선물로는 무엇이 있나요?**

[답] 떡, 엿, 포크, 휴지 등이 있습니다.

[문] **동지에는 어떤 음식을 먹고, 그 음식을 먹는 이유는 무엇입니까?**

[답] 동지에는 팥죽을 먹습니다. 나쁜 귀신을 쫓는다는 의미가 있습니다.

[문] **과거 우리나라에서 결혼식을 할 때 대접했던 음식은 무엇입니까?**

[답] 예전에는 결혼식에 잔치국수를 대접했습니다. 긴 국수처럼 오래 잘 살라는 의미가 있습니다.

5. 법과 정치

[문] **헌법상 규정된 대한민국 국민의 4대 의무는 무엇인가요?**

[답] 대한민국 국민이 지켜야 하는 4대 의무는 국방의 의무, 납세의 의무, 교육의 의무, 근로의 의무입니다.

[문] **우리나라에서 최초로 노벨평화상을 수상한 사람은 누구인가요?**

[답] 김대중 전 대통령입니다.

[문] **한국의 선거 원칙에 대해 이야기해 보세요.**

[답] 한국은 직접선거, 보통선거, 평등선거, 비밀선거의 원칙에 따라 선거를 합니다.

[문] **비밀선거의 원칙은 무엇입니까?**

[답] 내가 투표한 사람을 다른 사람이 알지 못하도록 하는 것입니다.

[문] **우리나라의 첫 대통령의 이름은 무엇인가요?**

[답] 이승만 대통령입니다.

원고지 작성법

1. 원고지 작성법을 알아야 하는 이유

사회통합프로그램 중간평가, 귀화용 · 영주용 종합평가 모두 작문형 평가의 답안지가 원고지 형식으로 제공됩니다. 원고지는 일정한 사용법이 약속처럼 정해진 규격화된 양식이므로 글을 쓸 경우 그 사용법에 따라 작성하는 것이 중요합니다.

2. 글자쓰기

① 한글 : 한 칸에 한 자씩 씁니다.

예 나는 한국인이 될 수 있다.

	나	는		한	국	인	이		될		수		있	다	.				

② 숫자 : 하나일 때는 한 칸에 한 자를 쓰고, 숫자가 2개 이상일 경우 한 칸에 두 자씩 씁니다. 만약 홀수 개로 이루어진 숫자는 앞에서부터 두 자씩 끊어서 작성합니다.

예 오후 3시에 만나기로 했다.

	오	후		3	시	에		만	나	기	로		했	다	.				

예 오늘은 8월 15일이다.

	오	늘	은		8	월		15	일	이	다	.							

예 이번 시험은 35,000명이 지원했다.

	이	번		시	험	은		35	,0	00	명	이		지	원	했	다	.	

예 커피는 2,000원입니다.

	커	피	는		2,	00	0	원	입	니	다	.						

③ 알파벳 : 대문자는 한 칸에 한 자를 쓰고, 소문자는 한 칸에 두 자씩 씁니다. 만약 홀수 개로 이루어진 소문자는 앞에서부터 두 자씩 끊어서 작성합니다.

예 개인 ID와 비밀번호

	개	인		I	D	와		비	밀	번	호								

예 Not In My Back Yard

	N	ot		I	n		M	y		B	ac	k		Y	ar	d			

④ 숫자+알파벳 : 숫자와 알파벳을 함께 쓸 경우에는 한 칸씩 따로 씁니다.

예 3D 프린터로 인쇄하다.

	3	D		프	린	터	로		인	쇄	하	다	.						

3. 띄어쓰기

① 처음 시작할 때, 문단이 바뀔 때에는 첫 칸을 비우고 씁니다. 이를 '들여쓰기'라고 합니다.

예 이번엔 반드시 합격하자.

	이	번	엔		반	드	시		합	격	하	자	.						

② 둘째 줄부터는 띄어쓰기에 상관없이 첫 번째 칸부터 채워 씁니다.

예 요즘에는 필요한 물건을 대부분 인터넷으로 주문을 한다.

	요	즘	에	는		필	요	한		물	건	을		대	부	분		인	터
넷	으	로		주	문	을		한	다	.									

예 지구의 환경 오염을 해결하기 위하여 여러 나라들이 협력한다.

	지	구	의		환	경		오	염	을		해	결	하	기		위	하	여
여	러		나	라	들	이		협	력	한	다	.							

예 나의 취미는 배드민턴과 글쓰기이다. 두 가지 모두 꾸준히 할 것이다.

	나	의		취	미	는		배	드	민	턴	과		글	쓰	기	이	다	.
두		가	지		모	두		꾸	준	히		할		것	이	다.			

③ 한글과 쓰는 단위는 띄어 쓰고, 숫자와 쓰는 단위는 붙여서 씁니다.

예 휴지 두 장만 주세요.

	휴	지		두		장	만		주	세	요	.							

예 휴지 2장만 주세요.

	휴	지		2	장	만		주	세	요	.								

④ 헷갈리는 띄어쓰기

㉠ 몇 번

예 몇∨번 정도 해 보니까 알겠다.

	몇		번		정	도		해		보	니	까		알	겠	다	.		

㉡ ○○ 중

예 지금 공부∨중입니다.

	지	금		공	부		중	입	니	다	.								

ⓒ ○○ 등

예 가방에는 지갑, 핸드폰∨등이 있다.

	가	방	에	는		지	갑	,	핸	드	폰		등	이		있	다	.	

ⓔ 십 원, 백 원, 천 원, 만 원

예 지금 현금 사만 오천∨원이 있다.

	지	금		현	금		사	만		오	천		원	이		있	다	.	

ⓜ -∨것이다

예 오늘 안에 끝낼 것이다.

	오	늘		안	에		끝	낼		것	이	다	.						

예 내일 티켓을 예매할 것이다.

	내	일		티	켓	을		예	매	할		것	이	다	.				

ⓑ -∨것∨같다.

예 금방 비가 올 것 같다.

	금	방		비	가		올		것		같	다	.						

예 예정보다 더 늦게 도착할 것 같다.

	예	정	보	다		더		늦	게		도	착	할		것		같	다	.

ⓢ -∨수∨있다/없다

예 내 마음대로 선택할 수 있다.

	내		마	음	대	로		선	택	할		수		있	다	.			

예 한 발자국도 움직일 수 없었다.

	한		발	자	국	도		움	직	일		수		없	었	다.			

◎ -∨줄∨알다/모르다

예 그는 운전을 할 줄 안다.

	그	는		운	전	을		할		줄		안	다.						

예 정말 합격할 줄 몰랐다.

	정	말		합	격	할		줄		몰	랐	다.							

4. 문장부호

① 쉼표(,)와 마침표(.) 다음에는 한 칸을 띄지 않고 씁니다.

예 준비물은 신분증, 수험표, 물 등이다.

	준	비	물	은		신	분	증	,	수	험	표	,	물		등	이	다.	

예 오늘은 금요일이다. 기분이 좋다.

	오	늘	은		금	요	일	이	다	.	기	분	이		좋	다.			

② 느낌표(!), 물음표(?) 다음에는 한 칸을 띄우고 씁니다.

예 오늘 늦게 끝나니? 데리러 갈까?

	오	늘		늦	게		끝	나	니	?		데	리	러		갈	까	?	

예 와 이거 진짜 맛있어요! 내일 또

	와		이	거		진	짜		맛	있	어	요	!		내	일		또	

예 정말요? 말도 안 돼! 진짜 믿을

	정	말	요	?		말	도		안		돼	!		진	짜		믿	을	

③ 첫 번째 칸에는 문장 부호를 쓰지 않습니다. 즉, 문장 부호를 다음 줄로 넘기지 않습니다. 다음의 두 경우 모두 가능합니다.

예 이번 휴가는 가족들과 제주도로 간다.

	이	번		휴	가	는		가	족	들	과		제	주	도	로		간	다.

	이	번		휴	가	는		가	족	들	과		제	주	도	로		간	다	.

예 항상 지금처럼 열심히 일을 해봅시다!

	항	상		지	금	처	럼		열	심	히		일	을		해	봅	시	다	!

5. 원고지 연습하기

① 서울은 우리나라 수도이자 정치, 행정, 경제, 문화, 교통 등의 중심지이다.

② 뭐든지 마음대로 할 수 있어서 좋지 않냐고? 천만의 말씀!

③ 나는 11월 6일 Kmart에서 만두 5,000원어치를 샀다.

④ 요즘에는 인터넷이나 TV 홈쇼핑으로 집에서도 물건을 쉽게 구입할 수 있다.

⑤ 종이와 문자가 없었던 시절에는 정보를 주로 말로 전달했다. 그 후 문자와 종이가 발명되고 인쇄 기술이 발달하면서 책은 아주 중요한 정보 전달 방법이 되었다. 오늘날에는 과학 기술과 정보 통신 기술이 발달하여 인터넷을 비롯한 다양한 방법으로 정보를 전달하고 있다.

[정답]

①

서울은 우리나라 수도이자 정치, 행정,
경제, 문화, 교통 등의 중심지이다.

②

뭐든지 마음대로 할 수 있어서 좋지
않냐고? 천만의 말씀!

③

나는 11월 6일 Kmart에서 만두 5,
000원어치를 샀다.

④

요즘에는 인터넷이나 TV 홈쇼핑으로
집에서도 물건을 쉽게 구입할 수 있다.

⑤

종이와 문자가 없었던 시절에는 정보를 주로 말로 전달했다. 그 후 문자와 종이가 발명되고 인쇄 기술이 발달하면서 책은 아주 중요한 정보 전달 방법이 되었다. 오늘날에는 과학 기술과 정보 통신 기술이 발달하여 인터넷을 비롯한 다양한 방법으로 정보를 전달하고 있다.

※ 반드시 검정색 수성사인펜 사용

〈OMR 답안 작성법〉

① 본인이 신청한 해당 평가에 칠한다.

사회통합프로그램 기본소양 평가답안지 ▫사전평가 ▫중간평가 ▫종합평가

④ 자신의 영문이름을 쓴다.

※ 감독자만 기입하십시오.

외국인등록번호													
						–							
⓪	⓪	⓪	⓪	⓪	⓪		⓪	⓪	⓪	⓪	⓪	⓪	⓪
①	①	①	①	①	①		①	①	①	①	①	①	①
②	②	②	②	②	②		②	②	②	②	②	②	②
③	③	③	③	③	③		③	③	③	③	③	③	③
④	④	④	④	④	④		④	④	④	④	④	④	④
⑤	⑤	⑤	⑤	⑤	⑤	–	⑤	⑤	⑤	⑤	⑤	⑤	⑤
⑥	⑥	⑥	⑥	⑥	⑥		⑥	⑥	⑥	⑥	⑥	⑥	⑥
⑦	⑦	⑦	⑦	⑦	⑦		⑦	⑦	⑦	⑦	⑦	⑦	⑦
⑧	⑧	⑧	⑧	⑧	⑧		⑧	⑧	⑧	⑧	⑧	⑧	⑧
⑨	⑨	⑨	⑨	⑨	⑨		⑨	⑨	⑨	⑨	⑨	⑨	⑨

영문 이름 |

※ 주관식(단답형) 답은 뒷면에 기입하십시오.

시험지 유형	객관식									
Ⓐ	1	① ② ③ ④	11	① ② ③ ④	21	① ② ③ ④	31	① ② ③ ④	41	① ② ③ ④
	2	① ② ③ ④	12	① ② ③ ④	22	① ② ③ ④	32	① ② ③ ④	42	① ② ③ ④
Ⓑ	3	① ② ③ ④	13	① ② ③ ④	23	① ② ③ ④	33	① ② ③ ④	43	① ② ③ ④
	4	① ② ③ ④	14	① ② ③ ④	24	① ② ③ ④	34	① ② ③ ④	44	① ② ③ ④
	5	① ② ③ ④	15	① ② ③ ④	25	① ② ③ ④	35	① ② ③ ④	45	① ② ③ ④
	6	① ② ③ ④	16	① ② ③ ④	26	① ② ③ ④	36	① ② ③ ④	46	① ② ③ ④
	7	① ② ③ ④	17	① ② ③ ④	27	① ② ③ ④	37	① ② ③ ④	47	① ② ③ ④
	8	① ② ③ ④	18	① ② ③ ④	28	① ② ③ ④	38	① ② ③ ④	48	① ② ③ ④
	9	① ② ③ ④	19	① ② ③ ④	29	① ② ③ ④	39	① ② ③ ④		
	10	① ② ③ ④	20	① ② ③ ④	30	① ② ③ ④	40	① ② ③ ④		

주관식1		주관식2		구술형점수		감독 서명
⓪	⓪	⓪	⓪	⓪	⓪	
①	①	①	①	①	①	
②	②	②	②	②	②	
③	③	③	③	③	③	
④	④	④	④		④	
⑤	⑤	⑤	⑤		⑤	
					⑥	
					⑦	
					⑧	
					⑨	

③ 외국인 등록번호와 동일한 숫자를 칠한다.

⑤ 문제지 유형에 칠한다.

⑥ 답안지의 모든 기재 및 표기 사항은 '컴퓨터용 흑색 사인펜'으로만 작성해야 한다(컴퓨터용 흑색 사인펜 및 수정테이프 지참 가능).

② 자신의 외국인 등록번호를 쓴다.

〈답안 작성 예시〉

사회통합프로그램 기본소양 평가답안지 ▫사전평가 ▪중간평가 ▫종합평가

외국인등록번호														
1	2	3	4	5	6	-	7	8	9	1	2	3	4
⓪	⓪	⓪	⓪	⓪	⓪		⓪	⓪	⓪	⓪	⓪	⓪	⓪
●	①	①	①	①	①		①	①	①	●	①	①	①
②	●	②	②	②	②		②	②	②	②	●	②	②
③	③	●	③	③	③		③	③	③	③	③	●	③
④	④	④	●	④	④	–	④	④	④	④	④	④	●
⑤	⑤	⑤	⑤	●	⑤		⑤	⑤	⑤	⑤	⑤	⑤	⑤
⑥	⑥	⑥	⑥	⑥	●		⑥	⑥	⑥	⑥	⑥	⑥	⑥
⑦	⑦	⑦	⑦	⑦	⑦		●	⑦	⑦	⑦	⑦	⑦	⑦
⑧	⑧	⑧	⑧	⑧	⑧		⑧	●	⑧	⑧	⑧	⑧	⑧
⑨	⑨	⑨	⑨	⑨	⑨		⑨	⑨	●	⑨	⑨	⑨	⑨

시험지 유형	영문 이름	Chen Jia Mei
●		
Ⓑ		

※ 주관식(단답형) 답은 뒷면에 기입하십시오.

객관식									
1	① ② ③ ④	11	① ② ③ ④	21	① ② ③ ④	31	① ② ③ ④	41	① ② ③ ④
2	① ② ③ ④	12	① ② ③ ④	22	① ② ③ ④	32	① ② ③ ④	42	① ② ③ ④
3	① ② ③ ④	13	① ② ③ ④	23	① ② ③ ④	33	① ② ③ ④	43	① ② ③ ④
4	① ② ③ ④	14	① ② ③ ④	24	① ② ③ ④	34	① ② ③ ④	44	① ② ③ ④
5	① ② ③ ④	15	① ② ③ ④	25	① ② ③ ④	35	① ② ③ ④	45	① ② ③ ④
6	① ② ③ ④	16	① ② ③ ④	26	① ② ③ ④	36	① ② ③ ④	46	① ② ③ ④
7	① ② ③ ④	17	① ② ③ ④	27	① ② ③ ④	37	① ② ③ ④	47	① ② ③ ④
8	① ② ③ ④	18	① ② ③ ④	28	① ② ③ ④	38	① ② ③ ④	48	① ② ③ ④
9	① ② ③ ④	19	① ② ③ ④	29	① ② ③ ④	39	① ② ③ ④		
10	① ② ③ ④	20	① ② ③ ④	30	① ② ③ ④	40	① ② ③ ④		

※ 감독자만 기입하십시오.

주관식1		주관식2		구술형점수		감독 서명
⓪	⓪	⓪	⓪	⓪	⓪	
①	①	①	①	①	①	
②	②	②	②	②	②	
③	③	③	③	③	③	
④	④	④	④		④	
⑤	⑤	⑤	⑤		⑤	
					⑥	
					⑦	
					⑧	
					⑨	

주관식 1	주관식 2

사회통합프로그램 기본소양 평가답안지 ㅁ사전평가 ㅁ중간평가 ㅁ종합평가

외 국 인 등 록 번 호

						–							
⓪	⓪	⓪	⓪	⓪	⓪		⓪	⓪	⓪	⓪	⓪	⓪	⓪
①	①	①	①	①	①		①	①	①	①	①	①	①
②	②	②	②	②	②		②	②	②	②	②	②	②
③	③	③	③	③	③		③	③	③	③	③	③	③
④	④	④	④	④	④		④	④	④	④	④	④	④
⑤	⑤	⑤	⑤	⑤	⑤	–	⑤	⑤	⑤	⑤	⑤	⑤	⑤
⑥	⑥	⑥	⑥	⑥	⑥		⑥	⑥	⑥	⑥	⑥	⑥	⑥
⑦	⑦	⑦	⑦	⑦	⑦		⑦	⑦	⑦	⑦	⑦	⑦	⑦
⑧	⑧	⑧	⑧	⑧	⑧		⑧	⑧	⑧	⑧	⑧	⑧	⑧
⑨	⑨	⑨	⑨	⑨	⑨		⑨	⑨	⑨	⑨	⑨	⑨	⑨

시험지 유형	영문 이름	
㉮ ㉰		

※ 주관식(단답형) 답은 뒷면에 기입하십시오.

객 관 식

번호					번호					번호					번호					번호				
1	①	②	③	④	11	①	②	③	④	21	①	②	③	④	31	①	②	③	④	41	①	②	③	④
2	①	②	③	④	12	①	②	③	④	22	①	②	③	④	32	①	②	③	④	42	①	②	③	④
3	①	②	③	④	13	①	②	③	④	23	①	②	③	④	33	①	②	③	④	43	①	②	③	④
4	①	②	③	④	14	①	②	③	④	24	①	②	③	④	34	①	②	③	④	44	①	②	③	④
5	①	②	③	④	15	①	②	③	④	25	①	②	③	④	35	①	②	③	④	45	①	②	③	④
6	①	②	③	④	16	①	②	③	④	26	①	②	③	④	36	①	②	③	④	46	①	②	③	④
7	①	②	③	④	17	①	②	③	④	27	①	②	③	④	37	①	②	③	④	47	①	②	③	④
8	①	②	③	④	18	①	②	③	④	28	①	②	③	④	38	①	②	③	④	48	①	②	③	④
9	①	②	③	④	19	①	②	③	④	29	①	②	③	④	39	①	②	③	④					
10	①	②	③	④	20	①	②	③	④	30	①	②	③	④	40	①	②	③	④					

※ 감독자만 기입하십시오.

주관식1		주관식2		구술형점수		감독 서명
⓪	⓪	⓪	⓪	⓪	⓪	
①	①	①	①	①	①	
②	②	②	②	②	②	
③	③	③	③	③	③	
④	④	④	④		④	
⑤	⑤	⑤	⑤		⑤	
					⑥	
					⑦	
					⑧	
					⑨	

주관식 1	주관식 2

사회통합프로그램 작문형 답안지

외국인등록번호		성 명	

감독관 작성 부분

답안 작성란

- 수험생은 아래 원고지 부분만 작성하며, 다른 곳은 작성 금지
- 제목은 생략하고 바로 본문만 작성

채점 관련하여 감독관이 작성하는 부분임

채점 관련하여 감독관이 작성하는 부분임

사회통합프로그램 기본소양 평가답안지 ▫사전평가 ▫중간평가 ▫종합평가

외국인등록번호													
						–							
⓪	⓪	⓪	⓪	⓪	⓪		⓪	⓪	⓪	⓪	⓪	⓪	⓪
①	①	①	①	①	①		①	①	①	①	①	①	①
②	②	②	②	②	②		②	②	②	②	②	②	②
③	③	③	③	③	③		③	③	③	③	③	③	③
④	④	④	④	④	④		④	④	④	④	④	④	④
⑤	⑤	⑤	⑤	⑤	⑤	–	⑤	⑤	⑤	⑤	⑤	⑤	⑤
⑥	⑥	⑥	⑥	⑥	⑥		⑥	⑥	⑥	⑥	⑥	⑥	⑥
⑦	⑦	⑦	⑦	⑦	⑦		⑦	⑦	⑦	⑦	⑦	⑦	⑦
⑧	⑧	⑧	⑧	⑧	⑧		⑧	⑧	⑧	⑧	⑧	⑧	⑧
⑨	⑨	⑨	⑨	⑨	⑨		⑨	⑨	⑨	⑨	⑨	⑨	⑨

시험지 유형	영문 이름									
	객관식									
Ⓐ	1	① ② ③ ④	11	① ② ③ ④	21	① ② ③ ④	31	① ② ③ ④	41	① ② ③ ④
	2	① ② ③ ④	12	① ② ③ ④	22	① ② ③ ④	32	① ② ③ ④	42	① ② ③ ④
Ⓑ	3	① ② ③ ④	13	① ② ③ ④	23	① ② ③ ④	33	① ② ③ ④	43	① ② ③ ④
	4	① ② ③ ④	14	① ② ③ ④	24	① ② ③ ④	34	① ② ③ ④	44	① ② ③ ④
	5	① ② ③ ④	15	① ② ③ ④	25	① ② ③ ④	35	① ② ③ ④	45	① ② ③ ④
	6	① ② ③ ④	16	① ② ③ ④	26	① ② ③ ④	36	① ② ③ ④	46	① ② ③ ④
	7	① ② ③ ④	17	① ② ③ ④	27	① ② ③ ④	37	① ② ③ ④	47	① ② ③ ④
	8	① ② ③ ④	18	① ② ③ ④	28	① ② ③ ④	38	① ② ③ ④	48	① ② ③ ④
	9	① ② ③ ④	19	① ② ③ ④	29	① ② ③ ④	39	① ② ③ ④		
	10	① ② ③ ④	20	① ② ③ ④	30	① ② ③ ④	40	① ② ③ ④		

※ 주관식(단답형) 답은 뒷면에 기입하십시오.

※ 감독자만 기입하십시오.

주관식1		주관식2		구술형점수		감독 서명
⓪	⓪	⓪	⓪	⓪	⓪	
①	①	①	①	①	①	
②	②	②	②	②	②	
③	③	③	③	③	③	
④	④	④	④		④	
⑤	⑤	⑤	⑤		⑤	
					⑥	
					⑦	
					⑧	
					⑨	

주관식 1	주관식 2

사회통합프로그램 작문형 답안지

외국인등록번호		성 명	

감독관 작성 부분

답안 작성란	– 수험생은 아래 원고지 부분만 작성하며, 다른 곳은 작성 금지 – 제목은 생략하고 바로 본문만 작성

채점 관련하여 감독관이 작성하는 부분임

채점 관련하여 감독관이 작성하는 부분임

사회통합프로그램 기본소양 평가답안지 ▫사전평가 ▫중간평가 ▫종합평가

외 국 인 등 록 번 호													
						–							
⓪	⓪	⓪	⓪	⓪	⓪		⓪	⓪	⓪	⓪	⓪	⓪	⓪
①	①	①	①	①	①		①	①	①	①	①	①	①
②	②	②	②	②	②		②	②	②	②	②	②	②
③	③	③	③	③	③		③	③	③	③	③	③	③
④	④	④	④	④	④		④	④	④	④	④	④	④
⑤	⑤	⑤	⑤	⑤	⑤	–	⑤	⑤	⑤	⑤	⑤	⑤	⑤
⑥	⑥	⑥	⑥	⑥	⑥		⑥	⑥	⑥	⑥	⑥	⑥	⑥
⑦	⑦	⑦	⑦	⑦	⑦		⑦	⑦	⑦	⑦	⑦	⑦	⑦
⑧	⑧	⑧	⑧	⑧	⑧		⑧	⑧	⑧	⑧	⑧	⑧	⑧
⑨	⑨	⑨	⑨	⑨	⑨		⑨	⑨	⑨	⑨	⑨	⑨	⑨

영문 이름

※ 주관식(단답형) 답은 뒷면에 기입하십시오.

시험지 유형	객 관 식									
Ⓐ	1	① ② ③ ④	11	① ② ③ ④	21	① ② ③ ④	31	① ② ③ ④	41	① ② ③ ④
	2	① ② ③ ④	12	① ② ③ ④	22	① ② ③ ④	32	① ② ③ ④	42	① ② ③ ④
Ⓑ	3	① ② ③ ④	13	① ② ③ ④	23	① ② ③ ④	33	① ② ③ ④	43	① ② ③ ④
	4	① ② ③ ④	14	① ② ③ ④	24	① ② ③ ④	34	① ② ③ ④	44	① ② ③ ④
	5	① ② ③ ④	15	① ② ③ ④	25	① ② ③ ④	35	① ② ③ ④	45	① ② ③ ④
	6	① ② ③ ④	16	① ② ③ ④	26	① ② ③ ④	36	① ② ③ ④	46	① ② ③ ④
	7	① ② ③ ④	17	① ② ③ ④	27	① ② ③ ④	37	① ② ③ ④	47	① ② ③ ④
	8	① ② ③ ④	18	① ② ③ ④	28	① ② ③ ④	38	① ② ③ ④	48	① ② ③ ④
	9	① ② ③ ④	19	① ② ③ ④	29	① ② ③ ④	39	① ② ③ ④		
	10	① ② ③ ④	20	① ② ③ ④	30	① ② ③ ④	40	① ② ③ ④		

※ 감독자만 기입하십시오.

주관식1		주관식2		구술형점수		감독 서명
⓪	⓪	⓪	⓪	⓪	⓪	
①	①	①	①	①	①	
②	②	②	②	②	②	
③	③	③	③	③	③	
④	④	④	④		④	
⑤	⑤	⑤	⑤		⑤	
					⑥	
					⑦	
					⑧	
					⑨	

주관식 1	주관식 2

사회통합프로그램 작문형 답안지

외국인등록번호		성 명	

감독관 작성 부분

답안 작성란

– 수험생은 아래 원고지 부분만 작성하며, 다른 곳은 작성 금지
– 제목은 생략하고 바로 본문만 작성

채점 관련하여 감독관이 작성하는 부분임

채점 관련하여 감독관이 작성하는 부분임

사회통합프로그램 기본소양 평가답안지 □ 사전평가 □ 중간평가 □ 종합평가

외 국 인 등 록 번 호													
						–							
⓪	⓪	⓪	⓪	⓪	⓪		⓪	⓪	⓪	⓪	⓪	⓪	⓪
①	①	①	①	①	①		①	①	①	①	①	①	①
②	②	②	②	②	②		②	②	②	②	②	②	②
③	③	③	③	③	③		③	③	③	③	③	③	③
④	④	④	④	④	④	–	④	④	④	④	④	④	④
⑤	⑤	⑤	⑤	⑤	⑤		⑤	⑤	⑤	⑤	⑤	⑤	⑤
⑥	⑥	⑥	⑥	⑥	⑥		⑥	⑥	⑥	⑥	⑥	⑥	⑥
⑦	⑦	⑦	⑦	⑦	⑦		⑦	⑦	⑦	⑦	⑦	⑦	⑦
⑧	⑧	⑧	⑧	⑧	⑧		⑧	⑧	⑧	⑧	⑧	⑧	⑧
⑨	⑨	⑨	⑨	⑨	⑨		⑨	⑨	⑨	⑨	⑨	⑨	⑨

시험지 유형	영문 이름																												
	객 관 식																												
Ⓐ	1	①	②	③	④	11	①	②	③	④	21	①	②	③	④	31	①	②	③	④	41	①	②	③	④
	2	①	②	③	④	12	①	②	③	④	22	①	②	③	④	32	①	②	③	④	42	①	②	③	④
Ⓑ	3	①	②	③	④	13	①	②	③	④	23	①	②	③	④	33	①	②	③	④	43	①	②	③	④
	4	①	②	③	④	14	①	②	③	④	24	①	②	③	④	34	①	②	③	④	44	①	②	③	④
	5	①	②	③	④	15	①	②	③	④	25	①	②	③	④	35	①	②	③	④	45	①	②	③	④
	6	①	②	③	④	16	①	②	③	④	26	①	②	③	④	36	①	②	③	④	46	①	②	③	④
	7	①	②	③	④	17	①	②	③	④	27	①	②	③	④	37	①	②	③	④	47	①	②	③	④
	8	①	②	③	④	18	①	②	③	④	28	①	②	③	④	38	①	②	③	④	48	①	②	③	④
	9	①	②	③	④	19	①	②	③	④	29	①	②	③	④	39	①	②	③	④					
	10	①	②	③	④	20	①	②	③	④	30	①	②	③	④	40	①	②	③	④					

※ 주관식(단답형) 답은 뒷면에 기입하십시오.

※ 감독자만 기입하십시오.

주관식1		주관식2		구술형점수		감독 서명
⓪	⓪	⓪	⓪	⓪	⓪	
①	①	①	①	①	①	
②	②	②	②	②	②	
③	③	③	③	③	③	
④	④	④	④		④	
⑤	⑤	⑤	⑤		⑤	
					⑥	
					⑦	
					⑧	
					⑨	

주관식 1	주관식 2

사회통합프로그램 작문형 답안지

외국인등록번호		성 명	

감독관 작성 부분

답안 작성란	– 수험생은 아래 원고지 부분만 작성하며, 다른 곳은 작성 금지 – 제목은 생략하고 바로 본문만 작성

채점 관련하여 감독관이 작성하는 부분임

채점 관련하여 감독관이 작성하는 부분임

사회통합프로그램 기본소양 평가답안지 ㅁ사전평가 ㅁ중간평가 ㅁ종합평가

외국인등록번호													
						–							
⓪	⓪	⓪	⓪	⓪	⓪		⓪	⓪	⓪	⓪	⓪	⓪	⓪
①	①	①	①	①	①		①	①	①	①	①	①	①
②	②	②	②	②	②		②	②	②	②	②	②	②
③	③	③	③	③	③		③	③	③	③	③	③	③
④	④	④	④	④	④		④	④	④	④	④	④	④
⑤	⑤	⑤	⑤	⑤	⑤	–	⑤	⑤	⑤	⑤	⑤	⑤	⑤
⑥	⑥	⑥	⑥	⑥	⑥		⑥	⑥	⑥	⑥	⑥	⑥	⑥
⑦	⑦	⑦	⑦	⑦	⑦		⑦	⑦	⑦	⑦	⑦	⑦	⑦
⑧	⑧	⑧	⑧	⑧	⑧		⑧	⑧	⑧	⑧	⑧	⑧	⑧
⑨	⑨	⑨	⑨	⑨	⑨		⑨	⑨	⑨	⑨	⑨	⑨	⑨

시험지 유형	영문 이름	

※ 주관식(단답형) 답은 뒷면에 기입하십시오.

시험지 유형	객관식																								
Ⓐ	1	①	②	③	④	11	①	②	③	④	21	①	②	③	④	31	①	②	③	④	41	①	②	③	④
	2	①	②	③	④	12	①	②	③	④	22	①	②	③	④	32	①	②	③	④	42	①	②	③	④
Ⓑ	3	①	②	③	④	13	①	②	③	④	23	①	②	③	④	33	①	②	③	④	43	①	②	③	④
	4	①	②	③	④	14	①	②	③	④	24	①	②	③	④	34	①	②	③	④	44	①	②	③	④
	5	①	②	③	④	15	①	②	③	④	25	①	②	③	④	35	①	②	③	④	45	①	②	③	④
	6	①	②	③	④	16	①	②	③	④	26	①	②	③	④	36	①	②	③	④	46	①	②	③	④
	7	①	②	③	④	17	①	②	③	④	27	①	②	③	④	37	①	②	③	④	47	①	②	③	④
	8	①	②	③	④	18	①	②	③	④	28	①	②	③	④	38	①	②	③	④	48	①	②	③	④
	9	①	②	③	④	19	①	②	③	④	29	①	②	③	④	39	①	②	③	④					
	10	①	②	③	④	20	①	②	③	④	30	①	②	③	④	40	①	②	③	④					

※ 감독자만 기입하십시오.

주관식1		주관식2		구술형점수		감독 서명
⓪	⓪	⓪	⓪	⓪	⓪	
①	①	①	①	①	①	
②	②	②	②	②	②	
③	③	③	③	③	③	
④	④	④	④		④	
⑤	⑤	⑤	⑤		⑤	
					⑥	
					⑦	
					⑧	
					⑨	

주관식 1	주관식 2

사회통합프로그램 작문형 답안지

외국인등록번호		성 명	

감독관 작성 부분

답안 작성란	– 수험생은 아래 원고지 부분만 작성하며, 다른 곳은 작성 금지 – 제목은 생략하고 바로 본문만 작성

채점 관련하여 감독관이 작성하는 부분임

채점 관련하여 감독관이 작성하는 부분임

사회통합프로그램 기본소양 평가답안지 ▫사전평가 ▫중간평가 ▫종합평가

※ 감독자만 기입하십시오.

외국인등록번호													
						–							
⓪	⓪	⓪	⓪	⓪	⓪		⓪	⓪	⓪	⓪	⓪	⓪	⓪
①	①	①	①	①	①		①	①	①	①	①	①	①
②	②	②	②	②	②		②	②	②	②	②	②	②
③	③	③	③	③	③		③	③	③	③	③	③	③
④	④	④	④	④	④		④	④	④	④	④	④	④
⑤	⑤	⑤	⑤	⑤	⑤	–	⑤	⑤	⑤	⑤	⑤	⑤	⑤
⑥	⑥	⑥	⑥	⑥	⑥		⑥	⑥	⑥	⑥	⑥	⑥	⑥
⑦	⑦	⑦	⑦	⑦	⑦		⑦	⑦	⑦	⑦	⑦	⑦	⑦
⑧	⑧	⑧	⑧	⑧	⑧		⑧	⑧	⑧	⑧	⑧	⑧	⑧
⑨	⑨	⑨	⑨	⑨	⑨		⑨	⑨	⑨	⑨	⑨	⑨	⑨

시험지 유형	영문 이름																								
	객관식																								
Ⓐ	1	①	②	③	④	11	①	②	③	④	21	①	②	③	④	31	①	②	③	④	41	①	②	③	④
	2	①	②	③	④	12	①	②	③	④	22	①	②	③	④	32	①	②	③	④	42	①	②	③	④
Ⓑ	3	①	②	③	④	13	①	②	③	④	23	①	②	③	④	33	①	②	③	④	43	①	②	③	④
	4	①	②	③	④	14	①	②	③	④	24	①	②	③	④	34	①	②	③	④	44	①	②	③	④
	5	①	②	③	④	15	①	②	③	④	25	①	②	③	④	35	①	②	③	④	45	①	②	③	④
	6	①	②	③	④	16	①	②	③	④	26	①	②	③	④	36	①	②	③	④	46	①	②	③	④
	7	①	②	③	④	17	①	②	③	④	27	①	②	③	④	37	①	②	③	④	47	①	②	③	④
	8	①	②	③	④	18	①	②	③	④	28	①	②	③	④	38	①	②	③	④	48	①	②	③	④
	9	①	②	③	④	19	①	②	③	④	29	①	②	③	④	39	①	②	③	④					
	10	①	②	③	④	20	①	②	③	④	30	①	②	③	④	40	①	②	③	④					

※ 주관식(단답형) 답은 뒷면에 기입하십시오.

주관식1		주관식2		구술형점수		감독 서명
⓪	⓪	⓪	⓪	⓪	⓪	
①	①	①	①	①	①	
②	②	②	②	②	②	
③	③	③	③	③	③	
④	④	④	④		④	
⑤	⑤	⑤	⑤		⑤	
					⑥	
					⑦	
					⑧	
					⑨	

주관식 1	주관식 2

사회통합프로그램 작문형 답안지

외국인등록번호		성 명	

감독관 작성 부분

답안 작성란	– 수험생은 아래 원고지 부분만 작성하며, 다른 곳은 작성 금지 – 제목은 생략하고 바로 본문만 작성

채점 관련하여 감독관이 작성하는 부분임

채점 관련하여 감독관이 작성하는 부분임

2025 귀화시험
사회통합프로그램 중간평가 모의고사

초 판 발 행 2020년 8월 05일
개정4판1쇄 2024년 5월 20일

저 자 대한민국귀화시험자격연구소
발 행 인 정용수
발 행 처 (주)예문아카이브
주 소 서울시 마포구 동교로 18길 10 2층
T E L 02) 2038-7597
F A X 031) 955-0660

등 록 번 호 제2016-000240호

정 가 15,000원

홈페이지 http://www.yeamoonedu.com

ISBN 979-11-6386-299-4 [13300]